JN007336

8

最新 精神保健福祉士養成講座

一般社団法人 日本ソーシャルワーク教育学校連盟　編集

ソーシャルワーク実習指導
ソーシャルワーク実習

［精神専門］

中央法規

刊行にあたって

　このたび、新カリキュラムに対応した社会福祉士と精神保健福祉士養成の教科書シリーズ（以下、本養成講座）を一般社団法人日本ソーシャルワーク教育学校連盟の編集により刊行することになりました。本養成講座は、社会福祉士・精神保健福祉士共通科目13巻、社会福祉士専門科目8巻、精神保健福祉士専門科目8巻の合計29巻で構成されています。

　社会福祉士の資格制度は、1987（昭和62）年に制定された社会福祉士及び介護福祉士法により創設されました。後に、精神保健福祉士法が制定され、精神保健福祉士の資格制度が1997（平成9）年に創設されました。それから今日までの間に両資格のカリキュラムは2度の改正が行われました。本養成講座は、2019（令和元）年度の両資格のカリキュラム改正に伴い、刊行するものです。

　新カリキュラム改正のねらいは、地域共生社会の実現に向けて、複合化・複雑化した課題を受けとめる包括的な相談支援を実施し、地域住民等が主体的に地域課題を解決していくよう支援できるソーシャルワーカーを養成することにあります。地域共生社会とは支援する者と支援される者が一体となり、誰もが役割をもって生活していくことができる社会です。こうした社会を創り上げる担い手として、社会福祉士や精神保健福祉士が期待されています。

　そのため、本養成講座の制作にあたって、❶ソーシャルワーカーとしてアセスメントから支援計画、モニタリングに至るPDCAサイクルに基づく支援ができる人材の養成、❷個別支援と地域支援を一体的に対応でき、児童、障害者、高齢者等のさまざまな分野を横断して包括的に支援のできる人材の養成、❸「講義―演習―実習」の学習循環をつくることで、実践現場に密着した人材養成をする、を目的にしています。

　社会福祉士および精神保健福祉士になるためには、ソーシャルワークに必要な五つの科目群について学ぶことが必要です。具体的には、①社会福祉の原理・基盤・政策を理解する科目、②複合化・複雑化した福祉課題と包括的な支援を理解する科目、③人・環境・社会とその関係を理解する科目、④ソーシャルワークの基盤・理論・方法を理解する科目、⑤ソーシャルワークの方法と実践を理解する科目です。それぞれの科目群の関係性と全体像は、次頁の図のとおりです。

　これらの科目を本養成講座で学ぶことにより、すべての学生がソーシャルワークの基盤を修得し、社会福祉士ならびに精神保健福祉士の国家資格を取得し、さまざまな領域でソーシャルワーカーとして活躍され、ソーシャルワーカーに対する社会的評価を高めてくれることを願っています。

社会福祉士養成教科書の全体像

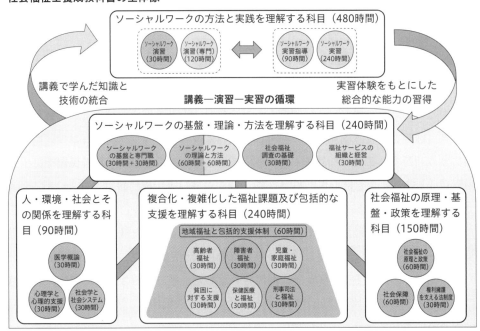

出典：厚生労働省「（別添）見直し後の社会福祉士養成課程の全体像」（https://www.mhlw.go.jp/content/000604998.pdf）より本連盟が改編

精神保健福祉士養成教科書の全体像

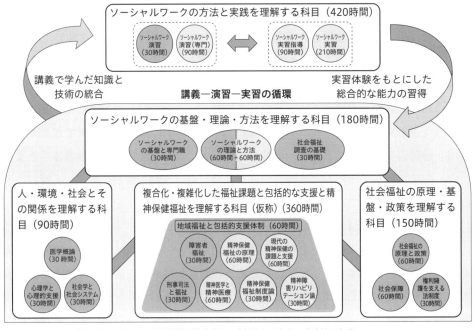

出典：厚生労働省「（別添）見直し後の社会福祉士養成課程の全体像」を参考に本連盟が作成

2020（令和2）年12月1日

一般社団法人日本ソーシャルワーク教育学校連盟
会長　白澤政和

はじめに

　戦後、産業構造の変化に伴い国民生活は変化を余儀なくされた。経済的な豊かさを手に入れた代わりに、その当時まで地域や家庭内に存在していた支え合いの力やつながりは途絶えはじめ、バブルの崩壊を機に職場内にあったつながりや連帯意識は消失した。このように昔ながらの「地縁」「血縁」「社縁」に基づかれたインフォーマルな関係による支え合い機能が途絶えるなか、新たな支援の担い手として福祉人材に期待が寄せられはじめた。1980年代には福祉職の国家資格化が図られ、1987（昭和62）年に社会福祉士、1997（平成9）年には精神保健福祉士が資格化され、ソーシャルワーカーの社会的な立場と責任をより明確にさせた。さらに2007（平成19）年には社会福祉士及び介護福祉士法が、2010（平成22）年には精神保健福祉士法が改正され、各々の資格が担う支援対象領域を拡大させた。そして2018（平成30）年3月には、社会保障審議会福祉部会福祉人材確保専門委員会報告書「ソーシャルワーク専門職である社会福祉士に求められる役割等について」の公表を受け、両資格の養成カリキュラムの改正が行われた。

　今回の両資格の改正の目的は、2014（平成26）年に採択されたソーシャルワーク専門職のグローバル定義にみるように、これまでのミクロソーシャルワークにおける対処への深化に加えて、社会へ働きかけ、社会変革や社会開発を行うマクロソーシャルワークに実践範囲を広げることに力点が置かれる点にある。具体的には、これからの社会福祉が目指す包括相談や包括ケア、地域住民が主体的に地域課題に取り組むような新たなる地域づくりの推進など、共生社会の実現に向けた社会整備に貢献することのできる実践力を備えたソーシャルワーカーの養成である。

　従来の支援において、支援者側の資格事情により利用者や支援対象を選別することはあってはならないが、今後展開される地域包括ケアにおいては、支援対象を選別する事由そのものがなくなる。その意味において、今回の養成カリキュラム改正では「社会福祉士」「精神保健福祉士」各々の資格は尊重しながらも、専門科目名もこれまでの資格名からソーシャルワークに表現が統一され、演習や実習も「ソーシャルワーク演習」「ソーシャルワーク実習」とした一つの枠組みのなかで系統立てて学びを積み重ねる形に変わった。今後のソーシャルワーカー養成には、こうした改正の意図を踏まえた教育が求められるのである。

　そのため、本テキストは精神保健福祉士養成課程における講義科目や演習科目との関連に配慮しながら、実習科目の意義と学習内容およびその留意点をまとめたうえ

で、社会福祉士および精神保健福祉士の養成教育がソーシャルワーク実習として可能な限り統合を図ることができるよう、各々の実習テキストの編集担当者間での協議により、共通重要項目は同一の内容を採用した。また、一般社団法人日本ソーシャルワーク教育学校連盟が 2020（令和 2）年 3 月に発表した「ソーシャルワーク実習指導・実習のための教育ガイドライン（以下、ガイドライン）」との整合性に努め、養成校教員が実習教育の指針とする同ガイドラインと実習生が活用する本テキストが各々効果的に活用されることを目指した。

本テキストは、実際のソーシャルワーク実習の展開に沿って章立てを行っており、第 1 章では実習の目的と枠組みを整理し、実習に臨むうえで必要な基本的視点について述べている。第 2 章では精神保健福祉士の実践現場である実習機関の概要を整理し、実際に現場に出向く前に現場を理解するために必要な知識をまとめている。第 3 章では実習計画書の作成など事前学習のねらいと概要を示し、第 4 章では配属実習の学習内容とその方法について整理し、続く第 5 章では事後学習の意義と内容および評価について述べている。そして第 6 章では配属実習の実際を実習機関別に具体例（モデル）を示し、より具体的な理解につなげることを目指している。

冒頭に述べた、社会生活の変化は、例にもれず学生の生活にも影響を与えた。SNS（ソーシャルネットワーキングサービス）の浸透により、一昔前に比べると直接的なかかわりの機会は減り、日常の生活の枠を超えた多領域の場面での生活体験や多世代交流の機会も乏しさを増す。その一方で、実習生が目指す福祉専門職の現場は、その多くが対面であり、年齢や性別の異なる人々とのかかわりが前提となる。実習現場やそこで出会う人々、活動の内容は、実習生の日常では未知のものも多いため、実習生はその対処を手探りで行うことになる。そうしたことから、現場実習はソーシャルワーカーや利用者の理解とともに、実習生が自己と向きあい多くの気づきを得ることで、ソーシャルワーカーを目指す決心や職業適性を探る絶好の機会ともいえる。

また、現場実習はこれまでの学習で蓄積した専門性を体現・確認する機会でもある。さらには、講義等で総論的に得たものを、現場実習で各論的に体験し、実習後に両者を統合して捉えることにより、より深い学びに転化させることができるのも現場実習を行う価値ともいえる。

このように実習は学びの集大成である。実習生の皆さんが、上述のような社会の要請に応え得るソーシャルワーカーを目指すきっかけとなるような、実りある実習になることを願っている。

編集委員一同

目次

刊行にあたって
はじめに

序章　講義―演習―実習の循環

1　実習とは／ 2
2　講義―演習―実習の循環／ 2
3　ソーシャルワーカーに求められる役割／ 4
4　ソーシャルワーク・コンピテンシー／ 4

第 1 章　ソーシャルワーク実習の目的と構造

第 1 節　実習および実習指導の意義と目的 ———— 8

1　実習の意義と目的／ 8
2　実習指導の意義と目的／ 13
3　実習の展開／ 15
4　実習における倫理／ 17
5　実習における自己学習の方法／ 18

第 2 節　実習におけるスーパービジョン ———— 20

1　スーパービジョンの主な目的／ 20
2　スーパービジョンの機能／ 21
3　スーパーバイジーの権利／ 22
4　実習スーパービジョンの二重構造／ 23

第 3 節　実習における教育評価 ———— 24

1　評価の意義／ 24
2　評価の目的／ 25
3　教育評価の領域／ 26
4　実習評価に関する法令上の規定／ 28
5　実習過程の各段階で実施する評価の内容／ 33
6　ソーシャルワーク実習教育内容・実習評価ガイドライン／ 35

第 4 節　実習の構造 ———— 37

1　実習の構造の意味／ 37
2　実習のプロセス／ 39
3　実習にかかわるシステム／ 41

第5節　実習におけるリスクマネジメント－－－－－－45

　1　リスクとは／45

　2　実習におけるリスクマネジメントの前提
　　　──実習生の権利、義務および責任／45

　3　実習に関連したリスク／46

　4　実習に関連したリスクマネジメント
　　　──インシデントとアクシデントを活かした対応／54

第 **2** 章　実習先決定に向けた準備

第1節　情報収集の方法－－－－－－58

　1　実習施設・機関の決定と情報収集／58

　2　現場体験学習および見学実習／59

　3　自己学習／61

第2節　実習記録の書き方－－－－－－64

　1　ソーシャルワーク実習における「記録」の意義／64

　2　実習記録の書き方と留意点／67

　3　講義科目で学んだ知識をもとにした記録の実践／72

**第3節　精神保健医療福祉の現状と
精神保健福祉士の役割**－－－－－－73

　1　精神保健福祉士の国家資格化の背景と求められる役割／73

　2　精神保健医療福祉の動向／75

　3　当事者の理解／76

　4　当事者とのかかわりのなかでの実習／80

第4節　精神保健福祉士実習の施設・機関の理解－－－－－－82

　1　地域機関と医療機関の2機関実習の意義／82

　2　精神科医療機関／83

　3　障害福祉サービス事業所／87

　4　行政機関／92

　5　その他の実習施設・機関／94

第 3 章　実習先決定後の準備

第 1 節　実習先決定後の学習の内容と方法 ·················· 98
1 実習施設・機関決定後の学習の意義／ 98
2 実習施設・機関に関する情報収集（内容）／ 100
3 関連する社会資源／ 105
4 実習施設・機関で求められる価値・知識・技術／ 113
5 実習施設・機関がある地域の情報／ 115

第 2 節　実習計画の作成 ·················· 120
1 実習計画の意義／ 120
2 実習計画の内容と作成方法／ 121

第 3 節　事前訪問／事前打ち合わせ ·················· 126
1 事前訪問／事前打ち合わせの意義／ 126
2 事前訪問／事前打ち合わせの内容／ 128

第 4 章　実習中の学習

第 1 節　実習スーパービジョン ·················· 132
1 実習スーパービジョンの意義／ 132
2 実習スーパービジョンにおける実習指導者、
　実習指導担当教員の役割／ 136
3 定期的スーパービジョンと不定期に実施されるスーパービジョン／ 137
4 実習指導者による実習スーパービジョン／ 138
5 実習指導担当教員による実習スーパービジョン／ 140

第 2 節　実習中の評価 ·················· 143
1 中間評価における実習計画書の活用／ 143
2 中間評価の活用／ 146

第 3 節　実習中に直面する悩み ·················· 152
1 実習における「悩み」の捉え方／ 152
2 実習における「悩み」の構造／ 154
3 実習における具体的な「悩み」と対処／ 156

第 4 節　実習中に起こり得る問題 ·················· 160
1 実習中に直面するトラブル／ 160
2 トラブルの種類と防止・対策／ 161

第 5 章　実習後の学習

第 1 節　実習後に行う評価 ⸺⸺⸺⸺⸺⸺ 170
1　実習過程における総括的評価の意義／ 170
2　自己評価／ 171
3　他者評価・相互評価／ 172
4　実習計画の評価／ 173
5　実習全体の評価（実習評価表の活用方法）／ 174

第 2 節　事後学習の目的と方法 ⸺⸺⸺⸺⸺⸺ 176
1　事後学習の目的／ 176
2　事後学習の内容と方法／ 177

第 3 節　実習成果の報告 ⸺⸺⸺⸺⸺⸺⸺⸺ 182
1　実習成果を報告する目的／ 182
2　実習総括レポート（実習報告書）の作成／ 188
3　実習報告会での発表／ 191

第 6 章　実習の実際

第 1 節　実習先で必要とされる精神保健福祉士としての専門的知識と技術 ⸺ 202
1　実習先で必要とされる精神保健福祉士としての専門的知識／ 202
2　実習先で必要とされる精神保健福祉士としての技術／ 208

第 2 節　精神保健福祉士に求められる職業倫理と法的責務 ⸺ 213
1　精神保健福祉士に求められる職業倫理／ 213
2　精神保健福祉士に求められる法的責務／ 216

第 3 節　精神科医療機関における実習 ⸺⸺⸺⸺ 219
1　精神科病院／ 219
2　精神科診療所／ 231

第 4 節　障害福祉サービス事業所における実習 ⸺ 236
1　就労継続支援事業所（B 型：非雇用型）／ 236
2　相談支援事業所／ 240

第5節　行政機関における実習 ··· 249

1　行政機関での実習／249

2　精神保健福祉センターでの実習／251

3　保健所での実習／257

巻末資料

1　ソーシャルワーク実習指導ガイドライン／266

2　ソーシャルワーク実習教育内容・実習評価ガイドライン／271

3　モデル実習計画書／275

4　モデル評価表／282

索引／284

編集、統括編集委員、編集委員、執筆者および執筆分担

本書では学習の便宜を図ることを目的として、以下の項目を設けました。

・学習のポイント……各節で学習するポイントを示しています。

・重要語句…………学習上、特に重要と思われる語句を色文字で示しています。

・用語解説…………専門用語や難解な用語・語句等に★を付けて側注で解説しています。

・補足説明…………本文の記述に補足が必要な箇所にローマ数字（ⅰ、ⅱ、…）を付けて脚注で説明しています。

序章

講義―演習―実習の循環

序章 講義―演習―実習の循環

1 実習とは

　実習は、まさに「経験から学ぶ」学習の機会である。しかし、ただ単に経験するということではない。養成校等での養成教育で学んだ知識や技術を使い、福祉や医療などの現場で実際にソーシャルワークを行い、そこから学びを深める学習である。社会福祉士や精神保健福祉士（以下、ソーシャルワーカー）が使う知識には、「形式知」（言語化することができる／言語化されている客観的な知識）と、「暗黙知」（言語化することができない／言語化されていない主観的な知識）がある。「形式知」は講義で習得することができるが、「暗黙知」は実際に自分がやってみた経験などから多くを体得することができる。利用者やその家族、実習施設・機関のスーパーバイザーやその他のスタッフ、関係機関の職員、ボランティアなど、多くの人との出会いやかかわりと、多様で豊富な体験から多くの「暗黙知」を得ることになる。ソーシャルワーカーは、この「暗黙知」と「形式知」の両方を活用することで、実践に必要となる知識・技術・態度・行動を涵養（かんよう）していくが、養成教育では、実習がそれを体得する重要な場となる。慣れない環境で知らない人たちと一定期間を過ごす実習は、実習生にとって不安も大きかろう。しかし、消極的になっていてはもったいない。経験を通して、机の前では得られない貴重な学びを得ながら、力量を形成していく姿勢で臨んでほしい。

2 講義―演習―実習の循環

　実習では、「どうしたらいいのだろう？」と戸惑うことや、悩む場面にたびたび直面する。このこと自体は、決して悪いことではない。緊急性が高い場合は別であるが、すぐに誰かに聞いたり、安易に答えを出してしまうことなく、まずは自分自身でしっかりと考えてみることが大切である。その際に使うのが、講義で学んだたくさんの知識と、演習で習得した技術・態度である。実習は、それ単体で成立するものではない。

このように、講義―演習―実習の三つを「つなぎ」、他の指定科目以外の講義科目、ゼミ、実習、など養成校で提供される多様な学びを連結させ、循環させる。つまり、異なる複数の科目に橋をかける（架橋）ように、つなぎあわせて力量を高めていくのである（学習の連結・循環）。

　具体的には、
○講義：知識の蓄積
○演習：知識の技術への転換
○実習：知識や技術の実践への応用、新たな理論化・概念化の形成
○実習指導：教員やスーパーバイザー、ほかの学生の力を借りた多面的
　　　　　　理解の深化

　実習での体験を振り返り十分に吟味することで、その体験や出来事を経験に変え、講義で学んだ知識を結びつけながら深い理解へと進めていく。そして、次の体験に活かすための新たな意味づけや行動の選択へつなげていくことが重要である。

図　講義―演習―実習の連結・循環

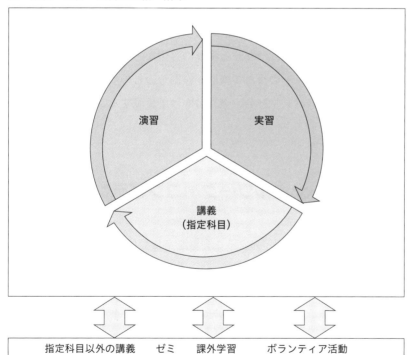

3 ソーシャルワーカーに求められる役割

2019（令和元）年12月26日、厚生労働省に設置されていた地域共生社会に向けた包括的支援と多様な参加・協働の推進に関する検討会（地域共生社会推進検討会）から「最終とりまとめ」（以下、報告書）が公表された。昨今、人々やその家族が抱える生きづらさ・リスクが複雑化・多様化しており、今や、誰にでも起こり得る普遍的なものとなっている。その一方で、家族や共同体の機能の脆弱化が進んでいる。地域共生の基盤を強め発展させていくことが、喫緊の課題となっている。

こうした課題を乗り越えていくために、本報告書では、支援者と本人が継続的につながりかかわりあいながら、本人と周囲との関係を広げていくことを目指すアプローチ（伴走型支援）や、本人の暮らし全体を捉え、その人生の時間軸も意識しながら、継続的なかかわりを行うための相談支援（手続的給付）、住民相互のつながりによるセーフティネットの強化、断らない相談支援とそのための多機関協働・連携、潜在的な支援ニーズをつかみ「支援を届ける」姿勢で積極的に行うアウトリーチと、そこから始まり継続的につながる機能の強化などを挙げている。これらはソーシャルワーカーの果たす機能・役割そのものであり、ソーシャルワーカーには、地域共生社会の実現に向けて貢献することへの大きな期待が寄せられている。

4 ソーシャルワーク・コンピテンシー

では、そのためには、どのような力量を身につけたらよいのだろうか。ここでは、アメリカのソーシャルワーク教育認定機関が挙げた九つのソーシャルワーク・コンピテンシーを紹介する。コンピテンシーとは、一般的に、成果につながる行動特性のことである。高い成果を出す傾向のある人がもつ特性のことで、大別すると「能力」と「行動」に分けられる。ソーシャルワーカーの行動特性には、実践を展開していくための知識・価値・スキル・情緒などと、それらを統合した行動として、表の九つのコンピテンシーがある。

行動特性は、思考と行動が一体となって表れる。実習では、講義や演習で身につけた知識を動員して思考し、適切な技術を使い、効果的な行

表　ソーシャルワーク・コンピテンシー

コンピテンシー	行　動
1．倫理的かつ専門職としての行動がとれる	倫理綱領や関連法令、倫理的な意思決定モデル、調査の倫理的な実施等に基づいて、倫理的な意思決定をする／実践場面で自身の個人的な価値に気づき、専門職としてのあり方を維持するために振り返りと自己規制を行う／行動、外見、口頭・書面・メールでのコミュニケーションで、専門職としての態度を示す／実践結果を促進するために、技術を倫理的かつ適切に使う／専門的な判断と行動となるように、スーパービジョンとコンサルテーションを活用する
2．実践において多様性と相違に対応する	人生経験を形づくるうえで多様性や相違が重要であることを、実践のミクロ・メゾ・マクロレベルにおいて適用し、伝える／自分自身を学習者として提示し、クライエントや関係者には彼ら自身の経験のエキスパートとしてかかわる／多様なクライエントや関係者とともに取り組む際には、自分の偏見や価値観の影響を抑えるために、自己覚知や自己規制（自らの気づきを高め、自身をコントロールする）を行う
3．人権と社会的・経済的・環境的な正義を推進する	個別およびシステムレベルにおける人権擁護のために、社会的・経済的・環境的な正義についての理解を適用する／社会的・経済的・環境的な正義を擁護する実践を行う
4．「実践に基づく調査」と「調査に基づく実践」に取り組む	科学的な研究と調査のために、実践経験や理論を活用する／量的・質的な調査方法や調査結果を分析する際には、クリティカル・シンキングを行う／実践や政策、サービス提供について情報提供したり、改善したりするために、調査による根拠を使用したり、わかりやすく伝えたりする
5．政策実践に関与する	福利、サービス提供、社会サービスへのアクセスに影響する地方・州・連邦レベルでの社会政策を特定する／社会福祉と経済政策が社会サービスの提供とアクセスにいかに影響するか評価する／クリティカル・シンキングを適用して、人権と社会的・経済的・環境的な正義を促進する政策を分析、策定、擁護する
6．個人、家族、グループ、組織、コミュニティとかかわる	クライエントや関係者にかかわるために、人間行動や社会環境、環境のなかの人、そして他の学際的な理論的枠組の知識を適用する／多様なクライエントや関係者に効果的にかかわるために、共感、反射、対人スキルを活用する
7．個人、家族、グループ、組織、コミュニティのアセスメントを行う	データを収集・整理し、クリティカル・シンキングによってクライエントや関係者からの情報を解釈する／クライエントや関係者からのアセスメントデータを分析する際には、人間行動や社会環境、環境のなかの人、その他の学際的な理論的枠組の知識を活用する／クライエントと関係者のストレングス、ニーズ、困難についての重要なアセスメントに基づいて、相互に合意できる介入目標と課題を設定する／アセスメントや調査による知見、クライエントと関係者の価値と選好に基づいて、適切な介入の戦略を選ぶ
8．個人、家族、グループ、組織、コミュニティに介入する	実践目標を達成し、クライエントや関係者の能力を強めるために、注意深く介入を選んで実施する／クライエントや関係者に介入する際には、人間行動や社会環境、環境のなかの人、その他の学際的な理論的枠組についての知識を活用する／有益な実践結果を得るために、必要に応じて専門職間で連携・協働する／多様なクライエントや関係者と、そして彼らに代わって、交渉、仲介、代弁をする／相互に合意した目標に向かって進めるような効果的な移行と終結を促進する
9．個人、家族、グループ、組織、コミュニティへの実践を評価する	結果評価のために、適切な方法を選んで使う／結果評価の際には、人間行動や社会環境、環境のなかの人、その他の学際的な理論的枠組についての知識を活用する／介入およびプログラムのプロセスと結果を注意深く分析し、モニターし、評価する／評価で発見したことを、ミクロ・メゾ・マクロレベルにおける実践効果を改善するために活用する

出典：日本ソーシャルワーク教育学校連盟「ソーシャルワーク演習のための教育ガイドライン」pp.6-9，2020．をもとに筆者作成

動をとれるよう意識しながら臨む。そのためには、❶自身の実践とコンピテンシーを切り離してしまうことなく、常に意識し連動させる、❷スーパーバイザーやほかのソーシャルワーカーが実践においてどのようなコンピテンシーを備えているかを観察し、理解する、❸理解できないあるいは難しい場合は、スーパーバイザーやソーシャルワーカーに質問するなどして理解を深めることが必要である。

しかし、これは実習に限ることではない。ソーシャルワーカーになったあとも同様であり、絶えず学び続けることが、質の高い実践のためには不可欠である。

なお、本書は、ソーシャルワーカーの養成教育における講義―演習―実習の循環について、ほかの巻とも連関を図り構成・編集されている。実習に際しては、各巻をよく読みなおし、学びをつなげながら理解を深化させる姿勢で臨んでほしい。

◇参考文献
・厚生労働省「地域共生社会に向けた包括的支援と多様な参加・協働の推進に関する検討会（地域共生社会推進検討会）最終とりまとめ」2019.
・日本精神保健福祉士養成校協会『精神保健福祉士の養成教育論──その展開と未来』中央法規出版, 2016.
・Council on Social Work Education, 'Educational Policy and Accreditation Standards for Baccalaureate and Master's Social Work Programs', 2015. https://www.cswe.org/getattachment/Accreditation/Standards-and-Policies/2015-EPAS/2015EPASandGlossary.pdf.aspx

第1章

ソーシャルワーク
実習の目的と構造

　本章では、はじめに、ソーシャルワーク専門職の養成における実習と実習指導の意義・目的について、厚生労働省の通知に示された教育内容や日本ソーシャルワーク教育学校連盟のガイドラインを通して理解し、その実習の展開や学習方法、倫理を学ぶ。そして、この実習の展開をより効果的なものにするための実習におけるスーパービジョンのあり方を理解し、続けて実習における評価の考え方や必要性について学ぶ。次に、実習の構造として、実習を構成するプロセスおよびシステムを理解し、実習における時間と場・空間（さまざまなシステム間の関係性）をイメージする。そして、実習中に発生し得るリスクの原因・素因、リスクを生む出来事、損失・損害等から、リスクマネジメントに関する基本的な知識を得て、実習中のリスクに備える。

実習および実習指導の意義と目的

学習のポイント

● ソーシャルワーク専門職養成における実習および実習指導の意義と目的を理解する
● 実習の展開過程を理解する
● 実習において求められる倫理や原則を理解する
● 実習における自己学習の意義と方法を理解する

1 実習の意義と目的

1 実習の意義

　社会福祉士ならびに精神保健福祉士養成課程における実習は、ソーシャルワーク専門職のグローバル定義に規定された「社会変革と社会開発、社会的結束、および人々のエンパワメントと解放を促進する実践」の現場に学生が身を置き、ソーシャルワーク専門職の立場で実践を行うことである。学生は、マルチパーソンクライエントシステム★と直接的・間接的なかかわりもち、ミクロレベルからメゾ、マクロレベルに至る幅広い範囲を視野に入れて活動する重要な機会となる。

　ソーシャルワークは実践性の高い領域であり、講義による知識学習だけでは個別性の高い利用者の生活実態やニーズを十分に理解し、社会の変化に対応できる実践能力を習得することは困難である。ソーシャルワーカーが身を置く実践の場は、多様なクライエントが生活している場であり、対象とする範囲もミクロ・メゾ・マクロレベルと広いなど、支援のバリエーションは数限りなく多様である。そのため、いかなる局面においても的確に即応できるようになるには、実践的な運用能力の涵養が必須となる。また、サービスや事業を展開している施設・機関や団体等の実態についても、その現場に身を置いて経験しなければ理解を深めることは困難である。さらに、制度上、国家試験の受験資格を得るために認められている実習施設・機関は限られているため、実際にかかわることができるクライエントも必然的に限られてくる。しかしながら、実習により実習生はクライエントとかかわり、考え続ける体験をしたというストレングスをもつことになる。そのような体験とストレングスを活

★マルチパーソンクライエントシステム
支援の対象を複数の人で構成されるシステムとして捉えること。マルチパーソンクライエントシステムになり得るシステムとしては、家族、小集団、組織、施設、機関、近隣、コミュニティなどがある。

かすことにより、実習ではかかわることができなかったクライエントや社会の課題などについて思考をめぐらせ、理解を深めていくことができるのである。

　ソーシャルワーク実習では、援助関係の形成が達成目標の一つとして位置づけられている。実習生は、クライエントと同じ時間や空間を共有し、クライエントの多様性やリアリティに触れることによって感情を刺激され、自身の価値観や思考を咀嚼する過程を通して、ソーシャルワーク実践の基礎となる援助関係を形成する力を育んでいくことになる。そして、講義科目や演習科目で学習したソーシャルワークの知識および技術を実際に活用し、現場で検証することが可能となる。また、クライエントの状況に合わせて知識と技術を適切に組み合わせて発揮する能力を意味する「技能（スキル）」を獲得し、専門職としての責務を果たす能力を体験的に理解し習得していくことも重要な点である。

　このように、実習生は、実習での経験や体験を通して新たな自己を発見し、実習生の立場でできることとできないことを自覚することになる。そのため、実習生自身が評価の主体となって自分の現状を振り返り、記述することが大きな意味をもつ。自己評価を行うことにより、実習指導担当教員や実習指導者による評価の限界と不足を補うことにもつながる。学習過程を通して、ソーシャルワーク専門職となるべく大きく成長していくといえる。

　次に社会福祉士および精神保健福祉士の資格制度における実習の意義を考えてみたい。社会保障審議会福祉部会福祉人材確保専門委員会での議論を踏まえ、複合化・複雑化した個人や世帯への対応のほか、地域共生社会の実現に向け、ソーシャルワークの機能を発揮できる社会福祉士・精神保健福祉士を養成するため、社会福祉士養成課程の教育内容の見直しが 2020（令和 2）年に行われた。

　社会福祉士養成課程については、「ソーシャルワーク専門職である社会福祉士に求められる役割等について」（平成 30 年 3 月 27 日社会保障審議会福祉部会福祉人材確保専門委員会）において、「地域共生社会の実現に向けて求められる、複合化・複雑化した課題を受け止める多機関の協働による包括的な相談支援体制や地域住民等が主体的に地域課題を把握して解決を試みる体制の構築に必要なソーシャルワークの機能を社会福祉士が担うために必要な実践能力を明らかにし、その能力を身につけることができるよう、社会福祉士の養成カリキュラム等の見直しを検討すべきである」とされた。これを踏まえ、社会状況等の移り変わり

★自己評価（self evaluation）
評価資料収集のための技法の一つであり、自己評価そのものが効果的な学習活動である。自己評価は、問題解決能力や学習意欲を支えるメタ認知能力を育成する観点からも重視されている。

や制度改正等を踏まえた内容へ充実させるとともに、ソーシャルワーク機能を発揮できる実践能力を習得することができるようにするための教育内容の見直しが大きな論点となった。養成カリキュラムの内容や実習・演習の充実に向けた指摘は**表 1-1** のとおりである。

■2 実習の目的

実習は、ソーシャルワーク専門職としてのコンピテンシーを培ううえできわめて重要であり、実習施設・機関と養成校が協力し、責任をもって取り組んでいくものである。

実習は、「実習前→実習中→実習後」の過程を重視し、学内で学習した「価値・知識・技術」の統合化を図りつつ、それらを効果的に発揮するコンピテンシーを習得することにつながる。そして、ソーシャルワークの知識および技術について、「知る」「わかる」という段階から、「使う」「実践できる」という段階に到達するために実習は不可欠な教育・学習なのである。

厚生労働省通知では、ソーシャルワーク実習の教育内容（ねらいと教育に含むべき事項）を**表 1-2**、**表 1-3** のように規定している。

また、一般社団法人日本ソーシャルワーク教育学校連盟の「ソーシャルワーク実習指導・実習のための教育ガイドライン」では、たとえば、社会福祉士のソーシャルワーク実習の目的として**表 1-4** を示している。これらのガイドラインは、社会福祉士だけではなく精神保健福祉士の実習や演習、自己学習などにも活用が可能である。

---

i 本章において触れられている、社会福祉士養成施設、社会福祉士学校および精神保健福祉士養成施設等における、設置及び運営に係る指針、ソーシャルワーク実習の教育内容（「ねらい」「教育に含むべき事項」）、実習評価などについて定めている通知とは、「社会福祉士養成施設及び介護福祉士養成施設の設置及び運営に係る指針について」（平成 20 年 3 月 28 日社援発第 0328001 号）・「社会福祉士学校及び介護福祉士学校の設置及び運営に係る指針について」（平成 20 年 3 月 28 日 19 文科高第 918 号社援発第 0328002 号）・「精神保健福祉士養成施設等の設置及び運営に係る指針について」（平成 23 年 8 月 5 日障発 0805 第 3 号）をいう。

表1-1　養成カリキュラムの内容、実習および演習の充実

- 地域共生社会に関する科目の創設
　地域共生社会の実現に向けて求められる社会福祉士が担うべき役割を理解し、多機関の協働による包括的な相談支援体制の仕組み等の知識を習得するための科目として「地域福祉と包括的支援体制」を創設した。
- ソーシャルワーク機能を学ぶ科目の再構築
　ソーシャルワーク機能の実践能力を有する社会福祉士を養成するため、「講義―演習―実習」の学習循環を作るとともに、ソーシャルワークの専門職である社会福祉士と精神保健福祉士の養成課程において共通して学ぶべき内容（共通科目）と、社会福祉士として専門的に学ぶべき内容が明確になるよう、科目を再構築し、また、実習演習科目のうち、共通科目となる「ソーシャルワーク演習」については、精神保健福祉士養成課程との合同授業を可能とした。

表1-2　社会福祉士養成科目「ソーシャルワーク実習」の教育内容

ねらい	教育に含むべき事項
①　ソーシャルワークの実践に必要な各科目の知識と技術を統合し、社会福祉士としての価値と倫理に基づく支援を行うための実践能力を養う。 ②　支援を必要とする人や地域の状況を理解し、その生活上の課題（ニーズ）について把握する。 ③　生活上の課題（ニーズ）に対応するため、支援を必要とする人の内的資源やフォーマル・インフォーマルな社会資源を活用した支援計画の作成、実施及びその評価を行う。 ④　施設・機関等が地域社会の中で果たす役割を実践的に理解する。 ⑤　総合的かつ包括的な支援における多職種・多機関、地域住民等との連携のあり方及びその具体的内容を実践的に理解する。	実習生は次に掲げる事項について実習指導者による指導を受けるものとする。 ①　利用者やその関係者（家族・親族、友人等）、施設・事業者・機関・団体、住民やボランティア等との基本的なコミュニケーションや円滑な人間関係の形成 ②　利用者やその関係者（家族・親族、友人等）との援助関係の形成 ③　利用者や地域の状況を理解し、その生活上の課題（ニーズ）の把握、支援計画の作成と実施及び評価 ④　利用者やその関係者（家族・親族、友人等）への権利擁護活動とその評価 ⑤　多職種連携及びチームアプローチの実践的理解 ⑥　当該実習先が地域社会の中で果たす役割の理解及び具体的な地域社会への働きかけ ⑦　地域における分野横断的・業種横断的な関係形成と社会資源の活用・調整・開発に関する理解 ⑧　施設・事業者・機関・団体等の経営やサービスの管理運営の実際（チームマネジメントや人材管理の理解を含む。） ⑨　社会福祉士としての職業倫理と組織の一員としての役割と責任の理解 ⑩　ソーシャルワーク実践に求められる以下の技術の実践的理解 　・アウトリーチ 　・ネットワーキング 　・コーディネーション 　・ネゴシエーション 　・ファシリテーション 　・プレゼンテーション 　・ソーシャルアクション 　ソーシャルワーク実習指導担当教員は巡回指導等を通して実習生及び実習指導者との連絡調整を密に行い、実習生の実習状況についての把握とともに実習中の個別指導を十分に行うものとする。

表1-3　精神保健福祉士養成科目「ソーシャルワーク実習」の教育内容

ねらい	教育に含むべき事項
① ソーシャルワーク実習を通して、精神保健福祉士としてのソーシャルに係る専門的知識と技術の理解に基づき精神保健福祉現場での試行と省察の反復により実践的な技術等を体得する。 ② 精神疾患や精神障害、メンタルヘルスの課題をもつ人びとのおかれている現状に関する知識をもとに、その生活実態や生活上の課題についてソーシャルワーク実習を行う実習先において調査し具体的に把握する。 ③ 実習指導者からのスーパービジョンを受け、精神保健福祉士として求められる資質、技能、倫理、自己に求められる課題把握等、総合的に対応できる能力を習得する。 ④ 総合的かつ包括的な地域生活支援と関連分野の専門職との連携のあり方及びその具体的内容を実践的に理解する。	① 学生は、精神科病院等の病院での実習において、患者への個別支援を経験するとともに、次に掲げる事項を経験し、実習先の実習指導者による指導を受けること。 　ア 受診前や入院時又は急性期の患者及びその家族への相談援助 　イ 退院又は地域移行・地域定着支援に向けた、患者及びその家族への相談援助 　ウ 入院患者と外来患者及びそれらの家族への多職種連携による支援 　エ 病院外の関係機関・団体及び地域住民との連携を通じたソーシャルワーク ② 学生は、精神科診療所での実習において患者への個別支援を経験するとともに、次に掲げる事項を経験し、実習先の実習指導者による指導を受けること。 　ア 受診前や治療中の患者及びその家族への相談援助 　イ 日常生活や社会生活上の問題に関する、患者及びその家族への相談援助 　ウ 外来患者及びそれらの家族への多職種連携による支援 　エ 地域の精神科病院や関係機関・団体及び地域住民との連携を通じたソーシャルワーク ③ 学生は、障害福祉サービス事業所や行政機関等、及び精神科病院等の医療機関の実習を通して、次に掲げる事項をできる限り経験し、実習先の実習指導者による指導を受けるものとする。 　ア 利用者やその関係者、施設・機関・事業者・団体・住民やボランティア等との基本的なコミュニケーションや人との付き合い方などの円滑な人間関係の形成 　イ 利用者理解と相談支援ニーズの把握及び相談支援計画の作成 　ウ 利用者やその関係者（家族・友人・近隣住民等）との相談支援関係の形成 　エ 利用者やその関係者（家族・友人・近隣住民等）への権利擁護及び相談支援（エンパワメントを含む。）とその評価 　オ 精神医療・保健・福祉に係る多職種連携をはじめとする相談支援におけるチームアプローチへの参加 　カ 精神保健福祉士としての職業倫理と法的義務の意味の考察と遵守 　キ 施設・機関・事業者・団体等の職員の就業などに関する規定の遵守と組織の一員としての役割と責任への自覚 　ク 施設・機関・事業者・団体等の経営やサービスの管理運営の観察 　ケ 当該実習先が地域社会で果たす役割の考察と具体的な地域社会への働きかけとしてのアウトリーチ、ネットワーキング、社会資源の活用・調整・開発場面の観察 　コ 実習先施設・機関や所属地域における精神保健福祉向上のための課題発見と政策提言に関する考察 　サ 実習体験及び学習成果の考察と記述、プレゼンテーション実習総括と精神保健福祉士としての学習課題の明確化、及び研鑽計画の立案 ④ 学生は、実習体験と考察を記録し、実習指導者によるスーパービジョンと、ソーシャルワーク実習指導担当教員による巡回指導及び帰校日指導等を通して、実習事項について個別指導や集団指導を受ける。 ⑤ 実習指導担当教員は、巡回指導等を通して実習指導者との連絡調整を密に行い、学生の実習状況についての把握とともに実習中の個別指導を十分に行うものとする。

表1-4 ソーシャルワーク実習の目的

- ・ソーシャルワークの対象となる当事者・利用者とその家族・世帯の生活・地域の実態や、ソーシャルワーカーが活動する地域の実態を学ぶ。
- ・ソーシャルワーカーとしての価値や倫理が実践現場でどのように具現化されているか、またソーシャルワーカーがそれらをどのように行動化しているか、ソーシャルワーク専門職である社会福祉士としての態度や姿勢を学ぶ。
- ・ケースの発見からアセスメント、支援計画策定から実施に至るソーシャルワークの過程について具体的かつ経験的に学ぶ。
- ・ソーシャルワークの役割としての総合的・包括的な支援や多職種・多機関や地域住民等との連携・協働の実際を具体的かつ経験的に学ぶ。
- ・社会福祉士・ソーシャルワーカーとしての自分を知る（自己覚知）の機会となる。

2 実習指導の意義と目的

1 実習指導の意義

　実習指導は、実習生が実習のねらいを達成するため、「実習前→実習中→実習後」の実習過程を通して実施される教育活動であり、系統立ったプログラムによって進められる。

　実習指導という科目が設定されることにより、養成校は、実習の具体的な到達目標を明確にし、学生に理解させるばかりではなく、協力を依頼する施設・機関の実習指導者への説明を十分に行い、共通理解を得て実習を推進するための環境を整えることにつながる。

　実習環境の整備にあたっては、実習の受け入れについてクライエントにも十分に説明を行い、了解・協力を得ることが前提となる。しかしながら、クライエントは、サービスの利用過程において不安や憤りなどを抱いていることもあるため、そのような状況において学生の実習への協力を求めるということを十分に認識し、体制づくりを進める必要がある。実習への協力を依頼するにあたっては、クライエントの不安等に十分配慮しなければならない。実習の最終的責任は、養成校の実習指導担当教員にあることは当然であり、実習指導担当教員は、実習生の行動と学習状況を把握し、教育的配慮に焦点を当てて指導を行う。

　実習関連科目の教育内容や運営上の留意点等については、厚生労働省通知に規定されている。ここでは、「大学等において開講する社会福祉に関する科目の確認に係る指針について」（平成20年3月28日19文科高第917号・社援発0328003号）の最終改正から引用する（**表1-5**）。本通知により、養成施設・養成校のばらつきをなくすとともに、教育の水準を担保することになり、実習生の効果的な学習のための

環境整備につながっている。なお、指針は設置主体（大学、一般養成施設など）によって異なるため、それぞれ確認してほしい。

表1-5　社会福祉士の実習の運営上の留意点

7　実習に関する事項
(1)　実習先は、巡回指導が可能な範囲で選定するとともに、ソーシャルワーク実習を担当する教員は、少なくとも週1回以上の定期的巡回指導を行うこと。ただし、これにより難い場合は、実習期間中に少なくとも1回以上の巡回指導を行う場合に限り、実習施設との十分な連携の下、定期的巡回指導に代えて、学生が大学等において学習する日を設定し、指導を行うことも差し支えないこと。
(2)　ソーシャルワーク実習は、相談援助業務の一連の過程を網羅的かつ集中的に学習できるよう、1の実習施設において180時間以上行うことを基本とすること。
　　ア　ソーシャルワーク実習は、機能の異なる2カ所以上の実習施設等で実施すること。
　　イ　180時間以上の実習を行う機関・事業所においては、相談援助業務の一連の過程の学習に加え、複数の機関・事業所や地域との関係性を含めた包括的な支援について学習すること。
(3)　精神保健福祉士養成課程における「ソーシャルワーク実習」、介護福祉士養成課程における「介護実習」を履修している者については、実習のうち60時間を上限として免除可能とすること。
(4)　実習内容、実習指導体制及び実習中のリスク管理等については実習先との間で十分に協議し、確認を行うこと。
(5)　各実習施設における実習計画が、当該実習施設との連携の下に定められていること。
(6)　実習指導者は、社会福祉士の資格を取得した後、相談援助の業務に3年以上従事した経験を有する者であって、科目省令第4条第7号に規定する講習会（以下「社会福祉士実習指導者講習会」という。）の課程を修了したものであること。
(7)　ソーシャルワーク実習において知り得た個人の秘密の保持について、教員及び実習生に対して徹底を図ること。
(8)　ソーシャルワーク実習指導を実施する際には、次の点に留意すること。
　　ア　ソーシャルワーク実習を効果的に進めるため、実習生用の「実習指導マニュアル」及び「実習記録ノート」を作成し、実習指導に活用すること。
　　イ　実習後においては、その実習内容についての達成度を評価し、必要な個別指導を行うこと。
　　ウ　実習の評価基準を明確にし、評価に際しては実習先の実習指導担当者の評定はもとより、実習生本人の自己評価についても考慮して行うこと。
(9)　ソーシャルワーク実習を実施する際には、健康診断等の方法により、実習生が良好な健康状態にあることを確認した上で配属させること。

2 実習指導の目的

　日本ソーシャルワーク教育学校連盟の「ソーシャルワーク実習指導・実習のための教育ガイドライン」では、ソーシャルワーク実習指導の目的として**表1-6**を示している。

　厚生労働省通知では、社会福祉士・精神保健福祉士のソーシャルワーク実習指導の教育内容を**表1-7**、**表1-8**のように規定している。**表1-7**、**表1-8**のねらいの部分が実習指導の目的といえる。

表1-6　ソーシャルワーク実習における実習指導の目的

・社会福祉士・ソーシャルワーカーになるための学びとして、なぜ実習が重要なのか
　を理解するとともに、実習と実習指導とのつながりについても理解する。
・実習とは単なる現地での体験学習とは異なり、事前学習・配属実習・事後学習を通
　してソーシャルワークの業務や実践に必要な知識・技術の学びを深めるということ
　を理解する。
・座学で学んだ社会福祉の法律や制度、ソーシャルワーク技術等について、自らの実
　習経験及びその経験の振り返りを通して、実際の現場、支援の文脈に関連付けて理
　解する。
・実習は限られた場所と一定の期間内での経験であることから、目的的・計画的に学
　べるようにする。
・実習を通して、自らの知識不足や理解の不十分さなどに気づくことで、事後学習の
　課題やその後の研究課題等の設定につながる。

表1-7　社会福祉士養成科目「ソーシャルワーク実習指導」の教育内容

ねらい	教育に含むべき事項
①　ソーシャルワーク実習の意義について理解する。 ②　社会福祉士として求められる役割を理解し、価値と倫理に基づく専門職としての姿勢を養う。 ③　ソーシャルワークに係る知識と技術について具体的かつ実践的に理解し、ソーシャルワーク機能を発揮するための基礎的な能力を習得する。 ④　実習を振り返り、実習で得た具体的な体験や援助活動を、専門的援助技術として概念化し理論化し体系立てていくことができる総合的な能力を涵養する。	①　実習及び実習指導の意義（スーパービジョン含む。） ②　多様な施設や事業所における現場体験学習や見学実習 ③　実際に実習を行う実習分野（利用者理解含む。）と施設・機関、地域社会等に関する基本的な理解 ④　実習先で関わる他の職種の専門性や業務に関する基本的な理解 ⑤　実習先で必要とされるソーシャルワークの価値規範と倫理・知識及び技術に関する理解 ⑥　実習における個人のプライバシーの保護と守秘義務等の理解 ⑦　実習記録への記録内容及び記録方法に関する理解 ⑧　実習生、実習担当教員、実習先の実習指導者との三者協議を踏まえた実習計画の作成及び実習後の評価 ⑨　巡回指導 ⑩　実習体験や実習記録を踏まえた課題の整理と実習総括レポートの作成 ⑪　実習の評価及び全体総括会

3　実習の展開

　教育システムの観点から「ソーシャルワーク実習」という科目をみる
と、「実習」は単独で存在しているのではなく、「ソーシャルワーク実習指
導」や「ソーシャルワーク演習」ならびにほかの科目との連関性を意識
して構成されている。どれか一つでも欠けてしまうと社会福祉士・精神
保健福祉士養成のための教育システムの全体像を描くことはできない。
　実習教育は、「実習前→実習中→実習後」という一連の実習過程のな
かで展開される。実習科目は「ソーシャルワーク実習指導」と「ソーシャ
ルワーク実習」の二つであり、実習をはさみこむ形で実習指導が配置さ
れている。実習中に行う実習指導としては、巡回指導が中心となる。な
お、この実習過程と並行して実施されるのが「ソーシャルワーク演習」

表1-8　精神保健福祉士養成科目「ソーシャルワーク実習指導」の教育内容

ねらい	教育に含むべき事項
① ソーシャルワーク（精神保健福祉士）実習の意義について理解する。 ② 精神疾患や精神障害のある人のおかれている現状を理解し、その生活の実態や生活上の困難について理解する。 ③ ソーシャルワーク（精神保健福祉士）実習に係る個別指導及び集団指導を通して、精神保健福祉士が行うソーシャルワークに係る知識と技術について具体的かつ実際的に理解し実践的な技術等を体得する。 ④ 精神保健福祉士として求められる資質、技能、倫理、自己に求められる課題把握等、総合的に対応できる能力を習得する。 ⑤ 具体的な実習体験を、専門的知識及び技術として概念化し理論化し体系立てていくことができる能力を涵養する。	次に掲げる事項について個別指導及び集団指導 ア　ソーシャルワーク実習とソーシャルワーク実習指導における個別指導及び集団指導の意義 イ　精神保健医療福祉の現状（利用者理解を含む。）に関する基本的な理解 ウ　実際に実習を行う施設・機関・事業者・団体・地域社会等に関する基本的な理解 エ　精神疾患や精神障害のある当事者の語りに触れる体験 オ　現場体験学習及び見学実習 カ　実習先で必要とされる精神保健福祉士としてのソーシャルワークに係る専門的知識と技術に関する理解 キ　精神保健福祉士に求められる職業倫理と法的責務に関する理解 ク　実習における個人のプライバシー保護と守秘義務の理解（精神保健福祉士法及び個人情報保護法の理解を含む。） ケ　「実習記録ノート」への記録内容及び記録方法に関する理解 コ　実習生、実習担当教員、実習先の実習指導者との三者協議を踏まえた実習計画の作成 サ　巡回指導（訪問指導、スーパービジョン） シ　実習記録や実習体験を踏まえた課題の整理と実習総括レポートの作成 ス　実習の評価全体総括会

図1-1　実習過程と科目・通知・評価との対応関係

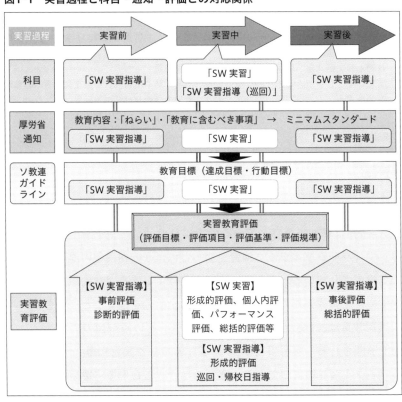

である。ソーシャルワーク実践に必要な実践能力を習得するため、講義・演習・実習科目の内容が相互に補完しあう形で配置されている。

4 実習における倫理

　社会福祉士・精神保健福祉士は、それぞれの倫理綱領の前文にもあるように、クライエントにとって最善の利益や社会の福利（ウェルビーイング）を目指して実践する専門職である。実習生はまだ資格を取得していないため、倫理綱領を遵守する立場ではないが、将来の社会福祉士・精神保健福祉士として、倫理綱領に準じた考え方と言動が求められる。

★**ウェルビーイング**
個人またはグループの状態（コンディション）を指す概念であり、身体的、精神的、社会的に良好な状態を意味する概念として用いられる。「幸福」「福利」などと訳される。

表1-9　社会福祉士の倫理綱領　前文（一部抜粋）

　われわれ社会福祉士は、すべての人が人間としての尊厳を有し、価値ある存在であり、平等であることを深く認識する。われわれは平和を擁護し、社会正義、人権、集団的責任、多様性尊重および全人的存在の原理に則り、人々がつながりを実感できる社会への変革と社会的包摂の実現をめざす専門職であり、多様な人々や組織と協働することを言明する。
　われわれは、社会システムおよび自然的・地理的環境と人々の生活が相互に関連していることに着目する。社会変動が環境破壊および人間疎外をもたらしている状況にあって、この専門職が社会にとって不可欠であることを自覚するとともに、社会福祉士の職責についての一般社会及び市民の理解を深め、その啓発に努める。

表1-10　精神保健福祉士の倫理綱領　前文

　われわれ精神保健福祉士は、個人としての尊厳を尊び、人と環境の関係を捉える視点を持ち、共生社会の実現をめざし、社会福祉学を基盤とする精神保健福祉士の価値・理論・実践をもって精神保健福祉の向上に努めるとともに、クライエントの社会的復権・権利擁護と福祉のための専門的・社会的活動を行う専門職としての資質の向上に努め、誠実に倫理綱領に基づく責務を担う。

　実習中は、相手の立場や気持ちへの配慮を欠き、気づかないうちに人権を侵害するようなことがあってはならない。相手の立場や気持ち、置かれている状況などを総合的に把握し、考えて行動することを常に心がけ、高い人権感覚を養うことが求められる。その他、社会福祉士・精神保健福祉士の倫理綱領に則して実習中に留意すべき項目を挙げる。

1 守秘義務の遵守
　社会福祉士・精神保健福祉士の基本的な職業倫理にかかわるものとして、クライエントの尊厳および人権の尊重がある。この点は特に留意しなければならない。実習中に知り得た利用者のプライバシー（個人情報）

を保護することは徹底しなければならない。

具体例を挙げると**表1-11**のような点に留意する。

表1-11　実習における守秘義務の例

- ・クライエント（利用者、家族、グループ等）やかかわった人のプライバシーを最大限に尊重する。
- ・利用者の関係者から情報を得る場合は、その利用者からも同意を得る。
- ・支援計画の立案やクライエントの会話において、必要以上の情報収集は行わない。
- ・実習を終えたあともクライエントやかかわった人の秘密を保持しなければならない。

■2 ハラスメント

ハラスメントとは、「嫌がらせや迷惑行為のこと」とされている。たとえば、セクシュアル・ハラスメント、パワー・ハラスメント、アカデミック・ハラスメントなどがある。加害者側は気にならなくても、相手が苦痛だと感じればハラスメントである。これらは人権問題であるため、加害者または被害者のどちら側にもならないよう、人権に対しては常に意識を高くもって実習に臨まなければならない（本章第5節参照）。

■3 感染症対策

実習を行うにあたっては、感染症に対する知識をもち、適切な対策を取るよう心がけなければならない。たとえば、はしか、ノロウイルス、O157、疥癬・皮膚疾患などが挙げられる。

これら感染症は、かからないことと、利用者の生活の場等に持ち込まないことが非常に重要である。クライエントの生活の場で実習を行う場合は、感染症対策の重要性を認識していることが必要である。実習生は発症に至らなくても、保菌者となり得ることを自覚しなければならない。健康者は軽症で済むような症状でも、幼児や高齢者、免疫力の低下した利用者にとっては死に至る危険性があることを認識し、軽く考えないことが求められる。

5 実習における自己学習の方法

教育評価の観点から、実習生が実習過程において行う自己学習の例を**表1-12**に示す。

実習教育にあたっては、実習過程で作成したり収集したりした評価情報を順序立てて整理し、ファイリングするなどして学びを蓄積していく

表1-12　教育評価の観点からみる実習過程における自己学習の例

実習過程 評価主体	実習前	実習中	実習後
実習生	【学習目的】 ・評価の概要（意義・目的・方法等）の理解 ・実習目標（厚生労働省通知、ソーシャルワーク実習指導・実習のための教育ガイドライン、シラバス）の確認 ・評価項目、評価尺度、評価基準、評価方法の確認 ・評価表の内容の確認 ・実習準備状況、習熟度、コンピテンシー等の確認 ・施設の事前訪問の実施	【学習目的】 ・自己評価（評価表を用いて中間評価を実施） ・実習計画の進捗状況の確認 ・ガイドラインと実習内容との対応関係の確認 ・実習課題の達成状況の確認 ・実習記録の確認	【学習目的】 ・自己評価（評価表の記入） ・教員との評価表の確認 ・他者評価（ほかの実習生とのグループワーク） ・実習報告書の作成（実習の総括） ・実習後のアンケート等の実施 ・実習報告会での報告（実習の総括）
	【管理目的】 ・履修要件、進級要件の確認 ・実習契約書、合意書の確認 ・実施日数、期間、時間の確認 ・ポートフォリオ*の作成	【管理目的】 ・実施日数、時間の確認 ・出勤簿の確認	【管理目的】 ・実施日数、時間の確認 ・出勤簿の確認 ・修了証明書の確認

とよい。たとえば、ポートフォリオ評価の観点から、学習の成長や変容を多面的・長期的に評価し、新しい学習に活かすために作品を集める。学生用ポートフォリオの場合は、成長や到達点の把握と自己理解等に資することになる。

★**ポートフォリオ**
学習の過程で使用した資料や作成したワークシートなどを集めて整理したもの。

実習における スーパービジョン

学習のポイント

● ソーシャルワーク実習および実習指導で行われるスーパービジョンの概要を理解する
● スーパーバイジーとしての実習生の権利を理解する

1 スーパービジョンの主な目的

　本節では、ソーシャルワーク実習ならびにソーシャルワーク実習指導において行われるスーパービジョンの概要を確認する。なお、実習スーパービジョンの意義やスーパーバイザーおよびスーパーバイジーの役割などの詳細については第4章第1節で説明する。

　実習におけるスーパービジョンは、スーパーバイザーである実習指導者および実習指導担当教員とスーパーバイジーである実習生との間のコミュニケーションによって展開される。そして、実習生が、ソーシャルワークの価値・知識・技術等を統合して実践を展開することができるようになるとともに、教育目標を達成するため実習指導者および実習指導担当教員との間で定期的または不定期（随時）に行われる教育・学習活動である。

　カデューシン（Kadushin, A.）は、ソーシャルワークにおけるスーパービジョンを次のように定義している。「スーパーバイザーが、良好な人間関係のコンテキストにおいてスーパーバイジーとかかわり、管理的、教育的、そして支持的機能を果たすことである。スーパーバイザーの究極の目標は、機関の方針と手順に従って、クライエントに対し量および質ともに可能な限り最善のサービスを提供することである。スーパーバイザーはクライエントに直接サービスを提供しないが、そのサービスを提供するスーパーバイジーに影響を与えるので、提供されるサービスレベルに間接的に影響を及ぼすといえる」[1]。

　実習生が考えた実習目的を達成するためには、一定期間内、または必要に応じてスーパービジョンを実施することが重要である。実習生は、プログラムの進捗状況の確認、体験した内容の確認、講義や指示内容等に関する理解度の確認、ジレンマやトラブルに対する助言・指導等を

スーパーバイザーから受ける必要がある。スーパービジョンの実施のタイミングは、毎日の実習終了後またはプログラム終了後に振り返りと課題整理のための時間と機会として設定すると効果的である。

なお、現場実習におけるスーパービジョンとして、公益社団法人日本社会福祉士会・実習指導者養成研究会は、**表1-13**の内容を挙げている。

表1-13 現場実習におけるスーパービジョンの内容

① 契約事項（＝プログラム）の進捗確認
② 体験内容の消化・未消化の確認
③ プログラム・指導方法の軌道修正・変更
④ 実習生の関心事項の深化
⑤ 肉体的・精神的な状況への配慮
⑥ 実習上の諸トラブル（対利用者・職員関係等）への対処

2 スーパービジョンの機能

スーパービジョンは主に三つの機能から構成されている。

1 管理的機能

管理的機能とは、一般的には、スーパーバイザーが施設や機関の運営管理を行う立場としてスタッフに直接かかわり、目標の達成に向け、所属する組織の方針や手続きに基づき、明確に規定された運営管理を行う機能のことをいう。

実習においては、ソーシャルワーク実習が適切に行われるための環境整備や進捗状況の管理などを行う機能となる。具体的には、実習生の健康管理、実習目標の達成状況、実習時間や出退勤の管理、職場内外の連携や協力状況を把握するため職員や多職種との調整、実習評価に係る指導などがある。

スーパーバイジーである実習生の姿勢としては、自分自身の心身の健康状態、出退勤の状況などを報告することを怠らないように心がける必要がある。それが、クライエントの権利を守ることになるとともに、効果的な実習遂行につながるといえる。

2 教育的機能

教育的機能とは、一般的には、スタッフが業務を効果的に実施するた

めに必要となる学習をスーパーバイザーが支援することであり、専門職として何をすべきかの方向性を示し、チームワークに必要な誠実さなどを身につけさせる機能のことをいう。

　実習においては、当該実習施設・機関の対象となるクライエントの理解のための指導、実習施設・機関において求められる知識や技術の確認と指導、実習生が作成した実習計画の目標達成に向けた課題の確認、新たな課題の設定などを行う機能となる。

　スーパーバイジーである実習生の姿勢としては、クライエントの支援にあたって、必要となる知識をどの程度身につけているのか、どこまで実施できる準備を整えているのか、何がわからないのかなど、自身の学習上の発達段階を可能な限り正確に説明することが求められる。実習生がそのような発信をすることにより、スーパーバイザーは、実習生の状況に合わせた助言・指導を行うことができるようになる。

3 支持的機能

　支持的機能とは、一般的には、スーパーバイジーが業務上のストレスや困難さに対応するための手助けをスーパーバイザーが行うものであり、業務遂行に必要となる態度や感情を育てる機能のことをいう。

　実習においては、実習生の実習への意欲や目的意識をもって学習に臨む気持ちを支え、主体的に課題解決に取り組んでいくことを促す機能である。

　実習生は、実習中に倫理的ジレンマに直面したり、実習計画が思い通り進まなかったりすることなどにより、自信の喪失や自己肯定感の低下が生じる場合がある。そのため、スーパーバイジーである実習生の姿勢としては、上記のような状況にある場合は、日々の振り返りや巡回指導の時間を積極的に活用し、率直にスーパーバイザーに相談し、具体的な解決方法や対応方法を話しあう機会をもつことが求められる。クライエントとのかかわり方の確認や燃え尽き症候群（バーンアウト）の防止、実習計画の見直しなどにつなげることが可能となる。

3 スーパーバイジーの権利

　実習生は、実習前に学習したソーシャルワークの価値・知識・技術等を活用しながら、教育目標の達成を目指して実習に取り組むことにな

る。初めて現場に出てクライエントとかかわるような場合は、自分自身で感情や学習の進捗を管理・調整することが困難に感じたり、不安やジレンマを抱えたりすることがある。そのようななかで実習を遂行するにあたり、スーパーバイザーから適切なスーパービジョンを受けることが保障されていることは実習生にとって大きな支えとなる。

適切なスーパービジョンを求めることは実習生の権利であり、よりよいソーシャルワーク実習とするために必要不可欠である。定期的に実施するスーパービジョンだけではなく、不定期（随時）にスーパービジョンを求めることが、スーパーバイジーとしての権利であり、役割といえる。

4 実習スーパービジョンの二重構造

ソーシャルワーク実習においては、実習指導担当教員と実習指導者がスーパーバイザーとなることから、「実習スーパービジョンの二重構造」と称されている（第4章第1節**図4-2**参照）。実習生は、「ソーシャルワーク実習指導」の科目を履修した段階から養成施設・養成校の実習指導担当教員からスーパービジョンを受けることになる。実習期間中は、主に実習指導者のスーパービジョンを受けることになり、実習指導担当教員からは巡回指導時または随時スーパービジョンを受けることになる。

このように、実習期間中は、異なるスーパーバイザーによるスーパービジョンが行われることになる。実習生は、それぞれの役割を理解し、実習指導担当教員と実習指導者との間で、スーパービジョンのあり方や指導の方向性、目標および評価方法等について話しあい、共通認識を図りながら実習を進めてほしい。

◇引用文献
1）A. カデューシン・D. ハークネス，福山和女監，萬歳芙美子・荻野ひろみ監訳，田中千枝子責任編集『スーパービジョン イン ソーシャルワーク 第5版』中央法規出版，p.19，2016.

実習における教育評価

学習のポイント

● 教育評価の意義、目的、領域の概要について理解する
● 科目通知に規定された実習評価の考え方や必要性を理解する
● 実習過程（実習前→実習中→実習後）における評価の内容と方法について理解する
●「ソーシャルワーク実習指導ガイドライン」と「ソーシャルワーク実習教育内容・実習評価ガイドライン」の意義と内容について理解する

1 評価の意義

　教育とは「教育目標を中心に、それを達成することに関連した生徒の能力・適性、指導計画、指導内容、指導法、評価法等が有機的なシステムを形成した存在である[1)]」とされている。つまり、評価は、教育システムにおいて欠かすことができない教育活動の一つに位置づけられていることがわかる。評価と聞くと達成できなかったことや失敗したことに焦点を当て、実習後の成績評価だけを指しているというイメージがあるかもしれないが、そのような認識は誤りである。重要なことは、評価とは成長への手がかりを見出すための前向きなエンパワメント実践だということである。そして、クライエントや社会の福利（ウェルビーイング）を実現するためには、実習生が自身のソーシャルワークに関する価値・知識・技術の理解・習得状況を可能な限り正確に把握し、理解することが必要となる。

　実習教育は目標志向の教育であり、「実習前→実習中→実習後」という実習過程の学習の流れを重視し、各段階で設定された教育目標（達成目標と行動目標）を達成するために準備されたプログラムを系統的に学習するものである。そして、各科目において設定された教育・学習目標の達成度や理解度等を確認するための教育・学習活動が「実習教育評価」である。

　教育目標（達成目標と行動目標）となるのは、厚生労働省の「通知」ならびに一般社団法人日本ソーシャルワーク教育学校連盟の「ソーシャルワーク実習指導ガイドライン」「ソーシャルワーク実習教育内容・実

習評価ガイドライン」である（巻末資料参照）。

　実習教育評価の対象となる科目は、「ソーシャルワーク実習指導」と「ソーシャルワーク実習」の二つである。実際に評価を行う「評価主体」は、❶実習生、❷実習指導者、❸実習指導担当教員、の三者であり、実習目標や実習計画の達成度、課題の確認等を行う。

2 ▶ 評価の目的

　教育評価は、**表1-14**のように、指導目的、学習目的、管理目的、研究目的の四つに分類することができる。これらは、収集した評価情報をどのような種類の教育決定の目的に用いるのかという視点から分類したものである。

表1-14　教育評価の分類と目的

分類	目的
指導目的	教師のような指導者の立場からの利用であり、より効果的な指導法や指導計画の決定の見地から評価を利用する。
学習目的	学習者自身が評価の当事者となり、自己評価や相互評価の形で評価を行い、それによって学習の自己改善を図ろうとする。
管理目的	学級や学習グループの編成、成績の記録・通知、高校・大学等における入学選抜決定や企業体での採用決定、各種の資格認定等において利用する。
研究目的	社会の要請にこたえる教育課程（カリキュラム）の研究開発、効果的な指導法や教材・教具の研究開発などの目的に評価を利用する。

出典：橋本重治，応用教育研究所編『教育評価法概説 2003年改訂版』図書文化，pp.12-14，2003. をもとに筆者作成

　実習生の立場からいえば、学習目的としての評価を行うことを実習前から意識し、実習前・実習中・実習後に用意されているプログラムと目標に対して、一つひとつ丁寧に取り組んでいくことが求められる。

　教育評価の目的の観点から実習過程における具体的な評価のための活動を整理したものが**表1-15**である。なお、実習教育評価にあたっては、「ソーシャルワーク実習指導」および「ソーシャルワーク実習」を分けて整理する必要があるが、ここでは「評価の目的の確認」にしぼり、「ソーシャルワーク実習指導」における評価の具体的内容について例示する。

表1-15 「ソーシャルワーク実習指導」における評価目的別にみた
　　　　教育評価の内容の例

	教育評価の内容の例
指導目的	【実習前評価として】 　より効果的な実習指導の方法や指導計画を決めるために実施する。 ① 学生の性格、特徴、学力、興味等に関する情報を収集するためにコンピテンシー・アセスメントの記入を行う。 ② 通知「教育に含むべき事項」および「実習教育内容・実習評価ガイドライン」の項目に関する確認を行う。 ③ 「ソーシャルワーク実習指導」の授業の進捗に学生がついていけないことが起こらないよう、プログラムの目標、理解度や達成度を確認する。 【実習中評価として】 　巡回指導および帰校を通して実習生の心身の状況、実習計画の進捗状況等を確認する。 【実習後評価として】 ① これまでの指導計画や指導方法等、指導結果の反省と改善を行う。 ② カリキュラムの効果の反省と改善を行う。 ③ 評価基準の妥当性について検討する。
学習目的	学生自身が自己評価や相互評価を通して学習の自己改善を図るために実施する。なお、教員側からは、常にその学生の評価情報を流す必要がある。 【実習前評価として】 ① 学生によるコンピテンシー・アセスメントの実施。 ② 通知「教育に含むべき事項」の項目に関する理解度や達成度の確認。授業中に実施した振り返りシート、レポート、成績物等の返却と確認。 ③ 授業中の教員の発問への対応。 ④ 事前学習の実施。内容に関する自己評価・相互評価の実施。 ⑤ グループワークへの参加状況や発言状況の確認。　など
管理目的	【実習後評価として】 　主に実習後評価の目的として該当する。 ① 出席状況（出席簿）の記録と管理。 ② 成績の決定と記録。 ③ 各種テストやレポート等の実施と管理。 ④ 最終的には社会福祉士国家試験受験資格の証明。　など
研究目的	「ソーシャルワーク実習指導」および「ソーシャルワーク実習」の二つの科目について、社会の要請に応えるカリキュラムの研究開発、指導方法や教材の研究開発、実習ノートや評価表の開発、巡回指導の方法の検討などの目的に評価を利用する。

3 教育評価の領域

　教育評価の領域とは、❶学習の評価、❷入力的諸条件の評価、❸教育計画・指導法の評価のことをいう。それぞれの評価領域は、相互に関連があるため、その評価結果の解釈や利用においても、相互に緊密に関連させて考えなければならない。[2] 領域と内容を整理したものが表1-16である。通常、評価といえば、各科目のシラバスにも書かれているように、

表1-16 教育評価の領域と内容

領域	内容
❶学習の評価	・教科の評価、学習成果の評価、学力の評価等ともいう。 ・学校教育のカリキュラム目標に関する評価領域を指す。
❷入力的諸条件の評価	・学生の能力・適性・行動特性・健康状態・環境の影響など学生自身の状況のことをさす。 ・収集した情報は成績をつけるためのものだけではなく、学生自身による自己理解と指導者側による学生理解のためにも活用される。 ・内容： ①知能・適性の評価、②性格・行動・道徳性の評価、③身体・健康の評価、④家庭その他の環境（交友関係等）の評価
❸教育計画・指導法の評価	・カリキュラムや指導法など学校や教師側の処遇（処置）方策のこと。 ・個々の生徒に関しての評価と異なって公共的性格のものであり、研究目的の意味合いが強い。 ・学校の施設、設備、教職員、学校経営等も対象となることがある。

❶に該当する学習成果や成績の評価についてのみ整備しているように思われる。しかしながら、❷および❸のように実習の遂行に影響する項目が含まれているため、教育する側の実習指導担当教員や実習指導者も、評価の範囲を把握している。特に、❷に含まれる事項は、実習を遂行するために必要な情報であるため、実習指導担当教員は実習生の状況把握に努めている。実習生は万全な状態で実習に臨むことができるよう、評価について疑問があった場合は、実習指導担当教員に事前に確認をしておくとよい。

　実習教育に照らし合わせると、❷「入力的諸条件の評価」の四つの内容は、実習生自身による自己理解や実習指導担当教員と共有が必要な健康状態の把握といったアセスメントとしてみなすことができる。

1 性格・行動・道徳性の評価

　科目「ソーシャルワーク演習」の教育内容に含まれている自己覚知や価値観等の理解となる。ソーシャルワーク専門職として自己の価値観や行動特性を理解していることがコンピテンシーの一つとなる。

2 身体・健康の評価

　実習生自身が身体・健康の状態を把握することは、ソーシャルワーク実習を遂行するうえで欠かすことができない。社会福祉士ならびに精神保健福祉士の双方の通知において、健康状態の確認や実習中のリスク管理等に関する事項が定められている（**表1-17**）。身体・健康に関する情報について把握することは、実際の援助場面においてクライエントの

表1-17　健康状態に関する事項

| 【社会福祉士養成】 |
| 10　実習に関する事項 |
| ⑷　実習内容、実習指導体制及び実習中のリスク管理等については実習先との間で十分に協議し、確認を行うこと。 |
| ⑼　ソーシャルワーク実習を実施する際には、健康診断等の方法により、実習生が良好な健康状態にあることを確認した上で配属させること。 |
| 【精神保健福祉士養成】 |
| 10　実習に関する事項 |
| ⑻　実習内容、実習指導体制及び実習中のリスク管理等については実習施設等との間で十分に協議し確認を行うこと。 |
| ⑼　実習を実施する際には、健康診断等の方法により、実習生が良好な健康状態にあることを確認した上で実施すること。 |

利益を守るとともに、実習生の学習を保障することにもなる。

3　家庭その他の環境の評価

　家族関係において何らかの問題や悩みを抱えている場合、実習生の心身の健康状態に何らかの影響が現れたり、実習遂行に影響を及ぼしたりすることが考えられる。また、家族のサポートによって実習を最後までやり遂げることができる場合もある。したがって、実習配属の前に本人との面談の機会をもつなどして対話を重ね、情報の把握と共有化を図っておくことが大切である。

 ## 4　実習評価に関する法令上の規定

　国家資格の養成教育であるため、学習の成果や専門性を担保するための評価についても通知に規定されている。実習評価については、実習指導に関する規定として明記されている。まずは、実習指導担当教員および実習指導者が意味と内容を理解し、実習生が適切な教育・学習を受けることができるよう準備を整える必要がある。実習生は、ソーシャルワーク専門職としてその役割を果たしていけるようになるため、実習指導における評価の対象を理解し、自分自身の学習の向上につなげることが必要である。

　実習評価は、養成施設および学校の設置及び運営に係る指針において表1-18のように規定されている。教育評価の観点からいえば、❶達成度評価、❷個別指導、❸評価基準、❹評定、❺自己評価、の五つがキーワードとなる。

表1-18　実習指導における評価に関する事項

【社会福祉士養成】
10　実習に関する事項
　(8)　ソーシャルワーク実習指導を実施する際には、次の点に留意すること。
　　ア　ソーシャルワーク実習を効果的に進めるため、実習生用の「実習指導マニュアル」及び「実習記録ノート」を作成し、実習指導に活用すること。
　　イ　実習後においては、その実習内容についての達成度を評価し、必要な個別指導を行うこと。
　　ウ　実習の評価基準を明確にし、評価に際しては実習先の実習指導担当者の評定はもとより、実習生本人の自己評価についても考慮して行うこと。
【精神保健福祉士養成】
10　実習に関する事項
　(10)　ソーシャルワーク実習指導を実施する際には、次の点に留意すること。
　　ア　ソーシャルワーク実習を効果的に進めるため、実習生用の「実習指導マニュアル」及び「実習記録ノート」を作成し、実習指導に活用すること。
　　イ　実習後においては、その実習内容についての達成度を評価し、必要な個別指導を行うこと。
　　ウ　実習の評価基準を明確にし、評価に際しては実習施設等の実習指導者の評定はもとより、実習生本人の自己評価についても考慮して行うこと。

1 達成度評価

「達成度」とは、教育目標がどの程度達成されたのかを表すレベルをいう。達成度を評価するためには、評価する対象となる実習内容と評価尺度（基準・規準）が明示されている必要がある。基本的には、通知の科目の教育内容(ねらいおよび教育に含むべき事項)が評価基準となる。達成度を評価するためには、通知の教育内容よりもさらに具体的かつ細分化された行動目標の設定が必要となる。したがって、日本ソーシャルワーク教育学校連盟の「ソーシャルワーク実習教育内容・実習評価ガイドライン」の教育目標（達成目標および行動目標）のうち行動目標を達成度評価の項目に設定するとよい。実習内容は実習先の種別・施設ごとに異なるため、可能な限り明確な行動目標とそのサブゴールを事前に決めておく必要がある。

　教育評価においては「到達度評価」という名称で研究・実践が行われており、到達と達成はほとんど同義語と解しても大きな支障はないとされている[3]。したがって、到達度評価を参考に、達成度評価の実施手順を確認する（**図1-2**）。

　達成度を判定するためには「十分達成」「おおむね達成」「達成が不十分」などの尺度、または分割点が必要となる。たとえば、正答率80%以上は「十分達成」、60%以上は「おおむね達成」、正答率60%未満は「達成が不十分」というように設定する（**図1-3**）。これらを判断するにあたっては、知識、理解、思考、技能、態度といった目標領域を明確にし、具

図1-2　到達度評価の実施手順

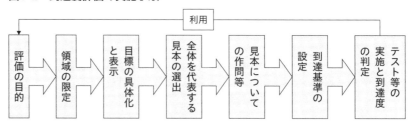

利用

評価の目的 → 領域の限定 → 目標の具体化と表示 → 見本の選出 → 全体を代表する → 見本についての作問等 → 到達基準の設定 → テスト等の実施と到達度の判定

図1-3　分割点（達成基準）の設定の例

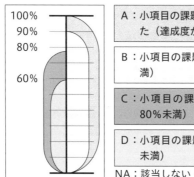

100% 90% 80% 60%	A：小項目の課題を達成し、さらにそれを上回る成果を収めた（達成度が90％以上）
	B：小項目の課題を十分達成した（達成度80％以上90％未満）
	C：小項目の課題をおおむね達成した（達成度60％以上80％未満）
	D：小項目の課題をあまり達成できなかった（達成度60％未満）

NA：該当しない・体験していない

体的な行動目標を立てる必要がある。各養成校で使用している評価表や評価尺度を確認し、自分が実習する施設・機関における実習目標を達成するために必要となる知識、理解、思考、技能、態度を整理するとよい。

　なお、ソーシャルワーク実習の評価の対象となる実習経験は、量的基準を設定して測定または判定することが困難である。したがって、具体的な実習経験に対してどのような評価基準があるのかを実習にかかわる三者（実習生、実習指導者、実習指導担当教員）で実習前に確認し、合意を得ておくことが必要となる。

　また、達成度評価は、100％習得のみを到達とする考え方は完全主義すぎて現実的ではなく、0％から100％の到達まで連続体をなすとする考え方である。したがって、到達度評価および測定は、達成の連続体を測定の基準あるいは尺度として、一人ひとりの実習生の習得がこの尺度のどの点に位置しているかを決定する評価活動である。

■2 個別指導

　実習を遂行するためには、実習上の課題の確認や解決、実習計画や目標の達成状況の確認、補足指導の必要性の確認など、個別指導によるフィードバックが効果を発揮する場面が数多くある。したがって、個別指導の効果的な実施方法および実施時期についてあらためて確認してお

くことが重要である。また、通知では、実習後の達成度評価を踏まえて個別指導を行うこととされている。

達成度評価と個別指導は連続性のある一体的な教育活動である。したがって、個別指導にあたっては、的確な達成度評価が行われることが前提となる。達成度評価と個別指導は一体であるということは大きな意味をもっている。達成度評価の目的の一つは、一人ひとりの学習を成功させ、伸ばす点と改善点を明らかにして、次の段階の学習目標に向けて利用することにある。実習生は、実習指導担当教員や実習指導者によるスーパービジョンを受け、実習内容や目標に対する達成状況を的確に把握する必要がある。具体的には、達成できたことと達成できなかったことを整理し、その理由を丁寧に解きほぐし、正確に理解することが求められる。個別指導を実施することにより、実習評価表に記載してある評定（優・良・可、ABCDE など）を確認して終わるのではなく、評定の理由や特記事項等の確認が可能となる。

また、個別指導は形成的評価として実習目標の達成状況や学習の進行状況に関するフィードバック機能を有している。実習中の体験や気づき、反省点などを行動の改善に結びつけることができたか、個別指導を積極的に行うことが重要である。

3 評価基準

評価基準は、教育目標をどの程度達成できたのかを測定するための基準となる。「基準」はスタンダードを意味しており、掲げた目標について「どの程度できたか」、また「十分達成・おおむね達成・達成が不十分」というように程度を確認するものになる。

また、教育評価においては「規準（クライテリオン）」という用語がある。基準と異なり、「□□ができる」「○○が言える」「△△がわかっている」というように、具体的な行動の形で表現する。日本ソーシャルワーク教育学校連盟が作成した「ソーシャルワーク実習教育内容・実習評価ガイドライン」の教育目標（達成目標と行動目標）は、「規準」に該当する。専門職養成にあたっては、実習終了後に何ができているようになっているかが重要である。したがって、スタンダードである「基準」と「規準」の両方を念頭に置いて学習を進めることが大切である。

4 評定

評定とは、３段階評定や５段階評定というように、学業成績等につ

いて評価した結果を数字や文字など抽象的な符号で総括的に表したものをいう。養成校によって評定の段階は異なっており、多様な選択肢が用いられる。

評定の注意点は、実習内容によって尺度や選択肢どおりにできない場合があるということである。たとえば、教育目標のなかに頻度が問われる活動があった際、もし実習中に実施する機会が1回しか得られない場合は、評定尺度に対する行動が合っていないということになる。そして、質的なレベルについても同様に、回数が少なければ質的な側面の評価は困難となる。したがって、実習生としては、目標（ゴール）に対して、どのような意図をもって取り組んだのかを意識し、できたこととできなかったことを実習指導者や実習指導担当教員に説明できるようにすることが重要である。

5 自己評価

自己評価（self evaluation）とは、評価資料収集のための技法の一つであり、自己評価そのものが効果的な学習活動である。また、自己評価は、問題解決能力や学習意欲を支えるメタ認知能力を育成する観点からも重視されている。学校心理学においては、「学習者が学習スキルを習慣化し、有効に活用できるようにするためには、学習者自身が自分の理解状態をモニター（監視）したり、当該の問題解決にどんな知識や方法が有効かを考え、行動をコントロールする「メタ認知的方略」を修得する必要がある」[4]とされている。

ソーシャルワーク実習においては、実習生自身が評価の主体となって自分の現状を振り返り、記述することが大きな意味をもつ。また、他者評価に伴いやすい他律性、受動性、不安等の弊害を免れることも意味がある。自己評価を行うことにより、実習指導担当教員や実習指導者による評価の限界と不足を補うことにもつながる。実習指導者と自己評価の結果および情報を共有し、スーパービジョンを実施して次の段階の学習や活動につなげていくという意識が大切である。

実習の場面では、実習生の姿勢や意欲が評価の対象として大きな割合を占めている。しかし、姿勢や意欲は、第三者が正確に評価することは難しい。自己評価を通じて実習指導担当教員や実習指導者に伝えられることになるが、実習生の言語化のスキルが求められるため、実習前のトレーニングが必要である。

なお、通知では達成度評価が重視されているが、実習評価においては、

★メタ認知能力
「メタ」とは「高次の」という意味である。メタ認知能力とは、自己の認知活動（知覚、記憶、学習、言語、思考など）をより高い視点から捉える能力のことをいう。認知活動を把握し、見直すことにより学習や問題解決の向上につながる。

実習終了後に「できた・できない」という結果を測定するだけではなく、「どのような人とコミュニケーションがうまくとれたのか」、逆に「どのような人とうまくとれなかったのか」というような分析も大切である。また、「意欲や目標をもって取り組んだにもかかわらずできなかった」ということや、その逆のケースも起こり得る。達成度を確認する際も、自己評価を活用し、❶達成できた理由や要因、❷できなかった理由や要因、といった双方を意識しなければならない。

　自己評価の方法としては、自己採点、自由記述、自己評価票（カード）・ワークシート、チェックリスト・質問紙などがある。

5 実習過程の各段階で実施する評価の内容

　実習評価は、実習過程（実習前→実習中→実習後）の各段階で行われ、学習の積み上げとプロセスを重視する。**表1-19**は、実習過程の各段階において、実習生、実習指導担当教員、実習指導者が実際に行う評価活動について評価目的ごとに整理したものである。各段階でさまざまな評価活動があることがわかるだろう。

　収集した評価情報の活用方法は多様である。ソーシャルワーク実習に向けた学習への備えになるだけではない。実習施設・機関への事前訪問がある場合には、実習指導者から学習成果の提示を求められたり、逆に積極的に提示したりする際の材料として用いることもできる。また、情報の種類によっては、実習指導担当教員と実習生の双方の立場でポートフォリオとして活用することもできる。

　実習評価という場合には、ソーシャルワーク実習中の実習生の実践能力や目標達成度といった実習生側の情報を収集したり、結果を処理したりするだけでは十分とはいえない。実習前から実習後に至るまでの実習の流れを意識し、各段階で適切な評価活動を行うことが求められる。さらに、実習に関係するそれぞれが評価の実施主体であるという認識が必要である。また、ソーシャルワーク実習は実習指導者による評定によって最終評価を迎えることになるため、評価全体における評定結果の扱いや実習生へのフィードバックの方法等についてもあらかじめ確認しておく。

　実習生は、学習の主体として自分の実習がどのような評価によって支えられているのかを再認識して学習に臨むことが求められる。実習生が実施する評価活動は、基本的には学習目的のため、自己評価という方法

表1-19　評価主体別にみた実習過程における評価活動の例

評価主体＼実習過程	実習前	実習中	実習後
実習生	【学習目的】 ・評価の概要（意義・目的・方法等）の理解 ・通知の教育内容（ねらいと教育に含むべき事項）の確認 ・実習指導ガイドライン、実習教育内容・実習評価ガイドライン（日本ソーシャルワーク教育学校連盟）の確認 ・評価項目、評価尺度、評価基準、評価方法の確認 ・評価表の内容の確認 ・実習準備状況、習熟度、達成目標等の確認 ・実習施設・機関の事前訪問の実施	【学習目的】 ・自己評価（評価表を用いて中間評価を実施） ・実習計画の進捗状況の確認 ・ガイドラインと実習内容との対応関係の確認 ・実習課題の達成状況の確認 ・実習記録の確認	【学習目的】 ・自己評価（評価表の記入） ・教員との評価表の確認 ・他者評価（ほかの実習生とのグループワーク） ・実習報告書の作成（実習の総括） ・実習後のアンケート等の実施 ・実習報告会での報告（実習の総括）
	【管理目的】 ・履修要件、進級要件の確認 ・実習契約書、合意書の確認 ・実施日数、期間、時間の確認 ・ポートフォリオの作成	【管理目的】 ・実施日数、時間の確認 ・出勤簿の確認	【管理目的】 ・実施日数、時間の確認 ・出勤簿の確認 ・修了証明書の確認
実習指導担当教員	【指導目的】 ・評価の概要の説明 ・通知、ガイドライン、評価表を踏まえた評価項目、評価尺度、評価基準、評価方法の説明 ・各実習施設・機関における実習内容の確認 ・達成目標の確認とアセスメントの実施 ・ルーブリック作成	【指導目的】 ・巡回指導、帰校日指導での実習状況の確認 ・実習記録ノートの記入状況の確認 ・計画の進捗状況の確認 ・各実習施設、機関における実習内容の確認	【指導目的】 ・評価表の記入内容の確認と指導 ・各実習施設・機関における実習内容の確認
	【管理目的】 ・ポートフォリオ評価の準備と指導 ・授業中に実施した振り返りシート、レポート、成績物等の返却と確認 ・成績の基準、単位認定の説明 ・国家試験受験の説明 ・実習の要件（実習時間、実習施設の資格要件）の確認 ・実習契約書、合意書の説明	【管理目的】 ・実施日数、時間の確認 ・実習記録ノートの記入状況の確認	【管理目的】 ・実習日数の最終確認 ・実習記録ノートの確認 ・単位認定 ・実習指導者への評価内容の確認（必要に応じて実施）
	【研究目的】 ・アンケート調査等の実施 ・各実習施設・機関における実習内容の確認 ・評価方法の検討	【研究目的】 ・アンケート調査等の実施 ・各実習施設、機関における実習内容の確認	【研究目的】 ・授業評価の実施 ・事後アンケート調査の実施 ・各実習施設・機関における実習内容の確認

	【指導目的】 ・事前訪問の実施 ・実習計画書作成の指導	【指導目的】 ・実習状況の確認（実習生の言動の観察、職員からの情報収集） ・評価表の記入（中間評価）	【指導目的】 ・評価表の記入（総括評価）
実習指導者	【管理目的】 ・実習契約書、合意書の確認 ・実習期間、時間の確認 ・実習記録ノートの提出方法の確認	【管理目的】 ・出勤状況、日数、時間の確認	【管理目的】 ・修了証明書の発行
	【研究目的】 ・実習受け入れや指導に関するアンケート調査等の実施	【研究目的】 ・実習指導、実習内容等に関する実習生の意見の確認	【研究目的】 ・実習生へのアンケートの実施 ・実習受け入れおよび指導に関する研究会の実施 ・実習報告会への出席

指導目的…より効果的な指導法や指導計画の決定の見地から利用
学習目的…自己評価や相互評価の形で評価を通じて学習の自己改善を図る
管理目的…学習グループの編成、成績の記録・通知、資格認定等に利用
研究目的…カリキュラムの研究開発、効果的な指導法や教材の研究開発などに利用

によって実施される場合が多い。

　なお、評価活動はスーパービジョンとして実施されるものが多いため、**表1-19**にはスーパービジョンに関する内容は記入していない。

ソーシャルワーク実習教育内容・実習評価ガイドライン

　通知に規定された教育内容をより具体的かつ効果的に展開するため、日本ソーシャルワーク教育学校連盟では、2020（令和2）年度のカリキュラム改正を踏まえ、「ソーシャルワーク実習指導ガイドライン」と「ソーシャルワーク実習教育内容・実習評価ガイドライン」を作成した。実習評価の基準となるのが「ソーシャルワーク実習教育内容・実習評価ガイドライン」である。本ガイドラインは、国家資格養成の通知に準拠しつつ、教育評価の観点から目標設定や計画立案の基準および規準として作成したものであるため、実習生、実習指導者、実習指導担当教員が共通認識をもつことが重要である。

　ソーシャルワーク実習の教育内容の中核となる教育目標は、通知の教育内容に示された「ねらい」が該当する。しかしながら、実習種別や対象によって実習内容や学習経験は異なり、実習評価の項目としては抽象的であるため、評価軸としては妥当ではない。そして、通知の「教育に

含むべき事項」は、ソーシャルワーク実習のねらいを達成するための最低限の実習経験が示されたものである。

　また、通知は具体的な行動目標として表されたものではないため、達成度を測定するのは難しく、実習生と実習指導者の双方が同じ評価基準をもつことができない可能性がある。その問題を解決するため、教育内容をより具体的に示したのが「ソーシャルワーク実習教育内容・実習評価ガイドライン」である。

　本ガイドラインは、科目「ソーシャルワーク実習」の通知に規定された「教育に含むべき事項」を踏まえ、「達成目標」と「行動目標」からなる「教育目標」を提示した。「達成目標」は、実習生が実習を終えたあと、「どのような行動を取れるようになればよいか」を示したものであり、実習の結果としての状態を表している。「行動目標」は、達成目標をより具体的に、観察可能な行為として、説明できる、図示できる、実施する、作成するなど、「できる」という形で行動目標化し、実習生の行動を表している。教育目標（達成目標・行動目標）においては、「理解する」という概念的言葉は理解したレベルや内容が不明確であるため使用は避け、測定可能な具体的な行為を示す指標を用いている。

　なお、ソーシャルワーク実習では、実習施設・機関の種別を問わず、ミクロ・メゾ・マクロのすべてのレベルにおいて支援（介入）の対象が存在している。したがって、本ガイドラインを使用して実習計画書の作成や評価を行う際は、実習施設・機関の利用者や事業内容を踏まえつつ、各レベルで想定される対象を念頭に置いた行動目標を設定することが必要となる。

◇引用文献
　1）橋本重治，応用教育研究所編『教育評価法概説 2003年改訂版』図書文化，p.10，2003.
　2）同上，p.27
　3）橋本重治『続・到達度評価の研究』図書文化，p.159，1983.
　4）水野治久・石隈利紀・田村節子・田村修一・飯田順子編著『よくわかる学校心理学』ミネルヴァ書房，p.117，2013.

◇参考文献
　・日本ソーシャルワーク教育学校連盟「『社会福祉士養成課程の見直しを踏まえた教育内容及び教育体制等に関する調査研究事業』実施報告書」2020.

第4節　実習の構造

● 実習のプロセスと実習にかかわるシステムのつながりから、実習の構造を理解する
● 実習にかかわるシステムを理解し、実習に向けて何をするべきかを考える

1　実習の構造の意味

　実習の構造は、時間の流れと空間（場所）、実習にかかわるシステムを構成している要素間のつながりから理解することができる。そこでここでは、実習の構造を、時間の流れを表す「実習のプロセス」と、空間（場所）によって規定されるシステムを構成している要素間のつながりを表す「実習にかかわるシステム」の二つから理解しておきたい。

　二つの関係性を表す図が**図1-4**である。図のように、時間の経過とともに実習に関係する空間（場所）は広がっていく。しかし、一つの施設で実習できる時間は長くない。時間の経過とともに空間（場・関係性）が「ゆっくり」広がっていくというイメージをもっていると、その期待

図1-4　実習の時間に伴う空間（場・関係性）の広がり

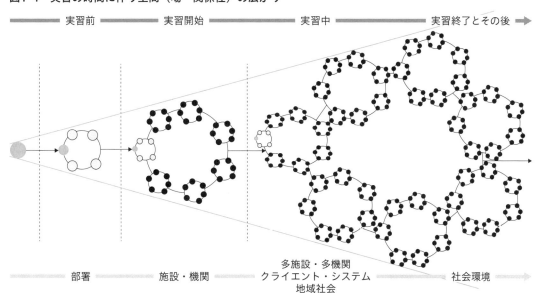

は簡単に裏切られる。

　実習が始まってから実習施設・機関に少しずつ慣れていこうとすると、慣れたと感じた頃に実習期間が終わるという結果となり、ソーシャルワーカーとしての技能を高める実習の成果を得ることができない。実習の初日から、ソーシャルワーカーとしての技能を高めるための実習に取り組めるように準備を進めておく必要がある。

　実習施設・機関は実習の受け入れの有無と関係なく、日頃から「多施設・多機関、クライエント・システム、地域社会」のつながりのなかでの役割・機能を果たしている。実習生は、実習施設・機関がすでに長い時間をかけて構築してきた多施設・多機関のつながりのなかに、ソーシャルワークを学ぶ実習生としていきなり入り込むことになる。ソーシャルワークの実習を展開するためには多くの人と出会い、限られた時間のなかで関係者との信頼関係を築くことが求められる。そのため実習生は、実習開始時点で、実習施設・機関とつながりがある多施設・多機関や地域社会の状況を具体的に知っておくことが必要となる。同時に、実習施設・機関に関連する「サービスや法律・制度」を知っておくことも必要である。

　単に「職場を知る」「職種を知る」「つながりがある多施設・多機関を知る」「サービスや法律・制度を知る」ための時間は、実習の時間数には含まれていない。実習を通して、よりよくソーシャルワークの技能を高めるためには、これらは事前に「知っておく」ことが必要である。

　図1-4は、実習前の時点では実習受け入れ先の部署との関係性を構築し、実習開始時においては実習施設・機関、実習中から実習後にかけては、実習施設・機関がもともともっていた多施設・多機関との関係性やクライエント・システムとの関係性、地域社会、そして、より大きな社会環境との関係性へと、時間の経過とともに空間（場・関係性）が広がっていくことを示している。この流れは、機能の異なる2か所の実習施設・機関での実習を行うのであれば、2か所とも同じ流れをたどる。2か所目の実習の日程が1か所目の実習に近い場合は、1か所目の実習の最中から、2か所目の実習の準備を行う必要もあるだろう。

　ソーシャルワーク実習を初日から効果的にスタートさせるためには、前述の内容を調べたり、読んだりすることに加えて、関係性を構築する準備が必要である。そのためには、実習施設・機関に繰り返し訪問したり、インタビューをしたり、何らかの体験や課題に取り組んだりすることを繰り返しながら、実習の初日を迎えることが望ましい。

このような現実を踏まえ、実習のプロセスをどう考えれば有効で効果的な実習とすることができるか、次に考えてみたい。

2 実習のプロセス

実習のプロセスを考えるにあたり、実習中のみに焦点を当てるのではなく、❶実習施設・機関決定前、❷実習施設・機関決定後、❸実習中、❹実習後を「実習プロセスの全体像」として捉える。特に、❷実習施設・機関決定後からの準備は❸実習中のプログラムがすべてソーシャルワーク実習であるという考え方に基づいて、内容が検討されるべきである。つまり、ソーシャルワーク実習を始める前提になる「職場を知る」「職種を知る」ための取り組みは、❷実習施設・機関決定後に取り組む内容に含まれる。その結果として、❸実習中のすべての実習プログラムは、ソーシャルワークの価値規範や倫理、理論・モデル、法律・制度等の知識をもとに実践を行うための技能の習得と結びついていなければならない。それらをより具体的に説明したのが、一般社団法人日本ソーシャルワーク教育学校連盟によって作成されたソーシャルワーク実習教育内容・実習評価ガイドラインである。実習の全体像を表したのが図1-5である。

現実的には、実習の当初は「実習施設・機関に慣れる」や「多様な専門職がどのようにそれぞれの専門性を発揮しているかを知る」「ソーシャ

図1-5 実習プロセスの全体像

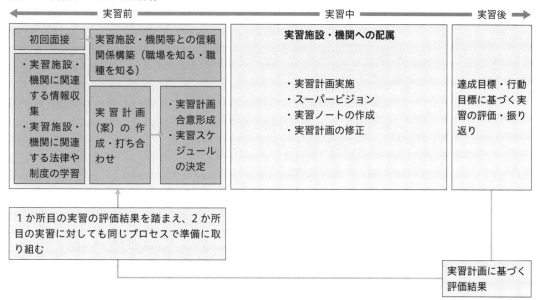

ルワークの専門性を知る」「活用されている法律や制度を知る」という経験は起き得るだろう。しかし、これら自体は実習の目標ではなく、実習に取り組むプロセスで発生する経験である。「実習施設・機関に慣れる」ということは起きるが、それはソーシャルワーク実習の目標ではない。同様に、ソーシャルワーカーがソーシャルワークを実践していれば「多様な専門職がどのようにそれぞれの専門性を発揮しているかを知る」「ソーシャルワークの専門性を知る」「活用されている法律や制度を知る」ということは日々起きる。ソーシャルワークを学ぶ実習生にもそれらは同様に経験されるが、それ自体は実習の目標ではない。以上のことから❷実習施設・機関決定後の取り組みの目標は、限られた実習時間の成果を最大化できるように準備することである。

　ミクロ・メゾ・マクロレベルのソーシャルワークの視点からみた❸実習中のプロセスは、それぞれの実習施設・機関によって異なる。ソーシャルワーカーがケースマネジメント機能をもっているような、個人の問題解決を中心に取り組む実習施設・機関等の場合は、実習もクライエント個人や家族とのかかわりからスタートする可能性が高い。一方で、個別のクライエントを特定しない地域社会をはじめとするコミュニティづくりや多職種・多機関間のネットワーク形成へのかかわりから始まる実習施設・機関等もある。問題解決に向けたチームづくりを実習の初めに学ぶ可能性もある。一概に、ミクロレベルの技術のトレーニングに最初に取り組むとは限らず、ミクロからメゾ、メゾからマクロというように小さい範囲から大きな範囲へという一方向に、実習におけるアプローチの対象が変化するわけではない。また、直接の変化に向けたアプローチの対象がミクロ・メゾ・マクロのどのレベルであったとしても、実習計画に従って、常に各レベルの関係を意識しながら取り組んでいくことが重要である。

　実習前の実習施設・機関に関する十分な知識の獲得や実習施設・機関との構築された信頼関係に基づき、実習計画・実習プログラム・スケジュールに従って、実習プログラムごとの目標を明確にしながら実習に取り組む。単に実習生自身が「こういう実習をしたい」と希望するものができるということではない。事前準備段階の「実習計画（案）の打ち合わせ」において、実習生が作成した実習計画（案）と実習受け入れ施設・機関が作成した実習プログラムとのすりあわせが行われる。そして、すりあわせた実習計画に従って実習が行われていくプロセスにおいて、実習指導者および実習指導担当教員による実習生への定期的なスーパー

ビジョンが行われる。実習の実施状況と実習生の技能の習得状況がモニタリングされながら、中間評価の状況に応じて、実習生にとってより効果的な実習計画へと修正されていく。

　実習期間終了時点には、ソーシャルワークのコンピテンシーに基づく実習効果の評価が行われなければならない。つまり、ソーシャルワークの実習として、当該実習施設・機関での実習期間終了時点で習得すべきソーシャルワークの技能が、ソーシャルワーカーとしての一定のレベルに到達しているかどうか、評価を行うのである。ソーシャルワーク実習の時間数を終えれば、それで単位が認められるということではない。

　厚生労働省によって、実習の「ねらい」と「教育に含むべき事項」が通知されており、国家資格である社会福祉士・精神保健福祉士の資格をもつソーシャルワーカーとしての達成目標および行動目標が、日本ソーシャルワーク教育学校連盟による「ソーシャルワーク実習教育内容・実習評価ガイドライン」に具体的に示されている。ソーシャルワーカーとしての達成目標・行動目標を踏まえた実習計画を作成し、その評価が行われてはじめて、ソーシャルワーク実習の単位が認められるかどうかが判断されることになる。

　このことから、1か所目の実習を終えた時点での達成目標・行動目標に対する評価が重要となる。その結果によって2か所目の実習計画が修正され、どの達成目標・行動目標を、どのように達成しようとするのかが、十分に検討されなければならない。

3 実習にかかわるシステム

　次に、実習の構造として、実習にかかわるシステムについて考えていきたい。実習生自身が境界線の内側に含まれるシステムとして、「実習生システム」「実習施設・機関システム」「養成校システム」の三つが挙げられる。そして、実習の実施プロセスにおいて、「クライエント・システム」や「社会環境システム」との関係をいつも意識することになる。これらの関係の全体像を表したのが、図 1-6 である。

　実習にかかわるシステムの全体像を見ると、前述した実習のプロセスの実習前の準備段階において、何をしておかなければいけないのか、理解することができるだろう。この図を見ながら、実習生に自分自身をあてはめ、実習が始まる前の準備に必要なものを整理してほしい。これら

図1-6　実習にかかわるシステムの全体像

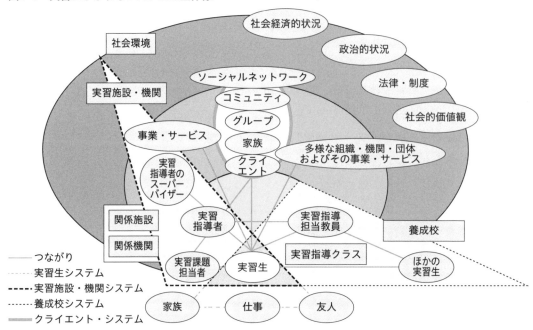

のシステムの関係性および交互作用は、実習の効果的な実施に大きな影響を与える。

はじめに、「実習生システム」は、実習を実施しているかどうかにかかわらず実習生のふだんの生活に大きな影響を与えているシステムを指す。たとえば、家族や仕事、友人などを構成要素とする。このシステムは実習中にその存在が無視されたり、軽視されたりすることがある。しかし、実習生の生活の基盤であり、実習の効果的な実施に大きな影響を与えていることに留意する必要がある。何か実習の実施に影響がある出来事があっても、実習生自身が「実習に関係ないから」とみなし、実習指導担当教員や実習指導者に相談できないことがある。実習生は必要に応じて、「実習生システム」において発生する出来事について、実習指導者や実習指導担当教員に伝え、一緒に対応を検討することが必要である。ただし、実習生自身が実習指導者や実習指導担当教員に言いたくないこと、知られたくないことを伝える必要はないという点に留意すべきである。

「実習施設・機関システム」は、実習生と実習指導者、実習課題担当者、実習指導者のスーパーバイザー、事業・サービス、関係施設・機関から構成されている。実習指導者は、定期的な実習生に対するスーパービジョンや評価を行うが、実習課題担当者は実習スケジュールに応じて、

それぞれの日や時間の実習プログラムへの取り組みを担当する。

実習課題担当者とは、達成目標および行動目標に基づいた実習プログラムの実施において、実習指導者のコーディネートにより、実習生の実習課題への取り組みを担当する者を指す。必ずしもそれがソーシャルワーカーとは限らないが、その日の達成目標や行動目標を十分に理解して、実習生の実習課題への取り組みをサポートする役割をもつ。たとえば、地域包括支援センターの実習において、保健師によるクライエントの訪問の際に、実習生が同行することがあり、この保健師を実習課題担当者と呼ぶ。実習指導者は、プログラムの達成目標および行動目標と実習課題の担当を依頼する理由を、実習課題担当者に対して十分に説明する必要がある。また、実習指導者は、実習課題担当者に依頼したプログラムの実施後、実習生の振り返りの時間を確保し、スーパービジョンおよび課題の達成状況の確認を行う。

実習指導者は、実習課題担当者が適切に実習課題への取り組みをサポートできるように連絡調整等のコーディネート機能を発揮する役割がある。実習生は、実習指導者と実習課題担当者の役割の違いを理解し、実習の効果的な実施に役立てる必要がある。

「養成校システム」は、実習生、実習指導担当教員、実習指導クラスのほかの実習生、養成校によって構成される。実習を実施するプロセスで、実習生は養成校システム内の実習指導担当教員や実習指導クラスのほかの実習生との交互作用により、大きな影響を受ける。実習計画の作成には実習指導担当教員との打ち合わせが必須である。また、帰校日指導でグループでの取り組みを行う場合は、実習指導クラスのほかの実習生の影響はより大きくなる。同時に、グループやほかの実習生との情報交換においては、守秘義務を遵守する必要がある。匿名性の担保はもとより、実習指導クラスでの報告内容等については、守秘義務をもって接することを約束しなければならない。

実習に関する実習生同士のインフォーマルなやりとりが発生する可能性もある。その場合も、守秘義務について十分に留意し、クライエントおよびクライエント・システム、実習施設・機関の利益を守らなければならない。

「クライエント・システム」は、クライエント、クライエントを構成員に含む家族、グループ、コミュニティを指す。ここでのコミュニティは、クライエントと地理的な一定の範囲を共有する地域社会としてのコミュニティだけでなく、クライエントが参加する宗教、政治的信条、趣

味、性的指向等といった何かを共有することを含む幅広いコミュニティを指す。クライエントの立場は、実習施設・機関が提供する事業やサービスの利用者、生活上の困難を抱えた相談者などが想定される。実習生は、実習指導者や実習課題担当者とともに、クライエント・システムと直接的または間接的にかかわりをもつことになる。その際には実習生が対応に同席したり、実際に対応をしたりすることについて、事前にクライエントから同意を得る必要がある。

　「社会環境システム」は、たとえば、多様な組織・機関・団体、社会経済的状況、政治的状況、法律・制度、社会的価値観などを含む。実習生は、実習の実施において社会環境システムの影響を受けると同時に、実習において実習生がかかわる問題の解決に向けて、社会環境システムの変化を促す。社会環境システムは、実習の構造の構成要素すべてに影響を与えている。実習生は自分自身にも社会環境システムの影響があることを理解しつつ、実習のすべての局面において、社会環境システムが目の前の問題やクライエントおよびクライエント・システムの状態とどう関係しているのかを、常に考慮する必要がある。

第5節　実習における　　　　リスクマネジメント

学習のポイント

● 実習教育におけるリスクについての基本的な知識を得る
● 実習教育において実習生に生じるリスクを検討して備えるための視点を得る

1　リスクとは

　リスクとは、一般的に「望ましくない結果が生じる可能性の大きさ」と定義される。[1] また、リスクは、「環境と人間活動とのかかわり、あるいは相互作用の結果として生じる事象」であり、不確実性を伴う。[2] では、実習生にとってのリスクとは何か。それは、実習生が、ソーシャルワーク実習（以下、実習）およびソーシャルワーク実習指導（以下、実習指導）の展開過程において、実習指導担当教員（以下、担当教員）および社会福祉士・精神保健福祉士養成施設等（以下、養成校）（養成校システム）、実習指導者および実習施設・機関（実習施設・機関システム）、福祉サービスの利用者および利用者コミュニティ（クライエント・システム）とのかかわりあいの結果、望ましくないことが生じる可能性および不確実性といえよう。この節では、実習および実習指導において、実習生が認識すべきリスクの具体的な事象について、厚生労働省通知「社会福祉士養成施設及び介護福祉士養成施設の設置及び運営に係る指針」、および「精神保健福祉士養成施設等の設置及び運営に係る指針」（以下、運営指針）に基づき確認する。

2　実習におけるリスクマネジメントの前提　　　　　——実習生の権利、義務および責任

　運営指針では、「教育に関する事項」として、実習および実習指導の「ねらい（目標）」と「教育に含むべき事項（教育内容）」を提示している。その内容については、養成校のシラバス、科目要綱、履修要綱、学生便覧などに記述、もしくは反映されているので、実習関連の記載事項を正確に理解する必要がある。

★「社会福祉士養成施設及び介護福祉士養成施設の設置及び運営に係る指針」・「精神保健福祉士養成施設等の設置及び運営に係る指針」
社会福祉士養成校、精神保健福祉士養成校等の設置と運営に関する具体的な基準。各養成校における福祉士養成課程は、この指針に基づき養成教育システムが形成され、運営されている。

養成校と実習施設・機関は、運営指針に則り、四者（実習生、担当教員、実習指導者、利用者）を中心とした、実習教育システムを構成する人々の関係性を基盤に実習指導体制および実習教育プログラムを整備し、実習の教育内容、環境、条件を実習生に保障する必要がある。一方、実習生は、運営指針に基づく、あるいはそれ以上の実習教育の内容、条件、環境による実習教育を受ける権利をもつ。同時に、実習生には、この指針にある実習教育の内容、条件、環境のもとで、「教育に関する事項」にある実習、実習指導の目標、および担当教員、実習指導者と確認、設定した独自の実習目標を追求するための実践的な学びを展開する必要がある。このことは、社会福祉士、精神保健福祉士資格を取得する法的な要件であることから、義務として捉えられる。また、実習に臨む実習生には、社会福祉士、精神保健福祉士の義務および責務に準じた姿勢と行動が求められる。具体的には、社会福祉士及び介護福祉士法、精神保健及び精神障害者福祉に関する法律（精神保健福祉法）や精神保健福祉士法などの法的な義務および責務、およびソーシャルワーカーが遵守すべき倫理綱領に規定された責任と責務である。実習生は、これらの義務、責務について、実習事前学習において理解を深めるとともに、実習における判断と行動の基準とすることが肝要である。

3 実習に関連したリスク

以上を踏まえたうえで、実習生が認識すべきリスクについて検討する。実習生にとっての「望ましくない結果」とは、実習を主に構成する四者の尊厳、権利、立場・役割、情報、健康に係る損害・損失、および危機的状況の発生である。具体的には、リスクの主体を実習生と利用者に焦点化すると、**表1-20**のように整理できる。

表1-20に例示したリスクは、相互に関連しあう。たとえば、障害のある実習生が、養成校および実習施設・機関に対し、自らの障害に係る合理的配慮を求めたとしよう。その際に、実習生、担当教員、実習指導者の三者によるコミュニケーションが不十分であり、配慮に関する情報が十分に共有されず、実行困難な実習プログラムが多数含まれていたとすれば、実習での体験およびそこから得られる実践的な学びが制限されてしまう。その結果、実習生は、「自信、自尊心、自己効力感の低下」や「指針が示す知識、技術の習得の困難」などの望ましくない結果が生

表1-20　実習生と利用者に関連したリスク（例示）

リスクの種類	リスクの原因・素因（ハザード）	リスクを生む要因・出来事（ペリル）	実習生に生じる損害・損失（ダメージ・ロス）	利用者に生じる損害・損失（ダメージ・ロス）
尊厳のリスク	個人の尊厳に対する、実習生、担当教員、実習指導者、利用者の倫理観、権利意識の問題および関係法令に関する知識不足／養成校、実習施設・機関の注意義務※の問題	ハラスメント／差別的取扱い／障害のある実習生への合理的配慮の未提供／人格否定に係る取扱い／その他の尊厳に係る不法行為	自信、自尊心、自己効力感の低下／ストレスの増大／担当教員、実習指導者、利用者に対する信頼の低下／担当教員、実習指導者、利用者との関係の悪化	自信、自尊心、自己効力感の低下／ストレスの増大／実習生、担当教員、実習指導者に対する信頼の低下／実習生、担当教員、実習指導者との関係の悪化
権利のリスク	四者間のコミュニケーション不足／階層的な関係／実習に関連した資源の不足／担当教員、実習指導者の経験不足／実習生、担当教員、実習指導者の法令等への理解、知識の不足	運営指針に沿わない実習プログラムの実施、法令違反／不十分な実習体験、実習指導／実習で得られる知識、情報、関係の制限／実習生への合理的配慮の未提供	国家試験受験資格の取得ができない／指針が示す知識、技術の習得の困難／指針が示す関係形成の困難／実習体験の試行と省察の困難	専門性の高い精神保健福祉士との出会いの制限／専門性の低い精神保健福祉士による支援を受けるリスク
立場・役割のリスク	四者間のコミュニケーション不足／階層的な関係／実習計画に係る指導の問題／実習プログラムの管理の問題／実習生、担当教員、実習指導者の注意義務の問題／実習生の学習不足／実習生の基本的なマナーの欠如／実習生の緊張、疲労、不慣れ／物事に対する偏った見方／時間管理の問題	担当教員、実習指導者、実施施設・機関職員からの指示、指導の内容の誤認、自己解釈／実行困難な実習計画、実習プログラムの立案／実習施設・機関職員、利用者との間の事故・トラブル／実習施設・機関、利用者の物品等の損壊／実習施設・機関からの貸出物の破損・紛失／養成校、実習施設・機関の持出・持込禁止物品の持出・持込	実習の中断、中止／実習体験の制限／実習生としての役割・立場の維持の困難／実習環境への適応の困難／担当教員、実習指導者、利用者からの信用の失墜／担当教員、実習指導者、利用者との関係悪化／実習評価の低下／損害・損失への賠償／ストレスの増大／受傷による活動の制限	平穏な療養生活、社会生活の乱れ／自信、自尊心、自己効力感の低下／ストレスの増大／疾病、障害の悪化／実習生、実習指導者に対する信頼の低下／実習生、実習指導者との関係の悪化／受傷による活動の制限／損害・損失による活動の制限
情報のリスク	実習生、担当教員、実習指導者の個人情報の取扱いに係る意識、知識、注意の不足／実習生、担当教員、実習指導者の連絡体制、情報共有の仕組みの問題／実習生、担当教員、実習指導者の情報セキュリティに係る管理能力の不足	四者間のミスコミュニケーション／個人情報の不適切な取得、管理、交換、共有、公開／実習生に係る個人情報の漏えい／利用者に係る個人情報の漏えい／養成校、実習施設・機関の機密情報の漏えい	実習の中断・中止／実習体験の制限／担当教員、実習指導者、利用者からの信用の失墜／担当教員、実習指導者、利用者との関係悪化／実習評価の低下／与えた損害、損失への賠償／漏えいした個人情報の拡散、悪用	平穏な療養生活、社会生活の乱れ／実習生、実習指導者に対する信頼の低下／実習生、実習指導者との関係の悪化／漏えいした個人情報の第三者による拡散、悪用／ストレスの増大／疾病、障害の悪化
健康のリスク	実習生の緊張、疲労、不慣れ／注意力、集中力の欠如／ストレスマネジメントの問題／時間管理の問題／運転や操作の不慣れ／持病、障害とセルフケアの問題／過酷な気候、天候不良、災害／実習施設・機関の物理的環境の問題／感染症予防対策の不備、知識不足	心身の疲労の蓄積／体調の不良・悪化／ストレスの増大／実習中の事故による受傷、発病／実習生の過失による利用者、職員の受傷／通勤・通学時の事故による受傷／持病、障害の悪化／感染症への感染、感染症の発症／自らの感染症の他者への感染	実習の中断・中止／実習体験の制限／担当教員、実習指導者、利用者からの信用の失墜／担当教員、実習指導者、利用者との関係悪化／実習評価の低下／与えた損害への賠償／自信、自尊心、自己効力感の低下／ストレスの増大／受傷、罹患による活動の制限	平穏な療養生活、社会生活の乱れ／実習生、実習指導者に対する信頼の低下／実習生、実習指導者との関係の悪化／ストレスの増大／疾病、障害の悪化／受傷による活動の制限／感染症の拡散等による施設の利用制限／感染症の拡散等による活動の制限

※ある行為をするうえで要求される一定の注意を払うべき法的な義務のことをいう。

第1章　ソーシャルワーク実習の目的と構造

じるリスクを抱えることになる。こうした事象は、担当教員および実習指導者の障害のある実習生の基本的な権利に対する配慮の問題（権利のリスクの原因）、その根拠である個人の尊厳に対する意識の欠如（尊厳のリスクの原因）、三者間の連絡体制の不備（情報のリスクの原因）、実習プログラムの管理の問題（立場・役割のリスクの原因）などが相互に関連しあって生じる。また、リスクは、その原因・素因（ハザード）、リスクの直接的な要因・出来事（ペリル）、結果としての損害・損失（ダメージ・ロス）、もしくは危機（クライシス）という、プロセスで捉える必要がある。つまり、リスクとは、「望ましくない結果」が生じる構造であり、プロセスである。**図1-7**に具体的なリスク事象を提示し、その構造とプロセスを示したので参照されたい。

さらに、リスクは、発生する可能性の大きさと影響の大きさを考慮して、事前の備えを怠らないことが重要である。実習生が認識すべきリスクの中でも、発生頻度が高い、もしくは影響の大きいものとして、ハラスメントのリスク、個人情報のリスク、健康のリスクについて以下より述べる。

★危機（クライシス）
個人、集団、システムにとって許容できないほど甚大な損害・損失、あるいは破局的な状況のことをいう。

■1 ハラスメントのリスク

❶実習および実習指導に関連したハラスメント

① セクシュアル・ハラスメント（セクハラ）

雇用の分野における男女の均等な機会及び待遇の確保等に関する法律（男女雇用機会均等法）第11条において、職場において行われる性的な言動で労働者が労働条件の不利益を受けること、またはその性的な言動により労働者の就業環境が害されることと定義されている。その行為には、職務上の立場、地位を利用して性的な関係を強要し、それを拒否した人に対して不利益を負わせる「対価型セクシュアル・ハラスメント」と、性的な関係は要求しないものの、職場内での性的な言動により働く人たちを不快にさせ、職場環境を悪くする「環境型セクシュアル・ハラスメント」がある[3]。

② パワー・ハラスメント（パワハラ）

「職権などの優位にある権限を背景に、本来の業務範囲を超え、継続的に、相手の人格と尊厳を侵害する言動を行い、就労環境を悪化させる、あるいは雇用不安を与えること」と定義される[4]。まず、実習生に対する教育上、指導上の必要性から、その効果的な方法として、合理的、合法的に厳しい言動や課題、ペナルティーを科すことは、パワハラには当た

らない。

ただし、その教育、指導の過程において、実習生の人格の否定や基本的権利の侵害、心身への過度な負担を伴う嫌がらせや強要、制限などの行為はパワハラに該当する。

③ アカデミック・ハラスメント（アカハラ）

「大学などの研究・教育の場における権力を利用した嫌がらせ」と定義される。[5]意図的な嫌がらせのほか、優位な立場にある者が意図せずに行った発言・行動も含まれる。その行為は、パワハラに準ずる。

上記のほか、飲酒を強要する「アルコール・ハラスメント」、男らしさ、女らしさを強要する「ジェンダー・ハラスメント」などがある。

❷ハラスメントのリスクの構造

ハラスメントのリスクは、図1-7 のような構造をもつ。図で示したリスクの構造で注目すべきは、リスクは適切に対処しなければ、新たなハラスメントの原因・素因（ハザード）およびハラスメントの発生につながるという点である。

たとえば、担当教員や実習指導者による実習生に対するハラスメントについて、適切な対処がなされなければ、ハラスメントの原因・素因は常態化、潜在化し、被害にあった実習生や別の実習生に対する新たなハラスメントの発生リスクが高まることになる。

❸ハラスメントのリスクへの対処

まず、実習のリスクへの対処の前提として、養成校における実習指導および実習施設・機関における実習の展開過程では、実習生の尊厳、人

図1-7 ハラスメントの発生に関するリスクの構造とプロセス

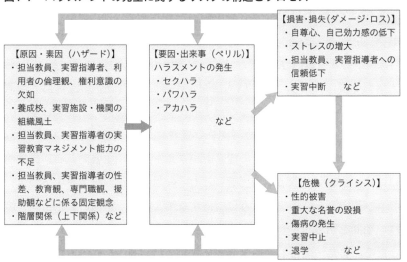

第1章 ソーシャルワーク実習の目的と構造

格権をはじめとする基本的権利、および運営指針が示す養成教育上の諸権利は、確実に護られるということである。また、実習生の尊厳と諸権利が高いレベルで護られるよう、養成校および実習施設・機関は、実習生、教職員、施設・機関職員、場合によっては利用者も含め、人の尊厳、基本的権利に係る倫理、意識の向上のための普及啓発などの実習教育マネジメントを協働して展開する必要がある。実習生にとって、担当教員と実習指導者は、重要な社会福祉士、精神保健福祉士のモデルである。そのため、担当教員と実習指導者の意識や態度、倫理観は、実習生の専門性、専門職性の涵養（かんよう）や将来の職業選択に大きく影響する。そのため、両者には、人の尊厳や基本的権利に係る教養に加え、社会福祉士及び介護福祉士法、精神保健福祉士法における誠実義務、信用失墜行為の禁止などの義務、責務の規定、および倫理綱領に規定された専門職としての責務や一般的責務（人格を傷つける行為の禁止など）を全うするための知識とその体現に向けた自律、自己点検、相互の点検などが求められる。

　他方、実習生には、担当教員、実習指導者と同様の教養、知識、行動が求められる。同時に自らの尊厳および基本的権利について理解を深めておくこと、およびハラスメントや差別的な取扱いなど、自らの尊厳や権利が侵される事象やその際の対処について、実習事前学習などを通して検討しておくことが、結果としてハラスメントの防止につながる。また、ハラスメントに遭遇した際には、担当教員、実習指導者、養成校の人権委員会などに速やかに報告、相談し、対処を求めることが損害や危機的状況を回避するうえで不可欠である。

2 個人情報のリスク

❶養成校、実習施設・機関における情報管理

　まず、個人情報のリスクについては、個人情報の保護に関する法律（個人情報保護法）に基づき、個人情報保護委員会が作成した、「個人情報の保護に関する法律についてのガイドライン（通則編）」、および厚生労働省が策定した、「医療・介護関係事業者における個人情報の適切な取扱いのためのガイダンス」の内容を踏まえた対応が重要である。具体的には、実習施設・機関が、利用者などの要配慮個人情報を取得する場合、および取得した情報を第三者に提供する場合には、情報の利用目的、範囲、期間を明示したうえで、原則、利用者本人の同意を得ることが必要となる。また、取得した個人情報を安全に管理するための措置を講じる

★要配慮個人情報
個人情報保護法第2条第3項では、本人に対して不当な差別、偏見その他の不利益が生じないようにその個人情報の取扱いに特に配慮を要するものと規定しており、精神障害者も要配慮の対象である。

こと、個人情報の利用を終了する場合には、その情報を速やかに消去することなどが求められる。なお、要配慮個人情報を匿名化し、本人が特定できないように加工をしたものやその情報を復元できないように措置を講じたもの（匿名加工情報）についても、第三者に提供する際には、オプトアウト方式での提供の禁止などの規制がある。そのため、匿名加工情報を含めて、個人情報保護法に基づく対応が必要になる。

さらに、養成校および実習施設・機関では、情報技術（information technology：IT）の発展により、組織活動の運営管理や情報管理、業務管理において情報システムを活用している。また、実習先によっては、カルテや支援記録、支援計画など、利用者の治療や支援に係る個人情報を電子化して管理している組織も多い。このような電子化された個人情報の取扱いについては、情報セキュリティの観点から、個人情報保護法や「民間事業者等が行う書面の保存等における情報通信の技術の利用に関する法律」（電子文書法）などの法令、情報管理に関する各種ガイドラインに基づき、各組織が厳しいルールを設けている。

❷実習生による情報管理

実習生は、実習において利用者や実習指導者とのコミュニケーション、カルテやケース記録、各種支援計画の閲覧などを通して、利用者の要配慮個人情報や実習施設・機関の機密情報に触れる機会を得る。また、入手した情報に基づく実習記録などを作成することが、実習教育上求められる。ただし、実習生が、利用者に係る個人情報の取扱いについて注意義務やルールの遵守を怠ると、個人情報や機密情報の漏えいなど、利用者、実習指導者、実習施設・機関に対して多大な損害を与えることになる。また、その結果は、実習中止や損害への賠償など、実習生にとっての損害、損失へとつながる。こうしたリスクの発生と連鎖を防止する観点から、実習生には情報リテラシーの獲得が求められる。情報リテラシーとは、「読み書きする能力」のことである。この概念は、近年の情報技術の発達により、パソコンやスマートフォンの操作能力や電子化された情報の検索、獲得、蓄積、加工、配信など、情報の管理に関する基本的な能力を示すものとして、一般的に用いられる。実習生には、リスクマネジメントの観点から、次のような情報リテラシーの獲得が求められる。

❶ 養成校および実習施設・機関から提示される、実習および実習指導に関する情報を読解する能力

❷ 担当教員および実習指導者からの指導、指示の内容を正確に理解す

★**オプトアウト方式**
一定の要件を満たす個人情報について、個人情報の本人が拒否しない限り、第三者に個人の識別が可能な個人情報を提供できるという、個人情報の提供の方式のことをいう。

第1章 ソーシャルワーク実習の目的と構造

る能力

❸ 不測の事態が生じた際に、速やかに、かつ適切な方法で担当教員および実習指導者へ報告、連絡、相談する能力

❹ 実習記録や実習報告書に記載する個人情報について、適切に匿名化を図る能力

❺ 個人情報が含まれる書類および電子データ（ケース記録、カルテ、支援計画、ケア会議の資料など）について、関係法令、養成校および実習施設・機関のルール、倫理綱領などを遵守し、個人のプライバシーや情報の漏えいに細心の注意を払い、適切に取り扱う能力

❻ 個人のプライバシーに細心の注意を払い、ソーシャルワーカーとしての倫理を踏まえ、インターネット、電子メール、ソーシャルネットワーキングサービス（SNS）を適切に使用する能力

❼ 実習生、担当教員、実習指導者、利用者それぞれの個人情報に係る権利を理解し、その取扱いについてコミュニケーションを図る能力

❽ 実習生自らの個人情報に係る権利が、担当教員、実習指導者、利用者によって侵された場合に、適切に対処する能力

なお、上記の能力は、実習および実習指導に際してのみ求められるものではない。日頃から自分と他者の個人情報を適切に取り扱うことを意識し、行動することで涵養される。また、実習において知り得た個人情報や機密情報を守秘する義務は、実習終了後も継続する。さらに、それらの情報の管理は、単に書類、電子データを匿名化することや適切に保管することに限らない。日常的な他者との会話、口頭での実習指導、情報の閲覧方法および場所、SNS の使用など個人情報の漏えいの危険が至る所に潜んでいることをしっかりと認識して、行動することが求められる。

▌3 健康のリスク

実習での学びを確実に進めるためには、自らの心身の健康を維持、向上するための注意およびセルフケアが不可欠である。実習が始まると、実習生は大きな環境の変化と生活スケジュールの変化を経験する。このことは、実習生にとって大きなストレス要因となり、心身の健康や行動上の注意に大きく影響する。このことを踏まえて、実習生には、**表 1-21** のような対策を講じる必要がある。また、養成校および実習施設・機関は、実習生の教育に係る権利を保障する観点から、この対策を支援することが求められる。

表1-21　実習生が講じる対策

❶心身の健康管理	ⅰ．健康診断を受けて、自らの健康状態を把握すること ⅱ．規則正しい生活を心がけること ⅲ．心身の変化や持病について、医師の診察に基づき適切にセルフケアすること ⅳ．実習に際して、心身の健康面で配慮が必要な場合に、その配慮の内容について実習生、担当教員、実習指導者の間で事前に協議し、決定すること ⅴ．実習において、心身の健康に係る不測の事態が生じた場合の対応について、実習生、担当教員、実習指導者の間で事前に協議し、決定すること
❷感染症の予防	ⅰ．予防接種（定期接種）の接種記録を確認すること ⅱ．予防接種の接種記録、養成校および実習施設・機関からの指示、感染症の流行状況などに基づき、必要なワクチン接種、抗体検査、細菌検査、その他の必要な処置を講じること ⅲ．養成校や実習施設・機関の求めに応じて、健康診断結果や各種検査結果を提供すること ⅳ．養成校や実習施設・機関の指示に基づき、マスクや指定された衣類などの着用、手指等の消毒、養成校および実習施設・機関内での行動に係る指示などを遵守すること ⅴ．手洗い、うがい、その他感染症予防について、養成校および実習施設・機関における感染症対策の指針、「高齢者介護施設における感染対策マニュアル改訂版」などを参照し、必要な措置を講じること ⅵ．発熱、下痢、嘔吐、咽頭痛、倦怠感など感染症が疑われる症状が生じた際には、欠席、欠勤、通院など適切な行動をとること。また、症状や罹患した感染症の診断結果などについての情報を担当教員および実習指導者に速やかに、かつ適切な方法で伝達すること
❸実習中のけがや事故の予防	ⅰ．時間に余裕をもって行動すること ⅱ．移動は、可能な限り公共交通機関を利用すること ⅲ．やむを得ず自転車、バイク、自家用車の利用を要する場合には、担当教員および実習指導者に相談するとともに、利用が許可された場合にはその指示を遵守すること ⅳ．自転車、バイク、自家用車を利用する際には、法令遵守と安全運転を心がけること ⅳ．万一の事故に備えて、自転車・バイク・自動車保険に加入すること。バイクと自動車については、「自動車損害賠償責任保険」（自賠責保険）のみならず、任意保険にも加入し、十分な補償を備えること ⅴ．実習中は注意義務を怠らず、慎重に行動すること ⅵ．実習中に受傷した場合、もしくは他者にけがを負わせた場合には、速やかに実習指導者、もしくは実習現場の責任者などにその旨を報告し、指示を受けること ⅶ．実習中に受傷した場合、もしくは他者にけがを負わせた場合には、速やかに担当教員、もしくは養成校の実習担当者にけがの程度や事故の状況を報告し、指示を受けること
❹実習の不測の事態への備え	ⅰ．実習中の病気やけが、体調不良、事故、自然災害など、自分と他者の心身の健康に係るリスクとその対応について、実習生、担当教員、実習指導者の三者協議で決めておくこと ⅱ．実習中の病気やけが、事故、施設・機関や他者の私財の毀損などの不測の事態に備えて、「学生教育研究災害障害保険（学研災）」「学生教育研究賠償責任保険」（学研賠）などの保険に加入するとともに、その補償の対象、範囲、内容、手続きなどについて確認しておくこと

こうした対策を確実に講じることは、実習における心身の健康のリスク、その他の不測の事態への備えとなり、同時に利用者、その他実習でかかわる他者の心身の健康や基本的権利を護ることになる。

実習に関連したリスクマネジメント
——インシデントとアクシデントを活かした対応

以上の実習に関連したリスクは、情報を集めて、根拠に基づき対処することが重要である。このことを「リスクマネジメント」という。リスクマネジメントは、次の方法と仕組みから構成される。

❶リスク評価

実習のリスクに関するインシデントやアクシデントの情報を収集・分析し、リスクとして認識すべき事象、およびその構造、頻度、影響の大きさなどを見極める方法と仕組みのことをいう。インシデントとは、具体的な損害、損失は生じなかったものの、リスクの素因の発見や損害、損失を生じかねない出来事のことを指す。一般的には、肝を冷やす「ヒヤリとした出来事」、もしくは息をのむ「ハッとした出来事」として、「ヒヤリハット」と呼ばれる事象である。他方、アクシデントとは、ある出来事を直接的な要因として、損害や損失が生じる事象のことを指す。実習施設・機関では、インシデントレポート（ヒヤリハット報告書）やアクシデントレポート（事故報告書）などにより、インシデントとアクシデントの記録を集積して、それを分析し、リスク評価に役立てている。また、リスクに係る情報を集めるためにインシデントレポート、アクシデントレポートの作成をルール化している組織も多い。

❷リスク管理

インシデントやアクシデントの記録の分析などにより評価されたリスクが生じないように、対策を講じて、その発生についてモニター（監視）するための方法と仕組み、およびリスク事象が生じた場合の対策を備えておき、実際に生じた場合、その策を講じることをいう。実習施設・機関では、「事故対策委員会」や「感染症対策委員会」などのチームを組織し、組織的、体系的なリスク管理を実施しているところも多い。

❸リスクコミュニケーション

リスク評価とリスク管理のために、関係者の間で行われる意思疎通のための方法と仕組みのことを指す。リスク評価およびリスク管理の対象（リスク事象）に応じて、リスクを生じさせる可能性のある人、リスク

により損害・損失を受ける可能性のある人、リスクにより責任や賠償を求められる人、リスクに関する情報・知識をもつ人、その他リスクに関係する人を選定、特定し、リスク事象の構造、可能性の高さ、影響の大きさなどを考慮して、コミュニケーションの方法や頻度を決定する。

　以上を踏まえて、実習、実習指導上の「尊厳のリスク」「権利のリスク」「立場・役割のリスク」「情報のリスク」「健康のリスク」のマネジメントを適切に講じることが、養成校と実習施設・機関には求められる。また、実習生は、実習教育の過程で自らが経験したインシデントやアクシデントについて、担当教員、実習指導者とともに実習記録やプロセスレコードなどを用いて構造的に省察し、社会福祉士、精神保健福祉士に求められる専門性の習得へと結びつけることが重要である。同時に、その出来事について、実習生、担当教員、実習指導者との間で、十分なコミュニケーションを図り、同様のことが生じないように対策を講じることが、利用者を含む四者の権利と安全を守ることにつながる。

◇引用文献
　1）緒方裕光「リスク概念について」『保健物理』第37巻第2号，pp.104-105，2002.
　2）日本リスク研究学会編『リスク学事典』TBSブリタニカ，p.34，2000.
　3）法務省人権擁護局・全国人権擁護委員連合会 企画『企業における人権シリーズ1　セクシュアル・ハラスメント』人権教育啓発推進センター，p.4，2010.
　4）法務省人権擁護局・全国人権擁護委員連合会 企画『企業における人権シリーズ2　パワー・ハラスメント』人権教育啓発推進センター，p.3，2010.
　5）同上，p.6

◇参考文献
　・個人情報保護委員会「個人情報の保護に関する法律についてのガイドライン（通則編）」2016.
　・個人情報保護委員会・厚生労働省「医療・介護関係事業者における個人情報の適切な取扱いのためのガイダンス」2017.

第2章

実習先決定に
向けた準備

　本章では、実習先決定に向けて必要な知識やスキルなど
を解説する。

　第1節では見学実習や現場体験などの内容や意義、実
習先に関する情報収集の方法を理解する。第2節では、
実習記録の書き方を学ぶ。実習記録の方法はすべての実習
先に共通して必要な内容であり、早い段階から書き方を理
解し、記録する力を高めるトレーニングが必要である。

　第3節では、実習先選定にあたり理解しておくべき精
神保健医療福祉の現状や精神保健福祉士の役割を学ぶ。ま
た、精神疾患のある当事者への理解も深めてほしい。第
4節では、地域機関と医療機関での2機関実習の意義、
各実習施設・機関の範囲や概要を解説する。各実習施設・
機関が抱える課題や関連する法制度等も学び、実習先選定
に活かしてほしい。

情報収集の方法

学習のポイント

● 現場体験学習や見学実習の内容や意義について学ぶ
● 自己学習における具体的な情報収集の方法とその留意点について学ぶ

1 実習施設・機関の決定と情報収集

　学生自ら実習施設・機関を決定できる場合もあれば、学生の希望を聞きつつ養成校が決定する場合もある。そのため、結果的に、学生が希望した場所ではないこともある。ただ、ソーシャルワーク実習における学びは、具体的な実習現場に必ずしも制約を受けない。ソーシャルワーク実習は、特定の分野・領域の支援者になるための実習ではなく、社会福祉士や精神保健福祉士を目指す者として、ジェネラリスト・ソーシャルワークの視点に立った学びをすすめる。したがって、すべての実習施設・機関に共通するジェネリックな学びを追求することが実習の大切な目的であり、「自らの関心のある特定の分野・領域でなければ学ぶべきものがない」とする考え方は、ソーシャルワーク実習の目的に照らしても適切ではない。そのような意味では、実習施設・機関が介護保険事業所であろうと、障害福祉事業所であろうと、精神科病院であろうと、ソーシャルワークの実習における学びは十分に得られると考えてほしい。

　とはいえ、実習へのモチベーションを高め、実習における学習課題を明確にもつためには、実習施設・機関を学生の関心に沿って選択することが望ましい。ただ、その関心が、少し本で読んだからとか、少しボランティア等でかかわったからといった実習現場の浅い理解のみに基づいている場合も少なくない。そのため、その関心に基づいた実習施設・機関がいざ決定したとしても、具体的な事前学習に入ると、実はそれほど関心が強くないことに気づき、実習へのモチベーションが下がり、また実習における学習課題を設定することに困難を感じる学生もいる。

　そこで、学生が志望動機や関心のある分野・領域をあらためて確認し、それらを実習施設・機関のサービス等と照らし合わせながら、実習先を決めていく必要がある。そのため、あらかじめ実習施設・機関の背景と

★ジェネラリスト・
　ソーシャルワーク
実践分野、領域、そして対象を特定しない、ソーシャルワークの共通基盤としての理論的枠組み。その特徴としては、生態学的視点、利用者主体、ストレングス視点、生活の多様なニーズへの対応等が挙げられる。

なる制度やそこで提供されるサービス、そして、利用者やその生活等を把握したうえで、学生自らの興味や関心を確認する必要がある。では、学生が自分の実習先を決定するにあたり、必要な情報をどのように集めればよいのだろうか。

2 現場体験学習および見学実習

　まず、現場体験学習と見学実習（以下、現場体験学習等）という方法があるだろう。一般的に、これらはソーシャルワーク教育の初期段階や実習前の時期に行うことが多い。

　現場体験学習は、数日間、現場のプログラムなどに参加したり、交流を行う体験型の学習である。ただ、その具体的な内容は養成校によって異なり、現場体験学習先の選定、そして、その依頼や交渉も含めて学生が取り組むところもあれば、養成校が準備した場所で現場体験学習に取り組むところもある。一方向的な講義形式の授業とは違い、利用者や職員との相互のやりとりのなかで双方向的な学びが可能な点に特徴がある。

　また、見学実習は、施設・機関の機能などの見学を中心とした実習である。見学実習は、通常、職員による実習施設・機関の概要説明、実習施設・機関の見学、そして質疑応答によって構成される。場合によっては、短時間の体験学習や利用者との交流が組み込まれることもある。福祉現場を自分の目で確かめ、施設等の職員から直接話を聞くことができ、支援の実際を学習することができる点が見学実習の特徴であるともいえる。

　では、現場体験学習等にはどのような意義があるのか。まず、「現場」を体験的に知ることができる点がある。特に、福祉現場とのかかわりが少ない学生は、具体的なイメージが乏しい。そこで、実際に福祉現場に入り、福祉サービスの利用者や支援者と直接的なかかわりをもつ体験を通して、具体的なソーシャルワーク実習のイメージをつかむことができる。また、学生が実習における自分自身をイメージすることができるといったメリットがある。

　また、利用者とのかかわりを学ぶことができる。多くの学生は、現場体験学習等において、利用者との関係形成に苦労し、試行錯誤しながらかかわり続ける。その苦労のなかで、「自己決定支援」や「信頼関係の構築」といった抽象的な概念をより具体的に理解できるようになる。そ

★自己決定支援
利用者の決定を受け入れることだけではなく、その決定までのプロセスを支援することを意味する。また、自己決定は利用者だけで行う行為ではなく、利用者の社会環境との交互作用のなかで営まれる。

★信頼関係の構築
ソーシャルワークを円滑に進めるための潤滑油の役割を果たし、また、その援助の基盤ともなる関係のことをいう。特に、ソーシャルワークの初期段階は、この関係の構築に多くの時間とエネルギーが費やされる。

★自己覚知
自分の価値観、思考や行動様式、対人関係の傾向等に気づかずにいると、利用者の理解や援助過程に支障をきたすことがある。そのため、それらを含めたありのままの自己に気づき受容することを自己覚知という。

のような利用者とのかかわりを通して、ソーシャルワーク実習に向けて「もっと知りたい」や「多くのことを知らなければいけない」という学習意欲が刺激され、実習の動機づけや目的意識を高めることにつながる。

そして、現場体験学習等において、自分自身と向きあうことができる。ソーシャルワーカーには「自己覚知」が求められるが、そのためには自分自身と向きあうことが必要となる。つまり、現場体験学習等は、その後の自己覚知に向けた準備でもあり、将来の自分を想像し、自分自身に向きあうことを通して、ソーシャルワーカーとしての適性も含めて、今後の進むべき道を模索する貴重な機会になる。

最後に、ソーシャルワークの魅力を感じることができる点が挙げられる。福祉現場においてソーシャルワーカーや利用者とかかわるなかで、ソーシャルワーカーとしての価値ややりがいを感じることができる。最初は利用者と話すことができなかった学生が利用者から受け入れてもらえたときの喜び、利用者に必要とされ役立つことができた際の有用感、そして、利用者からもらった勇気等、学生は現場体験学習等のなかで、数多くのかかわりの経験を経て、ソーシャルワークの奥深さと魅力を感じることができる。

一方で、現場体験学習等において学生はさまざまな課題に直面することが予想される。まず、そこでの経験の振り返りが、感想や感情レベルで終わってしまう学生も少なくない。何を学んだのかを具体的に語れない学生もいる。さらに、利用者とのかかわりのなかで、関係がうまくつくれない、あるいは集団において利用者個々人に十分にかかわれないといった戸惑いや葛藤をもつ学生もいる。また、学生にとっては、現場における経験が印象的であるがゆえに、養成校での学びとのつながりが見えにくくなってしまうこともある。ともすると、学生が現場で体験したものがすべてのような錯覚に陥る場合もある。このような課題は、多くの学生が経験するものであり、自己の気づきや成長に欠かせないものである。ただ、場合によっては、本実習への意欲の低下等を引き起こすこともある。そのため、それぞれの学生の経験や知識に即した心理的サポートやそこでの経験を養成校の学びにつなげる意味づけ等の教育的支援が必要となる。

3 自己学習

　次に、学生の興味や関心等に合わせて実習施設・機関を決定するために必要な情報を、どのように学生自ら収集すればよいのだろうか。

1 文書資料等の活用

　まずは、授業等で使用した「教材やノート」が活用できる。障害や疾病、制度やサービス、援助方法等の基礎知識をはじめ、利用者の生活実態や支援について、これらの教材等をもとに学び直すことができる。そのなかには、視聴覚教材として教材用ビデオ・DVD、テレビ番組、そして映画等もある。福祉現場の具体的なイメージをつかむためには、これらの視聴覚教材も役に立つだろう。

　次に、図書館や書店で手にとることのできる「書籍」から情報を得る方法がある。まずは、養成校の図書館等に行き、蔵書検索システムを使い興味・関心のある書籍を探してみよう。そこで見つけられない場合は、地域の図書館の所蔵も調べることのできるカーリルを活用してみるのもよい。カーリルは、公立図書館や大学図書館の所蔵情報を横断的に検索できるサイトである。また、日本全国の大学の蔵書カタログが統合されている国立情報学研究所の CiNii Books から、書誌情報や所蔵館を知ることもできる。さらに書籍を購入したい場合は、大手通販サイト等の書店が提供しているデータベースを使うとよいだろう。

　また、月刊誌、専門誌、学会誌といった「雑誌」の記事は、図書館や書店のカタログデータでは検索できない。そのため特殊なデータベースを使う。その一つが、国立情報学研究所の CiNii Articles である。このデータベースを使うと、雑誌記事の書誌情報だけでなく、その要約が読める。また、記事全体を PDF ファイルで読めることもある。興味のある記事が見つかったら、図書館の蔵書カタログで雑誌名等を調べてその記事を手に入れよう。

　加えて、政府機関、地方自治体、各種法人、企業等が公表しているさまざまな資料を、インターネット上で簡単に手に入れることができる。ただ注意したいのは、インターネット上には古い情報や誤った情報が多く含まれているという点である。そのため、まずは、厚生労働省や地方自治体といった信頼できる公的な機関のホームページから情報を得ることから始めたい。

▌2 福祉施設・機関のパンフレット等の活用

　多くの福祉施設・機関は、そこでのサービスや事業を説明するパンフレットや事業報告書等を作成している。これらの情報については、ホームページ上で見ることができる施設・機関もある。特に、社会福祉法人は現況報告書・財務諸表をインターネット上に公開することが義務づけられている。NPO法人も、所轄庁である都道府県や指定都市などのホームページ等において事業報告書・財務諸表を公開している。

▌3 実習報告書の活用

　実習報告書は、実習を終えた学生が実習場面を振り返り、また、実習指導担当教員からスーパービジョンを受けながら学んだこと等を言語化したものである。同じ学生の目線で感じたこと、考えたこと、そして学んだことについて記述されている。そのため、これまでの資料等とは違い、それぞれの実習施設・機関における支援の実際やそこでの雰囲気を具体的に理解することができ、実習施設・機関の決定に向けたイメージづくりには最適な情報源である。ただし、先輩の具体的な実習体験を理解する際には、それらの経験があくまで一個人のものであり、全員に適用されるものではないことは理解しておきたい。そこでの報告は、それを書いた学生と、実習施設・機関の利用者等との交互作用の結果であり、その個別性の高い経験がすべての学生や実習施設・機関に当てはまるものではない点を踏まえて活用する必要がある。

▌4 ボランティア活動への参加

　現場体験学習等においても、福祉現場を見ることはできる。ただ、それらの現場は、必ずしも学生の興味・関心に合ったものではないこともある。その意味では、比較的自由な福祉現場の体験が可能になるボランティア活動は、自らの興味・関心に基づいた経験ができる情報収集の方法といえる。また、日本在住の外国人への支援、そして途上国への援助といった国際協力活動など、厚生労働省によって規定された実習施設・機関の範囲を超えて、ソーシャルワーカーが活躍するフィールドは広がっている。そのため、そのような現場でボランティア活動を行うことも、ソーシャルワーク実践の深い理解につながり、ひいては実習施設・機関の決定にも役立つ経験になるだろう。

　では、どのように自分の興味・関心のあるボランティア活動を探せばよいのか。まずは、多くの養成校にあるボランティア募集に関する掲示

板等を見てみたい。学生を対象としたボランティア活動を中心に掲示等がされているため、自分に合ったボランティア活動が探しやすい。また、掲示されるボランティア情報については、養成校において「宗教や政治的信条、または寄付や活動を強要する団体かどうか」といった点をチェックしていることもあり、比較的「安心・安全」な活動が多い。また、上級生や卒業生に対してボランティア活動の話をしておくと、何らかの募集や参加協力に関する情報も得られるだろう。

　また、最寄りの市区町村にある社会福祉協議会のボランティアセンターを活用する方法もある。これらのボランティアセンターでは、ボランティア活動や市民活動に関する相談や情報提供、活動先の紹介を行っている。電話やメールでの問い合わせや直接の相談に加え、当該センターのホームページを検索すると、ボランティア募集に関するさまざまな情報を閲覧できることもある。さらに、これらの窓口を含めたボランティア情報を提供している「地域福祉・ボランティア情報ネットワーク」のボランティア情報サイト等を活用することで多様なボランティア情報を得ることもできる。全国のボランティア活動を直接探したい場合は、民間ボランティア募集サイトを活用するのも一つの方法である。

★ボランティアセンター
全国各地に存在し、ボランティア活動についての相談援助、情報の収集と提供、広報・啓発等を行う。1960年代に善意銀行という名称の仕組みで広がり、1970年代に各地の社会福祉協議会のなかに設置され全国に広がった。

◇**参考文献**
・福祉臨床シリーズ編集委員会編，河合美子責任編集『精神保健福祉士シリーズ　精神保健福祉援助実習　第2版』弘文堂，2018.
・岡田まり・柏女霊峰・深谷美枝・藤林慶子編『社会福祉基礎シリーズ17　ソーシャルワーク実習』有斐閣，2002.
・カーリル　https://calil.jp/
・CiNii Articles　https://ci.nii.ac.jp/
・CiNii Books　https://ci.nii.ac.jp/books/
・地域福祉・ボランティア情報ネットワークホームページ　https://www.zcwvc.net/

❀**おすすめ**
・佐藤望編著，湯川武・横山千晶・近藤明彦『アカデミック・スキルズ──大学生のための知的技法入門　第3版』慶應義塾大学出版会，2020.
・安藤雄太監『ボランティアまるごとガイド──参加のしかた・活動のすべて　改訂版』ミネルヴァ書房，2012.

学習のポイント

● 実習記録の意義について理解する
● 実習記録の書き方と留意点について理解する

ソーシャルワーク実習における「記録」の意義

　ソーシャルワーク実践における「記録」は、「対人援助専門職としての活動を支えるスキル」の一つである。実習生は、「実習記録」の作成を通じて、実習を振り返るとともに、「対人援助職としての活動を支えるスキル」である「記録」の意義や目的、その具体的な方法などを学ぶことになる。

　本節では「実習記録」について、その意義と書き方を確認する。

1 社会福祉士・精神保健福祉士養成教育における位置づけ

　厚生労働省が示している社会福祉士・精神保健福祉士養成課程における「ソーシャルワーク実習指導」の教育内容には、「実習記録（実習記録ノート）への記録内容及び記録方法に関する理解」が教育に含むべき事項として挙げられている（第1章第1節参照）。

　ここから、記録の理解と実践はソーシャルワークのスキルとして実習で習得すべきものとされていることがわかる。

　実際に、各養成校は、実習生の効果的な学びのために実習記録のツールを「実習ノート」や「実習日誌」等の名称で創意工夫して作成し、実習における記録の実践を指導している。このことは、実習記録が社会福祉士・精神保健福祉士養成教育における実習の目的や課題達成に欠かせないものとされているからこそと捉えられる。以下、本書では、それらのさまざまな名称を「実習記録」と総称する。

---

i　たとえば、マクメイアン（McMahon, M. O.）は「ソーシャルワークのための基礎的スキル」として、「関係のスキル」「問題解決のスキル」「政治のスキル」を示している。そして、それらに共通する「専門的なスキル」として、「記録」「調査」「時間管理」「チームワーク」を位置づけている。

2 実習記録の意義

ソーシャルワーク実習は、「ソーシャルワークの理論と方法」をはじめとしたほかの講義・演習科目において学んだ「記録」について、実践を通してさらに理解を深める機会となる。ここでは、実習生にとって「実習記録」がもつ意義について、そのほかの側面からも確認していく。

❶実践の自己管理と学びの評価にかかわる活用と意義

基本的には、実践を記録することは、実習のどの段階においても必須とみなされる。

実習前のオリエンテーションの内容や実習指導担当教員、実習指導者、実習生の協議のもと立てられた実習計画などの実習記録以外の記録（実習中のメモや実習施設・機関の現場の記録）もあわせて、適切に作成し、実習中および実習後に学びを深めることに用いる。

実習記録は、実習期間中、毎日つけるものである。実習の目的やねらいを踏まえて実践を振り返り、自己確認、自己評価を繰り返し、積み重ねていく。さらに、実習における学びや、次の課題を自ら設定することにも活用できる。そうすることで、実習の課題達成に向けた実践を進めていく手がかりを日々得ることができる。

この取り組みは、ソーシャルワーク実践の場において、責任をもって記録していくことと同様の体験といえる。

日々の実習記録に必要な記述内容としては、自身の課題達成に向けた実践の状況、クライエントや実習施設・機関の職員等と行ったやりとり、支援の内容、その実践で着目したこと、理解・確認できたこと、考察等が挙げられる。

また、記述に使われた用語や言葉遣いなどは、実習中のソーシャルワーク実践ならびにかかわった利用者に対する理解や態度がどのようであったかを表すものでもある。そして、実習記録に記されたことから、その時点での学び、実習の進行状況の確認、自己評価ができる。

さらに適切な方法で記録できているかも自己評価し、改善点があれば改善を図り、記録スキルを上達させることも実習の成果に期待される。

加えて、実習の中間時や終了時などに実習の振り返りを行うために、一定期間の実習総括を記録として記述することもソーシャルワーク実践のスキルの習得に有用である。

① 実践と指導における記録

実習記録は実践の日時、実践環境・場所、実習で取り組んだソーシャルワークの内容等が基本的要素である。あわせて、実習記録の様式には実習施設・機関等の実習指導者からのコメント欄や確認印、署名欄があるものが多く用いられている。

実習記録は前述のとおり、実習生の実習における実践、学びの記録である。それと同時に、養成校と実習施設・機関等の双方における実習スーパービジョンの記録としても活用される。

実習記録に関する事前指導は、まず学内で行われる。あわせて、養成校から実習施設・機関に対して指導、活用等の依頼がなされる。その後、実習生が記録すべき内容や記録方法を養成校と実習施設・機関との間で共有する。

実習指導者は実習記録を通して、実習生の実践における学びを確認することができる。そして、実習生が指導を受けた経過も記録に残していれば、実習生と実習指導者は指導内容とそれにかかわる実践過程と結果を共有し、実習の到達点を評価することが可能となる。記録を通して、実習生のソーシャルワーク専門知識や技能の理解度、習得状態が明らかになるのである。それを受けて、実習指導者は当該実習生に対して適切な指導の方法や内容を模索し、実習生にとってより効果的な実習が行われるための実習プログラムの改善や環境調整につなげる。

この学内指導と実習施設・機関による指導を通して、実習生はソーシャルワーク実践の習得へ向かうことができる。

実習記録は指導上のコミュニケーションツールとして機能すると同時に、実習生評価の一側面ともなる。養成校においては、実習中の実習展開状況、実習生の学習内容、実習指導者の指導内容等を実習記録によって把握し、実習中の巡回指導等の機会に実習指導担当教員がスーパービジョンに活用したり、実習後の実習評価に活用したりする。

② 実習のモニタリング、マネジメントへの活用

これまでみてきたように、実習記録は実習指導を反映しつつ、現在の実習における学びの状況を伝達するものとして捉えられる。そのため、実習記録は実習展開のモニタリングやマネジメントに活用できる。

実習生の記録を確認することで、何らかの実習展開や実習継続のリスクを読み取ることができると、指導者は早期にリスクへの対応を図るこ

図2-1 実習記録をめぐる実習指導関係・環境

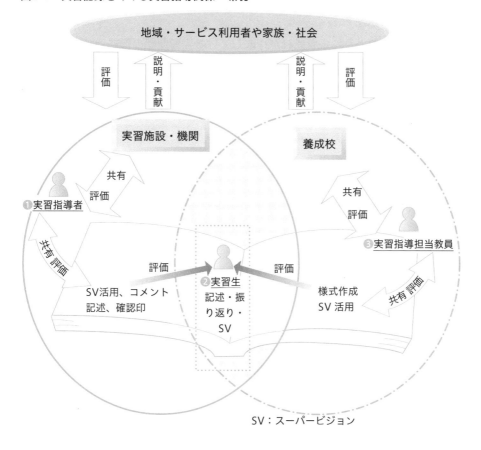

SV：スーパービジョン

とが可能となる。

　さらに記録に書かれている内容は、実習の実践やそれに対する指導の状態を表すものである。よって、実習施設・機関等と養成校どちらの組織にとっても指導実績を表すものとして社会的評価の根拠につながる。この構図を**図2-1**に示す。

2　実習記録の書き方と留意点

　実習記録は、目的に即した内容や適切な記録方法によって記述される必要がある。さらに、現場で用いられている記録の方法にならって実習内容を記録していくことで、技術の習得や向上につなげることも期待される。

　以下、具体的に実習記録の書き方の留意点を説明する。

■1 実習における記録の書き方と留意点

❶振り返りとしての記録

　前述のように各養成校が作成している実習記録の形式は、ノートや日誌などの名称も含めて、多様である。しかし、実習記録ならびに、実習施設・機関からの指導等、基本的内容は共通なものがみられる。各養成校の実習指導方針や到達目標、留意点がおさえられる記録様式が採用されているといえるだろう。いずれの様式にしても、ソーシャルワーク実習に必要な記録内容、項目が含まれていることを踏まえ、書きもらしがないようにする。

　実習記録は実習指導に則った方法で作成する。そして、いずれの方法によっても実習記録には、実習生が利用者や関係する人々、また、職員に対して、直接的、あるいは間接的にかかわったことや利用者、職員から学んだことを振り返り、言語化して記述していく。実習の目標やねらいに対して意図的な働きかけやその結果を記録から客観的、多面的に読み取り、さらに実習の展開を進めるための材料を提供するものとなる。

　さらに、実習記録には、基本的な記述内容として、日付、実習時間、実習内容、実習場所、実習指導者など各実習日の実習の状況を表すことから、実習後に実習過程や内容を証明するものにもなる。このことを踏まえて、記述された内容は養成校、実習施設・機関、実習生が個人的に扱い、所持する範囲にとどまらず、公的なものとして取り扱われることに留意する必要がある。

❷記録の書き方の基本

　実習記録は、実習日時、内容等を証明する公的な文書にもなるので、筆記具はインク（ペン書き）を使用する。訂正が必要な場合には、公文書の訂正方法にならい、訂正部分に二重線を引き、その横に修正等を記述し、訂正印を押す。修正液等を使用せず、訂正箇所が明らかに残るように処置する方法（訂正箇所と内容、訂正した人物が特定できる方法）を体験することも実践的な学びとなる。

　また、あらかじめ下書き、メモ等を別に書いて準備しておく等、訂正が少なくて済むような工夫をすることも必要である。

　さらに、基本的な文章表現に則った記録を実践的に学ぶことも期待される。誤字脱字がないか、文体の一貫性があるか、文脈のわかりにくさがないか、主観と客観的事実の書き分けや表現に問題がないかなど、基本的な文章表現、見直しを行うことが基本である。

　現在、ICT（information and communication technology：情報

通信技術）の活用などがソーシャルワークの現場で進められている。今後は実習記録もパソコンなどを使ったデータ入力の方法で作成されるようになるであろう。その場合には、情報保護の観点から、データ保存の媒体やセキュリティ管理方法についても配慮する必要がある。記録媒体からデータが流出しないようにパスワードを用いた管理や保管場所のセキュリティの確認、データの消失等につながらないような作業上の工夫など、具体的な扱い方に関しては事前訪問の際に実習施設・機関に確認しておくことが求められる。

❸書き方の留意点

記録は、利用者のプライバシー保護のほか、利用者の権利侵害にならない記載の配慮や保持、管理が求められる。実際の記述方法については実習指導者の指導を仰ぎ、専門職としての判断や態度、法や規則に則って行うことが必要である。たとえば、利用者の個人名の記述方法には細心の注意を払わなければならない。実習記録であっても利用者の氏名などをアルファベットに置き換える、もしくはイニシャルを使うなど、実習指導者の了解を得た書き方で記録をとる必要がある。

加えて、記録に用いられる表現に、偏見や当事者から不快に思われる表現が含まれていないかを確認する必要がある。実習生自身の価値観、態度が文章表現や言葉の選択を左右するため、専門性の醸成につながる経験にもなる。

❹実習記録の例

実習記録の様式は、各養成校やその地域における実習にかかわる複数の養成校、実習施設・機関の協議会などで共同して検討・作成されているものなどがある。

表 2-1 に、実習記録の例を示す。示された記録は、模範例ではない。この実習生の記述内容について、よい点と改善点、双方の考察をし、あらためて、記録の留意点を確認するとよいであろう。

実習記録は、一日のすべての出来事を記述することが目的ではない。実習の感想や考察等の欄には一日のなかで実習体験中にかかわった出来事をその日の実習のねらいに即して１、２取り上げ、どのような場面で何がどのように起こったか、自分を含めてそこにかかわっていた人の反応、言動のやりとりを示すことが望まれる。

日誌の例文に下線を加筆してある。下線部をはじめとした記録のなかに客観的事実として実習生、利用者がどのような言動等をとり、その状況をどのように解釈、評価、判断したのか、結果としてその後の自分の

表2-1　実習記録の例

実習記録（例）
○○大学△△学部社会福祉学科　実習日誌

学籍番号 _____　氏名 _____

実習施設・機関名 _____

○○○○年 ○月○○日 ～ 月 日 _____

年　　月　　日 （　日目）	実習配属部署 ○○○	実習指導担当者 ○○○

本日の実習目標：

日中の園外活動の理解と一人ひとりの自立に向けた具体的な配慮、

園外活動にかかわる職員間の連携について学ぶ。

時間	実習内容	実習のねらい
8：30	職員朝礼への出席	職員間の情報共有と連携について着眼する。
8：55	利用者の出迎え、健康チェック	
9：00	朝の会、利用者へのつきそい	
9：15	園外活動	
	作業開始：利用者の見守りと指導に入る	個別の支援計画を踏まえ、一人ひとりの障害に応じ、提供している援助の実際を理解する。
11：45	昼食準備と食事介助	
	（略）	（略）

実習記録（経過・所感・考察等）

　今日は実習３日目ということもあり、だんだん慣れてきた。初めて園外の活動に参加した。

　利用者の方は思ったより明るくて、自分で何でもできていた。私は園芸班の作業に初めて参加してみた。利用者の方は上手に収穫作業をしていた。職員の援助方法についていろいろと理解できた。

　今日うまくいかなかったことは、私のそばに立っていたＡさんが何もしていなかったので「作業をすすめてください」と声をかけたのに、言うことをきいてくれなかった。そのため、繰り返し声をかけていたらＡさんから怒られた。計画どおり指導することは難しいと思った。この反省を活かして明日から頑張ろうと思った。

（以下略）

【所見、講評等】

　実習３日目、お疲れ様です。援助の理解を進めるにあたって、利用者とのかかわりに日々の積み上げができてきたことはうかがえます。これから、実習は中盤に入っていくので、自分の学習課題をより意識した取り組みや振り返り、記録を実践してみましょう。

　下線を引いた部分、さらに考察を深められるとよいと思います。たとえば、実際にかかわる前の利用者の援助の必要性はどのようなものと考えていましたか。かかわった後、自分が理解したことについてはいかがでしたか。特にＡさんの障害の理解と支援の目標を照らし合わせて考えてみましょう。自分のかかわりが利用者にどのような影響を与えたと考えられましたか。

氏名 _____　印

意図的な実践を具体的にどのように計画したのか、などを念頭に読み、日誌の改善点を検討できるのではないだろうか。

　具体的な記述の仕方、毎日の提出の仕方、利用者名などを記述するときの注意事項等、実習中のノートの扱いや記録の方法については、実習前か開始当初に実習指導者に確認する必要がある。

2 記録管理の実践

　実習では、実習生が自ら記録した実習記録等を適切に保持・管理しなければならない。実習記録等は、記録した当事者という意味で実習生の所有物であるが、そこには実習生自身の実践だけでなく、配属された実習施設・機関の実習指導や実践内容、クライエントの言動にかかわる内容も含まれている。よって、実習生、養成校と実習施設・機関との実習契約にかかわる記録であり、個人的な所有物にとどまらない公的なものといえる。

　実習記録の適切な取扱い、管理についても実習で習得すべき実践である。実習生自身が記述している記録であっても不適切に扱うことによって利用者の権利や実習施設・機関等の社会的信頼にかかわる問題となることを理解する必要がある。

　たとえば、実習記録を電車やバス等に忘れれば、実習施設・機関の援助内容や利用者の個人情報にかかわることが不特定多数の目に触れてしまう。また、実習施設・機関内であっても実習記録が適切に保管されていなければ、情報を得ることが想定されていない人に情報が漏れてしまうなど、利用者への悪影響や実習施設・機関の信用失墜につながることになることが懸念される。

　そのほか、正式な実習記録とは別に、個人的に取っている実習中のメモ等の管理も注意が必要である。実習記録は、目的に沿った必要な情報のみが記述されている。実習における学びや気づきは、すべてが記録されるのではなく、選択された内容にしばられている。そこで、実習で得たさまざまな情報を個人的にメモとして残し、その後の記録に役立てようとすることは少なからずあり、その効果も認められる。しかし、その管理は実習記録と同様に細心の注意を払わなければならない。メモ内容が当該実習施設・機関の利用者や関係者、また、第三者の目に触れ、思わぬ不利益につながることがないように対策を図る必要がある。メモ帳や情報を書き留めているノートが私物とはいえ、施設外にいるときも、また、自分の身から離すときも管理を徹底すべきである。そして、氏名

など個人が特定できるような形での記述は控えるなど、リスクマネジメントの配慮がなされなければならない。

3 講義科目で学んだ知識をもとにした記録の実践

実践現場で使われている記録様式を踏まえて実習記録を作成することも、ソーシャルワーク実習における学びである。講義科目で学習してきたソーシャルワークの記録を行い、現場で指導を受けることで、技術の習得・向上を目指す。たとえば、アセスメントシート、プランニングシート、援助展開の記録、評価などの実習施設・機関で実際に使われている様式に記録する。

実習内容として、実践現場で実際に使われている様式で計画を作成する、という体験もある。支援に用いる視点、たとえば、バイオ・サイコ・ソーシャルの視点からのアセスメントの面談や情報収集、援助計画検討会議などへの立ち合い等の実習を経て、当該実習施設・機関で使われているアセスメントシートや、現場で活用されている記録方法の一つであるSOAP[*]等のツールやフォーマットを使って記録し、さらにそれをもとに支援計画案の作成に取り組む。

このように、実習前に講義、演習科目で学んだ記録方法について指導を受けながら、実践することで自身の技術の習得と向上につながることが期待される。また、クライエントとの面談をプロセスレコードの方法で記録し、自身の実践の振り返りや実習指導者からのスーパービジョンを受けることに活用することも大きな学びとなる。さらに実習施設・機関における実践の記録を可能な範囲で閲覧することも大切な学びとなる。たとえば叙述体、要約体、説明体など、記録の目的によってどのような記述方法が用いられているかを学ぶことができる。

★ SOAP
S（Subjective：主観的情報）、O（Objective：客観的情報）、A（Assessment：アセスメント）、P（Plan：計画）の四つの項目に分けて記録する形式をいう。問題指向型記録（Problem Oriented Record：POR）の叙述的経過記録に用いられる。日本には医療、看護領域から導入された。

◇参考文献
・岡村重夫『ケースワーク記録法──その原則と応用』誠信書房，1965.
・岡本民夫・平塚良子編著『ソーシャルワークの技能 ──その概念と実践』ミネルヴァ書房，2004.
・福山和女「社会福祉方法・技術への実践教育──実習教育の実際と二十一世紀への課題」仲村優一・窪田暁子・岡本民夫・太田義弘編『講座戦後社会福祉の総括と二一世紀への展望４』ドメス出版，pp.238-266，2002.
・J.D. ケーグル，久保紘章・佐藤豊道監訳『ソーシャルワーク記録』相川書房，2006.
・狭間香代子「社会福祉実践における記録の方法──質的方法と量的方法」『社会福祉研究』第92号，pp.30-37，2005.
・McMahon, M. O., The general method of social work practice : a problem solving approach, Prentice Hall, 1990.

精神保健医療福祉の現状と精神保健福祉士の役割

第3節

学習のポイント

● 実習施設・機関を決めるにあたり、精神保健医療福祉の現状を知り、そのなかで理解しておくべき精神保健福祉士の役割について学ぶ
● 当事者の話を直接聞くなどの体験学習を通して当事者理解を深める

1 精神保健福祉士の国家資格化の背景と求められる役割

1 精神保健福祉士の国家資格化の背景

　1998（平成 10）年 4 月に施行された精神保健福祉士法により、精神保健福祉士の資格が誕生した。国家資格化の背景には、報徳会宇都宮病院事件を契機として日本の精神障害者が置かれている精神科医療における入院医療中心の状況について、人権の視点から国際法律家委員会など国際批判が高まるなか、地域生活への移行と権利擁護を担うのに必要な人材の確保が求められていたことがある。その後、2004（平成 16）年の精神保健医療福祉の改革ビジョンにおいて入院治療中心から地域生活中心へという基本理念が示され、社会的入院者の地域移行・地域定着が喫緊の課題として進められてきた。また、精神保健福祉士誕生以降、社会的には精神科の受診者が増加し、支援対象も統合失調症のみならず、気分障害や認知症、発達障害、PTSD（post-traumatic stress disorder：心的外傷後ストレス障害）などへの拡がりと、ひきこもりやいじめ、職場のメンタルヘルス、自殺対策、災害支援などの多様化がみられ、各ライフサイクルにわたり国民の心の健康が課題となってきた。

　2010（平成 22）年に精神保健福祉士法が改正され、求められる「今後の精神保健福祉士の役割」として、❶医療機関等におけるチームの一員として、治療中の当事者に対する相談援助を行う役割、❷長期在院患者を中心とした精神障害者の地域移行を支援する役割、❸精神障害者が地域で安心して暮らせるよう相談に応じ、必要なサービスの利用を支援するなど、地域生活の維持・継続を支援し、生活の質を高める役割、❹関連分野における精神保健福祉の多様化する課題に対し、相談援助を行う役割、が示された。こういった流れを踏まえて、本科目においては当

事者の権利擁護の視点を大切にしながら、「クライエントの自己決定の尊重」がいかになされているか、どのように支援がすすめられているのかを具体的・実際的に学ぶことになる。また、精神疾患や障害をもちつつ生活している当事者や家族の利用者理解を深め、長期入院者の地域移行・地域定着など当事者の置かれている状況を理解し、支援の展開においてどのような連携や社会資源の開発等が行われているのか、多職種・多機関との連携の実際について実習を通して学んでいくことになる。さらに実習で学んだことを実習生なりに振り返って、今まで学んできた価値・倫理、知識、技術と関連づけて捉えなおし、理論化し、体系的に概念化して実践と理論を結びつけ、よりよい実践に備えて自己研鑽を図ることになる。[1]

2 精神保健福祉士に求められる役割

　実習においては精神保健福祉士の援助業務の実際を学ぶことになる。実習の時間数、医療機関での実習を必須とすること、実習場所を2か所以上とすることなど、より質の高い実習となるよう適切かつ柔軟な仕組みのあり方が「精神保健福祉士の養成の在り方等に関する検討会」において検討されてきた。

　精神保健福祉士に求められる役割として、❶精神障害者へのかかわり、❷背景にある環境への働きかけ、❸的確なアセスメント力、❹チームアプローチとコーディネート、❺地域を基盤とした取り組み、❻社会に対するアプローチ、❼幅広い範囲の対応力、❽包括的な視点による実践の8点が挙げられる[2]。これらは、実習生がどのような実習施設・機関に行ったとしても共通して求められる精神保健福祉士の役割である。何よりもまず精神保健福祉士が精神障害のある当事者とかかわるところから支援が始まり、そして個々の当事者とのかかわりを通して、その人の家族や地域社会、ひいては制度といった背景となる環境を視野に入れての働きかけが求められる。次にかかわりを通してアセスメントする力が求められる。医療と福祉にまたがる知識を駆使し、ニーズを把握していくなかではクライシス場面への対応や予防に向けてのアセスメントまでもが求められる。そこでの当事者や家族の支援には多職種・多機関連携のためのチームをつくっていく働きかけが不可欠となり、コーディネート力が問われる。地域生活支援においては、地域での取り組みや地域住民への視野が求められる。さらに、個々の当事者家族への支援に共通する課題がその地域でみえてきた場合には、ソーシャルアクション等

を含む社会に対するアプローチが求められる。そして、地域包括ケアシステムの構築に向けた精神保健福祉ニーズの多様化と拡大に伴って「精神障害のみに捉われない視点と実践」「身体合併症への対応」、さらには今日のストレス社会での各ライフサイクルにおける多様な「メンタルヘルス課題への対応」が求められる。生物心理社会的な総合的な視点、また、ミクロからマクロまでさまざまなレベルで事象を包括的に捉え、働きかけて支援していく包括的な実践が求められる。

3 2機関実習での学び

ソーシャルワーク実習（精神専門）においては、2機関での実習が求められる。すなわち、❶医療機関（精神科病院、精神科診療所）および❷障害福祉サービス事業所（相談支援事業所、地域活動支援センター、就労移行支援事業所、就労継続支援事業所A型・B型、自立訓練施設、自立生活援助事業所、共同生活援助事業所等）または、保健所、精神保健福祉センター等において、医療と福祉の両面から精神障害者の生活支援について学ぶ。

医療機関で提供している訪問看護の訪問先や相談支援事業所の訪問先では、利用者の生活実態に触れ、本人の望む暮らしを尊重する生活支援のあり方の実際を学ぶことになる。就労支援事業所では、本人の働きたい思いを実現するために、その人のペースで疲れをためない働き方の工夫と実情を知ることができる。医療機関でも地域でも、当事者や家族の支援に関連して周囲の理解を得た環境調整の重要性から、無理解をなくす取り組みについて考えさせられることになる。さらに、精神保健福祉士が国家資格化された背景には、社会的入院者の地域移行という課題がある日本の状況について理解することが求められる。

2 精神保健医療福祉の動向

近年の精神保健医療福祉の動向として、精神科救急入院料、精神科救急・合併症入院料の施設基準に精神保健福祉士が必置とされ、精神科急性期治療病棟入院科に精神保健福祉士ないし心理技術者を配置することとされている。2014（平成26）年施行の改正精神保健福祉法における退院後生活環境相談員の選任においても、精神保健福祉士の役割が期待されている。医療機関・障害福祉サービス事業所双方からの地域移行へ

の働きかけと行政の支えが退院支援の要となる。近年、認知症高齢者施設、司法では社会復帰調整官、精神保健参与員、教育現場ではスクールソーシャルワーカー、産業分野ではうつ病の増加を背景にIPS（individual placement and support）、災害時のDPAT（disaster psychiatric assistance team）など、国民の心の健康保持増進に向けた精神保健福祉士の職域が拡大してきている。2020（令和2）年の精神保健福祉士法施行規則等の一部を改正する省令の趣旨では、精神保健福祉士が果たす役割は、精神障害者に対する援助のみならず、精神障害等によって日常生活または社会生活に支援を必要とする者や精神保健（メンタルヘルス）の課題を抱える者への援助へと拡大してきており、また、役割の拡大とともに精神保健福祉士の配置・就労状況も、医療、福祉、保健分野から、教育、司法、産業・労働分野へ拡大しているとある。

　実習施設・機関を決めるにあたって、何より自分自身の問題意識が問われることになる。自分が精神保健福祉士になりたいと思ったきっかけを再度振り返り、なぜ精神保健福祉士を目指そうと思ったのか、そのきっかけは何だったのかを思い出すことから実習施設・機関の選択は始まる。たとえば、自分自身の経験や身近な人の精神疾患や災害支援等での心のケアの必要性に触れ、精神保健福祉士を目指したいと思ったのか、あるいは、ボランティアや地域の行事等で当事者と触れ合う機会があり、そこで当事者の生き生きと自分らしく生きている姿に感動し、自分も一緒に人の心に優しい街づくりにかかわっていきたいと思ったのかなどがあるかもしれない。そこから、一人ひとりが自分らしく生きていくことを支援するには、どんな機関が関係しているのか、どのようなサービスで生活支援がなされているのか、今まで講義等で学んできたことのなかから、自分が関心のある分野やテーマを今一度考え、そのうえでそのテーマを深めるのにふさわしい実習施設・機関と関連づけることが大切になる。

3 ▶ 当事者の理解

1 個別援助場面における当事者の理解

　実習では当事者の理解が求められる。すなわち、当事者は精神疾患と精神障害を併せもちながら生活している人であることを、当事者とのかかわりを通して体得することが欠かせない。かかわりの初期に「どこま

で聞いてよいのか」「自分の一言が当事者を傷つけるのではないか」と緊張してコミュニケーションに苦労することは実習生によくみられる。むしろ、当事者の方から声をかけてもらってやりとりするうちに、精神障害者である以前に一人の人とのかかわりであることに気づく。人対人のかかわりという当たり前のことに気づけるかどうかがその後の実習を左右する。「どのように話しかけてよいのかわからない」と悩む実習生もいる。挨拶して実習生であることを名乗り、天気やスポーツなど共通の話題から話し始め、相手が話した内容に沿って会話を続けてみる。そのうち当事者自身のことを語ってくれるようになるとそこから生活支援のきっかけにつながっていく。そのためにも、事前ボランティアを行っておくことにより円滑に実習開始時に当事者とうちとけやすくなり、実りある実習につながる。

　実習では、個別支援におけるクライエントの自己決定の尊重と守秘義務は重要である。実習生が当事者とかかわる際に、当事者から家族構成やこれまでの生育歴、要望等が語られたとき、当事者の思いを真摯に受け止め、実習生が聞いて感じたことを伝え返す。その後に実習指導者とそのやりとりを振り返ることで精神保健福祉士が行う当事者の思いや意思を受け止め、尊重するという支援のあり方を学ぶことになる。それは、精神科病棟であっても、共同生活援助場面であっても、当事者が日常生活上の小さなことから一つひとつ自分で選択し、主体性を取り戻していくためのかかわりにつながる。また、そこでは精神保健福祉士は、業務として生活支援を行うため個人情報を知ることがある。精神保健福祉士法第40条では秘密保持義務が課せられている。何より安心して語ってもらえる関係性やかかわりには守秘義務が不可欠となる。

　とはいえ、医療機関において早期介入の時期を逸した場合は、当事者の同意がなくとも、自傷他害のおそれがある場合の命を守るための措置入院や医療と保護のための家族等の同意による医療保護入院となることがある。その場合に当事者の思いを受け止め、その思いを医療チームに反映させる橋渡しは精神保健福祉士の大切な役割となる。退院請求や処遇改善請求ができる権利についての告知は欠かせない。イギリスでは措置入院患者に必ず当事者スタッフが面会に訪れ、当事者同士で何かできることはないかを確認し、当事者同士での権利擁護（the patient advice and liaison service：PALS）を行っている。入院中になぜ入院治療が必要となったかを知り、退院後の生活に向けて再発防止のための早期警告サインの理解やSOSの出し方についてクライシスプランを

★ PALS
当事者による当事者同士の支援、アドボカシー（代弁）活動。たとえば、強制入院患者を回復者がNHS（National Health Service：イギリスの保健医療サービス）の有給スタッフとして見舞う。

もっておくことが、地域で生活を維持するうえで重要になる。病棟やデイケアで出会う当事者が病気になって治療を受けるなかで、さまざまな思いを語ることのできる関係性が実習中に育まれることが望まれる。

　障害福祉サービス事業所等での実習では、当事者が地域生活をしていて何かあったときの相談相手がいることが地域生活を続けるポイントとなるため、当事者の身近な資源にも着目する。病気や障害のある当事者の場合、医療を受けつつ、住まい、日中活動や就労の場、相談できる場などをうまく活用しながら自分らしい生活や人生を生きていこうとしている。そのなかで、実習生はその人なりのペースや問題への対処法、人生の目的や希望などを見聞きすることを通して、実習生自身も一市民としての地域における生き方や生活のあり方について考えさせられるかもしれない。

■2 集団援助場面における当事者の理解

　集団援助場面ではグループの力を活かした支援の実際に触れることになる。SST（social skills training：社会生活技能訓練）などの実際のプログラムに参加するなかで集団力動を体験し、参与観察したことについて実習指導者と振り返る。個別面接ではみえにくかった当事者のストレングスがグループ活動のなかでみえてくることもある。デイケアプログラムや地域活動支援センターの交流室でのプログラムにおいて実習生が進行にかかわることもあるが、その場合は全参加者にとって安全で取り組み甲斐のある内容となるように実習指導者との事前準備が大切になる。実習生は、ピアカウンセリングや当事者研究等のプログラムに参加する際には、精神疾患と障害を併せもち、服薬しつつ生きている当事者の置かれている現状を整理し、当事者の思いを理解しようとすることが必要である。ピア（当事者同士）の力は、生活課題やその対処法について体験談や思いを語り合い、共感することや先輩当事者の体験を聞くことを通して「自分もできるかもしれない」と思えるようになることである。アルコール依存症やさまざまなアディクション関連の自助グループ（AA、断酒会など）に参加する機会を通して、当事者や家族が無力感や新たな生き方などの体験談を言いっぱなし、聞きっぱなしで共有し、ほかの当事者も自分の過去や未来と重ねて考える様子から実習生もその場にいることで伝わってくる当事者の思いと力を感じとってほしい。

3 家族の理解

当事者の一番身近にいる家族は、当事者の疾病の波に影響を受け、家族自身の人生が左右されてしまう場合がある。疾病に関する正しい知識を家族がもち、家族自身が情緒的な支援を受けることにより、当事者自身も暮らしやすくなる。家族教室で家族同士の悩みを語り合い、支え合い、家族の対処法を学び合うことは自助グループの力であり、専門職による支援だけでは成し得ない役割を担っている。

家族自身が研修を経て家族相談を行っているところもある。精神障害のある親の子どもであるヤングケアラーへの支援の重要性も昨今の課題となってきた。

近年日本でも試行されるようになった行動療法的家族療法（イギリスメリデン版訪問家族支援ファミリーワーク）では、当事者も家族もまるごとの支援と家族一人ひとりのリカバリーを支援することの両方を目的としている。家族のなかに誰か精神疾患のある人がいると、その家族は何気ない日々のやりとりや団らんがだんだん少なくなってしまう。そこで家族自身が日々のコミュニケーションやちょっとした問題を解決する話し合いがうまくできるように、そのやり方を練習するのが構造化されたファミリーワークプログラムである。そこでは、エンゲージメント、個別アセスメント、家族のアセスメント、情報共有（症状、治療方法、よい状態でいるためのプラン）、コミュニケーションスキル（うれしい気持ちを表現する、明確に要求する、積極的傾聴、不快な気持ちを表現する）、問題解決スキルの練習をする。家族ミーティングを通して、当事者家族が、一人ひとりの人生や生活の目標を叶えるべく、問題解決スキルなどを使って自分たちで解決していく力を育む。イギリスでは行動療法的家族療法に取り組むことにより当事者の再発率が有意に軽減されていることがわかっており、日本でも今後の取り組みが期待される。

4 協議会等地域レベルの当事者ニーズの理解

地域援助では、障害者の日常生活及び社会生活を総合的に支援するための法律（障害者総合支援法）のもと、協議会において個別支援計画の困難事例をもち寄ることにより地域の当事者ニーズがみえてくる。事業所の枠を超えた担当者間の顔の見える関係づくりを通して地域ネットワークは広がり、個別支援での連携調整も活性化される。また、見出した当事者ニーズから精神保健福祉士は、現存する制度によるサービスを汲み取り、多職種、多機関と連携して解決策を見出し、地域の社会資源

情報を共有し、地域にない場合には新たな社会資源を創り出すよう働きかけることも重要である。

 当事者とのかかわりのなかでの実習

　実習生はエンパワメント、ストレングス視点、ナラティヴ、リカバリー、ピアサポート、国際生活機能分類（international classification of functioning, disability and health：ICF）、ソーシャル・インクルージョン、アウトリーチなどを従来の入院中心の医学モデルから地域生活支援に向けての生活モデルによる支援を実践していくうえで実践現場から吸収していくことが重要になる。

　実習では、当事者とのかかわりを通して、援助者としての自分の傾向や気づきを得ることや、実習指導者および実習指導担当教員からスーパービジョンを受けながら自己覚知を深めていくことが欠かせない。実習施設・機関によっては、実習生の担当に当事者がつく例もある。担当の当事者とのかかわりを通して、実習施設・機関に不慣れな実習生が支えられ、学んでいく。

　また、実習生と実習指導者、そこに当事者と実習指導担当教員等でよりよい実習に向けて行われる連携が重要になる。リスクマネジメントについては、関係者それぞれにリスク要因が考えられるが、問題が起こった場合に、早めに連絡を取り合える関係が保障されていることがポイントとなる。

　事前に取り組める当事者の理解に向けてできることは、たとえば、授業のゲストスピーカーとして当事者の病気の体験談や生活の様子の生の話を聞く、当事者研究の発表を聞きに行く、市民向けの精神保健福祉講座で当事者や家族の話を聞く、地域活動支援センター等のボランティアとしてプログラム活動や行事で当事者とかかわる機会を得る、地元の自助グループ、WRAP（wellness recovery action plan：元気回復行動プラン）研修、ピアスタッフの集い、リカバリーフォーラム等に参加してみる、精神保健福祉関連の TV 番組や動画、ホームページを通して当事者の声を聞く、当事者や家族が書いた書籍や機関誌に触れる、精神保健福祉関連の映画を鑑賞するなどがある。身近なところから当事者の生の声に触れておくことが、自分自身の気づきや実習に向けての問題意識の醸成につながるであろう。

◇引用文献
　1）日本精神保健福祉士養成校協会編集『精神保健福祉士の養成教育論──その展開と未来』中央
　　法規出版，pp.89-103，2016.
　2）日本精神保健福祉士協会「精神障害にも対応した地域包括ケアシステムの構築及び地域共生社
　　会の実現に向けた精神保健福祉士の役割の明確化と養成・人材育成の在り方等に関する調査報告
　　書」pp.172-176，2019.

● **おすすめ**
雑誌
・全国精神保健福祉会連合会『月刊みんなねっと』
・地域精神保健福祉機構・コンボ『メンタルヘルスマガジン　こころの元気＋』
・ASK（アルコール薬物問題全国市民協会）『Be!』
書籍
・C.W. ビアーズ，江畑敬介訳『わが魂にあうまで』星和書店，1980.
・K. スティール・C. アバーマン，前田ケイ監訳『幻聴が消えた日』金剛出版，2009.
・中村ユキ『わが家の母はビョーキです』サンマーク出版，2008.
・松本キック『相方は，統合失調症』幻冬舎，2016.
映画 /DVD
・きょうされん30周年記念映画『ふるさとをください』2008.
・きょうされん40周年記念映画『夜明け前──呉秀三と無名の精神障害者の100年』2018.
・『ビューティフルマインド』NBC ユニバーサル・エンターテイメント，2002.
・浦河べてるの家『べてるの家の当事者研究──自分自身で・共に　第①巻爆発の研究 人生は爆発
　だ！』大塚製薬株式会社，2001.

精神保健福祉士実習の施設・機関の理解

学習のポイント

● 地域機関と医療機関の2機関実習の意義を理解する
● 精神科医療機関、障害福祉サービス事業所等、実習先となる施設・機関について理解する

 地域機関と医療機関の2機関実習の意義

　第3節でもみたとおり、2019（令和元）年6月に出された報告書「精神保健福祉士養成課程における教育内容等の見直しについて」（令和元年6月28日）（以下、『2019年検討会報告書』）では、「精神保健福祉士が果たす役割は、精神障害者に対する援助のみならず、精神障害等によって日常生活又は社会生活に支援を必要とする者や精神保健（メンタルヘルス）の課題を抱える者への援助へと拡大してきている[1]」と述べられた。また、これに伴って精神保健福祉士の職域が従来の医療（病院・診療所など）、福祉（障害福祉サービス等事業所など）、保健（行政など）から、教育（各種学校など）、司法（更生保護施設、刑務所等矯正施設など）や産業・労働（公共職業安定所（ハローワーク）、EAP★企業、一般企業など）へと広がってきている現状が確認された。その結果、実習施設・機関の範囲に新たに市町村社会福祉協議会、地域相談支援を実施する施設、教育機関（スクールソーシャルワーカー）、地域包括支援センター等が含まれることになった。変更後の実習施設・機関の一覧を**表 2-2** に示す。

　『2019年検討会報告書』を受け、新たに示された精神保健福祉士養成カリキュラム（2021（令和3）年度開始）においては、2機関、210時間の実習枠組みに変更はないが、その名称が「精神保健福祉援助実習」から「ソーシャルワーク実習」に改められた。また、並行して見直しが進められていた社会福祉士養成カリキュラムについては、地域共生社会の実現を推進し、新たな福祉ニーズに対応するために「ソーシャルワーク機能★」の発揮が必要であるという認識のもと、その内容が大きく見直された。その結果、「地域における多様な福祉ニーズや多職種・多機関協働、社会資源の開発等の実態を学ぶことが出来るよう[2]」、

★ EAP
EAP とは employee assistance program の略で、メンタルヘルス不調を有する従業員を支援するプログラムとされている。

★ソーシャルワーク機能
ここでは、複合化・複雑化した課題を受けとめる多機関の協働による包括的な相談支援体制を構築するために求められるソーシャルワークの機能と地域住民等が主体的に地域課題を把握し、解決を試みる体制を構築するために求められるソーシャルワークの機能の二つを指す。

表2-2　実習施設・機関一覧

医療機関	精神科病院、病院、診療所
行政機関	市役所、区役所、町村役場、保健所、市町村保健センター、精神保健福祉センター
司法機関・施設	保護観察所、更生保護施設
障害者総合支援法関係機関・施設	障害福祉サービス事業（生活介護、自立訓練、就労移行支援、就労継続支援、就労定着支援、共同生活援助など）、障害者支援施設、一般相談支援事業、特定相談支援事業、基幹相談支援センター（新規）、地域活動支援センター、福祉ホーム
児童福祉法関係機関・施設	障害児通所支援事業（医療型児童発達支援を除く）、障害児相談支援事業、児童自立生活援助事業（新規）、乳児院、児童相談所、母子生活支援施設、児童養護施設、福祉型障害児入所施設、児童心理治療施設、児童自立支援施設、児童家庭支援センター
生活保護法関係施設	救護施設、更生施設
社会福祉法関係機関	福祉事務所、市町村社会福祉協議会（新規）
障害者雇用促進法関係機関	広域障害者職業センター、地域障害者職業センター、障害者就業・生活支援センター
その他	知的障害者更生相談所、ホームレス自立支援事業実施施設、発達障害者支援センター、地域包括支援センター（新規）、精神障害者地域生活支援センター（新規）、地域相談支援実施施設（新規）、スクールソーシャルワーカー配置施設（新規）

資料：厚生労働省「精神保健福祉士養成課程における教育内容等の見直しについて」をもとに筆者作成

実習時間数を180時間から240時間へと拡充し、二つ以上の実習施設・機関で実習を行うこととした。

　このような精神保健福祉士、社会福祉士の養成課程における教育内容等の見直しの動向からも、さまざまな領域でソーシャルワークが求められる状況があり、ソーシャルワーク専門職である精神保健福祉士や社会福祉士の実践能力が期待されていることがみてとれる。そのため、養成課程における実習も2機関実習を原則とし、多様な人々が地域で暮らすなかで必要な医療・保健・福祉サービス等を包括的に把握し、多職種・多機関の連携を実践的に理解することが求められているといえる。

2 精神科医療機関

　精神科医療機関には精神科病院、精神病床を有する一般病院、精神科診療所が含まれる。それぞれの特徴について以下で確認していく。

1 精神科病院

　精神科病院とは、厚生労働省「医療施設調査」★の定義では「精神病床のみを有する病院」である。医療法により「病院」は 20 床以上の入院ベッドを有する施設とされ、19 床以下は「診療所」とされる（医療法第 1 条の 5）。また、精神病床とは「病院の病床のうち、精神疾患を有する者を入院させるためのもの」と定義される（医療法第 7 条第 2 項第 1 号）。

　都道府県は精神科病院を設置しなければならない（精神保健及び精神障害者福祉に関する法律（精神保健福祉法）第 19 条の 7）。他方で、私立の精神科病院のうち「厚生労働大臣の定める基準に適合するものの全部又は一部を、その設置者の同意を得て、都道府県が設置する精神科病院に代わる施設として指定することができる」（精神保健福祉法第 19 条の 8）とされ（「指定病院」という）、私立の精神科病院が多いのが日本の特徴である。「令和元（2019）年医療施設（動態）調査[3]」によれば、2019 年度の精神科病院数は 1054 施設で全病院の 12.7％となっている。そのうち、医療法人立（つまり、私立）の病院が 915（86.8％）となっている。

　1950（昭和 25）年に精神衛生法が施行されて以降、法の目的である「医療及び保護」の場所として精神病院(当時)が各地に多数設立された。1950 ～ 1970 年代の精神病院は窓に鉄格子があったことに象徴されるように、収容施設の性格を色濃くもった場所であった。しかし、1970 年代後半から精神病院の開放化が進められ、1990 年代に入ると精神病院の窓から鉄格子が徐々になくなっていった。2006（平成 18）年には「精神病院の用語の整理等のための関係法律の一部を改正する法律」が成立し、行政上の呼称が「精神科病院」に変更された。これは、専門的医療を提供する施設であることが明らかなように診療科名を用いることにより、精神科医療機関に対する国民の正しい理解を深め、患者が受診しやすい環境をつくることを目的としたものであった。

　現在の精神科病院は数十年前とはその雰囲気も大きく変わり、統合失調症、認知症、気分障害をはじめとする多様な疾患の患者の入院および通院治療を担っている。入院治療に関しては、精神科病院の多くが機能の異なるいくつかの病棟からなる。各病棟は機能に応じて診療報酬が異なり、入院する患者の特徴や医療従事者の人員配置も異なる。病棟ごとの診療報酬の主なものを**表 2-3** にまとめた。

　また、精神科病院の病棟には開放病棟と閉鎖病棟がある。開放病棟とは、開放処遇＝本人の求めに応じ、夜間を除いて病院の出入りが自由に

表2-3　病棟ごとの診療報酬の主なもの

診療報酬	入院患者の特徴等
精神科救急入院料	措置入院患者、緊急措置入院患者または応急入院患者等（算定は3か月を限度）
精神科急性期治療病棟入院料	新規患者（算定は3か月を限度）、転棟患者等（算定は1か月を限度）
認知症治療病棟入院料	ADLにかかわらず認知症に伴って幻覚、妄想、夜間せん妄、徘徊、弄便、異食等の症状が著しく、その看護が著しく困難な患者
精神療養病棟入院料	長期の療養を要する精神疾患を有する患者
児童・思春期精神科入院医療管理料	20歳未満の精神疾患を有する患者（精神作用物質使用による精神および行動の障害の患者ならびに知的障害の患者を除く）
精神病棟入院基本料	精神疾患を有する者

可能な処遇が実施されている病棟であり、閉鎖病棟とは外から施錠され、出入りが制限されている病棟である。任意入院（本人の同意による入院）患者は開放処遇が原則とされ、患者の医療および保護に必要な場合にのみ開放処遇が制限される。医療および保護のためになされる行動制限としてほかに隔離や身体的拘束があり、多くの精神科病院に隔離のための「保護室」が設けられている。行動制限は患者の治療や生命・身体の安全のために必要なものだが、患者の自由を制限するものであるため、その最小化に努めることが精神科病院のスタッフには求められる。精神科病院にはこのように病棟の構造や施設に特徴があり、実習においては、構造や施設の役割やそれらが患者に対してもつ意味を観察し、考察することが必要である。

　精神科病院への入院については、その平均在院日数が長いことも課題である。「令和元（2019）年病院報告」によれば、2019（令和元）年度の精神科病院の平均在院日数は299.3日であり、一般病院の23日を大きく上回る。ただし、2008（平成20）年度の349.4日から大幅に短縮している。特に新規入院患者については3か月未満で退院する者も多くなっている。その背景として、現在の精神科医療にかかわる政策では1年以上を「長期入院」とし、退院促進に取り組んでいることが挙げられる。特に、任意入院が難しい状態にあり、家族等のうちいずれかの者の同意で行う医療保護入院については、2013（平成25）年の精神保健福祉法改正により精神科病院の管理者が医療保護入院者の「退院による地域における生活への移行を促進するための措置」として退院後生活環境相談員を選任すること、医療保護入院者退院支援委員会を設置すること、必

★**隔離**
内側から患者本人の意思によっては出ることができない部屋の中へ1人だけ入室させることにより当該患者をほかの患者から遮断する行動の制限。12時間を越える隔離は精神保健指定医が必要と認めなければできない。

★**身体的拘束**
衣類または綿入り帯等を使用して、一時的に当該患者の身体を拘束し、その運動を抑制する行動の制限。精神保健指定医が必要と認めなければできない。

★**退院後生活環境相談員**
医療保護入院者の退院に向けた相談支援や地域援助事業者等の紹介、円滑な地域生活への移行のための退院後の居住の場の確保等の調整等の業務を行う者であり、精神科病院の管理者が精神保健福祉士等から選任しなければならない。

★**医療保護入院者退院支援委員会**
主治医、看護職員、退院後生活環境相談員、医療保護入院者及び家族等が出席し、医療保護入院者の入院継続の必要性の有無とその理由、入院継続が必要な場合の委員会開催時点からの推定される入院期間及び当該期間における退院に向けた取り組み等を審議する。

要に応じて地域援助事業者と連携することも法的に義務づけられている。

　精神科病院には医師、看護師、精神保健福祉士のほか、作業療法士、臨床心理技術者、栄養士、薬剤師などさまざまな職種のスタッフがいる。早期の退院に向けた円滑な治療のためには多職種協働によるチームアプローチが必要であり、また、退院後の患者の地域生活支援としても多職種チームによる訪問看護が有効である。さらに、入院治療、退院支援、退院後のどの段階においても、地域機関（相談支援事業者、障害福祉サービス事業者、介護サービス事業者など）との連携が不可欠となっている。そこにおいて、精神保健福祉士の所属するソーシャルワーク部門（「医療相談室」や「地域連携室」など名称はさまざま）が重要な役割を担っている。

　さらに、精神科病院にはリハビリテーションの施設として精神科デイ・ケア施設が併設されていることもある。精神科デイ・ケアとは精神科外来診療の一つで、1974（昭和49）年に診療報酬化された。診療報酬上では、「精神疾患を有するものの社会生活機能の回復を目的として個々の患者に応じたプログラムに従ってグループごとに治療するものであり、実施される内容の種類にかかわらず、その実施時間は患者1人当たり1日につき6時間を標準とする」と定められている。「小規模なもの」（利用者数の上限は30人）と「大規模なもの」（利用者数の上限は50人と70人がある）に分けられ、医師、作業療法士、看護師、精神保健福祉士または臨床心理技術者等の多職種で実施する。各職種の配置数は利用者数の上限により異なる。また、16時以降の夜間の1日4時間を標準とする精神科ナイト・ケア、デイ・ケアとナイト・ケアを組み合わせた10時間を標準とする精神科デイ・ナイト・ケア、1日3時間を標準とする精神科ショート・ケアもある。

■2 精神病床を有する一般病院

　「医療施設調査・病院報告」では精神科病院以外の病院を一般病院としているが、一般病院で精神病床を有するものがある。いわゆる総合病院の精神科や精神神経科（以下、総合病院精神科）がこれにあたるが、総合病院精神科では外来のみで精神病床を有していない場合もある。「令和元（2019）年医療施設（動態）調査[6]」によれば、総合病院精神科のうち精神病床を有する病院の数は570、うち医療法人立が267（46.8%）、次いで公立医療機関が138（24.2%）、国立が86（15.0%）となっており、精神科病院と比べて国公立が多くなっている。また、「令

和元（2019）年病院報告[7]」によれば、総合病院精神科（一般病院の精神病床）の平均在院日数は 196.8 日であり、単科精神科病院の 299.3 日より大幅に短い。これは総合病院精神科は病床数が少なく、急性期医療に特化しているところが多いことによると思われる。結果、入院患者が比較的短期間で入れ替わるという特徴がある。

さらに、総合病院精神科の特色として他診療科とのリエゾン（連携：Liaison）がある。近年、がん患者の緩和ケアや妊産婦の周産期ケアにおける精神科医療の需要が高まっている。ほかにも一般病棟に入院する患者のうち、抑うつやせん妄、精神疾患を有する患者、自殺企図により入院した患者に対して、精神科リエゾンチーム★の介入が期待される。

3 精神科診療所

精神科を標榜する診療所は「平成 29（2017）年医療施設（静態・動態）調査[8]」によれば 6864 か所であり、2011（平成 23）年と比べて 1000 以上増加している。このことは、身近な地域で精神科医療を受ける機会が増加していることを示していよう。通常の外来診療のみならず精神科デイ・ケア等を実施している所もある。最近ではアウトリーチに力を入れている診療所も目立つ。さらに、「外来診療機能、デイケア機能、アウトリーチ（訪問診療、訪問看護）機能、計画・相談支援機能（ケアマネジメント、相談支援、24 時間ミクロ救急機能[9]）」を備える多機能型診療所も注目を集めている。

病院実習では入院患者への支援を学ぶ機会が多いが、精神科診療所における実習では、精神科医療機関による患者の地域生活支援について幅広く学ぶことになる。精神科病院よりも受診の敷居が低いため、いじめや虐待の経験に基づくメンタルヘルス不調、自傷や不眠などをきっかけに受診する患者の疾患の重症化を防ぐ役割も精神科診療所には期待される。精神科デイ・ケアでリワーク（職場復帰）★プログラムを実施している所もあるなど、それぞれのライフスタイルに応じた精神科医療の役割を考察することが実習では求められる。

3 障害福祉サービス事業所

地域機関実習の主な実習施設・機関として想定されるのが、障害者の日常生活及び社会生活を総合的に支援するための法律（障害者総合支援

★**精神科リエゾンチーム**
精神科医、専門性の高い看護師、薬剤師、作業療法士、精神保健福祉士、公認心理師等多職種からなるチームであり、一般病棟入院患者の精神状態を把握し、精神科専門医療が必要な者を早期に発見し、治療を提供することにより、症状の緩和や早期退院を推進することを目指す。

★**リワーク（職場復帰）プログラム**
気分障害を中心とする精神疾患によって休職している労働者を対象とした、職場復帰と再休職予防を目的とする医療機関によるリハビリテーション。心理教育、認知行動療法、SST、アサーションなどの精神療法、運動などを組み合わせて実施される。

法）に規定される障害福祉サービスを提供する事業所である。障害者総合支援法におけるサービスは、障害福祉サービスと地域生活支援事業に大別される。障害福祉サービスは全国一律の内容で、それぞれの障害程度や勘案すべき事項（社会活動や介護者、居住等の状況）を踏まえて個別に支給決定が行われる（個別給付）。障害福祉サービスは介護給付と訓練等給付に分けられ、介護給付には居宅介護（ホームヘルプ）や生活介護、訓練等給付には各種就労支援、共同生活援助（グループホーム）などが含まれる。他方、地域生活支援事業には市町村が実施するものと都道府県が実施するものがあるが、地域の特性や利用者の状況に応じ、柔軟な形態により効果的・効率的に実施することが期待されており、障害の有無にかかわらず共生できる地域をつくるための事業や、個別給付がカバーしていない生活上のニーズに対応した事業が含まれている。

　上述したような障害福祉のサービス体系が開始されたのは、障害者総合支援法の前身である障害者自立支援法が2005（平成17）年に成立したことによる。それ以前は、身体、知的、精神の障害種別ごとに入所と通所の施設サービスが設けられていたが、障害者自立支援法では障害種別のサービスを廃止し、「日中活動」と「住まい」の観点からサービスが再編された。よって、どのサービス事業所も障害種別にかかわりなく利用できるが、それぞれのサービス内容や事業所の特色の違いから利用者の障害種別割合に差が生じている。精神障害者が多く利用するサービスとしては、就労支援事業所、共同生活援助（グループホーム）、相談支援事業所、地域活動支援センターが挙げられる。以下では、それぞれの特色をみていく。

■1 就労支援事業所

　障害者総合支援法の就労支援事業には、就労移行支援、就労継続支援A型、就労継続支援B型、就労定着支援がある（障害者総合支援法第5条第13項、第14項、第15項）。それぞれの特徴を表2-4にまとめた。なお、1事業所で複数の就労支援事業を実施している場合もある。

　就労支援事業所に配置される職員はサービス管理責任者、職業指導員、生活支援員などであり、サービス管理責任者に一定の実務経験と研修の修了が求められる以外は必要な資格等はない。ただし、事業の実施に際してはサービス管理責任者が利用者一人ひとりの状況や希望に合わせた個別支援計画を作成しなければならず、そこにおいてはアセスメント、プランニング、モニタリング等のソーシャルワークの技術が必要に

表2-4　就労支援事業一覧

事業	対象者	サービス内容
就労移行支援	一般就労を希望する障害者で、通常の事業所に雇用されることが可能と見込まれる者	企業等への就職に向けて、事業所内や企業における作業や実習、適性に合った職場探し、就職後の職場定着支援を実施
就労継続支援 A 型	通常の事業所に雇用されることが困難であり、雇用契約に基づく就労が可能である者	雇用契約に基づき、就労や生産活動の機会を提供するとともに、一般就労に必要な知識、能力が高まった者に対し、一般就労に向けた支援を実施
就労継続支援 B 型	通常の事業所に雇用されることが困難であり、雇用契約に基づく就労が困難である者	就労や生産活動の機会を提供するとともに、一般就労に必要な知識、能力が高まった者に対し、一般就労に向けた支援を実施
就労定着支援	就労移行支援等を利用した後、通常の事業所に新たに雇用された障害者であって、就労を継続している期間が 6 月を経過した障害者	就労の継続を図るため、企業、障害福祉サービス事業者、医療機関等との連絡調整を行うとともに、雇用に伴い生じる日常生活または社会生活を営むうえでの各般の問題に関する相談、指導および助言等の支援を実施

資料：厚生労働省「障害者総合支援法における就労系障害福祉サービスの概要」（https://www.mhlw.go.jp/content/12200000/000571840.pdf）を参考に筆者作成

なる。また、就労に必要なコミュニケーションスキルの向上のためのSST（social skills training：社会生活技能訓練）など、精神保健福祉士等によるリハビリテーションプログラムを実施している事業所もある。

　障害者自立支援法施行以前には、「共同作業所」などと呼ばれる仕事の場が存在していたが、就職を目指した訓練の場という性格は弱く、在宅の障害者が通所し、生活リズムの維持、役割形成、仲間づくりなどをする場所としての意義が大きかった。障害者自立支援法では一般企業等への就職を目指した支援が強化され、さらに、近年、障害者の雇用の促進等に関する法律（障害者雇用促進法）に基づく施策においても精神障害者の雇用の増大が図られてきたことから、障害者総合支援法に基づく就労支援事業所においても、就職先の開拓や就職後の支援のほか、作業の受注などの面で一般企業等やハローワーク等との連携が不可欠となっている。ゆえに、就労支援事業所における実習では、利用者と作業やプログラムをともにして利用者の状況等を理解するほか、面接やケア会議への同席、他機関への訪問同行等から必要な支援について学ぶ。各々の事業所の方針によって利用者の特性（年齢層や就職に対する希望など）

に差があり、支援内容の特色が異なるため、その意味や課題を理解することも重要である。

■2 共同生活援助（グループホーム）

　共同生活援助（グループホーム）は、「主として夜間において、共同生活を営むべき住居において行われる相談、入浴、排せつ又は食事の介護その他の必要な日常生活上の援助を行う」ものである（障害者総合支援法第5条第17項）。自宅に戻ることや独居が難しい人の地域における住まいとして、精神科病院入院患者の退院促進の流れのなかで需要が高まってきた。2018（平成30）年度の障害福祉サービス等報酬改定では、精神科病院等に1年以上入院後、グループホームに入居した精神障害者に対して、地域で生活するために必要な相談援助等を社会福祉士、精神保健福祉士または公認心理師等が実施する場合の加算（精神障害者地域移行特別加算、退院から1年以内）が新設されている。また、就労支援事業と同様に、サービス管理責任者が利用者の状況や希望に合わせた個別支援計画を作成するため、ここでもソーシャルワークの技術が有用である。

　住まいは地域生活の拠点となるものである。食事や服薬、金銭管理などの日常的な支援のほか、病状悪化時などのクライシス対応における医療機関との連携も求められており、実習においては地域に住まうことの支援に精神保健福祉士がかかわることの意義を考察することが重要である。

■3 相談支援事業所

　2010（平成22）年の障害者自立支援法の改正によって相談支援機能が強化され、2012（平成24）年から計画相談支援と地域相談支援の2本柱で相談支援体制が整備されることとなり、2013（平成25）年成立の障害者総合支援法へと引き継がれた。計画相談支援とは障害福祉サービス等の利用計画（サービス等利用計画）の作成とモニタリングを行うものであり（障害者総合支援法第5条第18項、第22項、第23項）、市町村または市町村の指定する指定特定相談支援事業者が実施する。地域相談支援は、入所施設や精神科病院等からの退所・退院にあたり支援を要する者に対して地域移行に向けた支援を行う地域移行支援と、主に単身で居宅で生活する障害者の地域生活の継続・安定のための地域定着支援からなり（障害者総合支援法第5条第18項、第20項、第21項）、

都道府県の指定する指定一般相談支援事業者が実施する。

　計画相談支援は、障害のある人が地域生活を送るための障害福祉サービス等の利用を組み立てるケアマネジメントであり、ソーシャルワークの視点が求められる。また、精神障害者への地域相談支援は、精神科病院からの退院支援と退院後の地域生活の安定を図る支援であり、精神保健福祉士が国家資格化された際に第一に求められた機能である。つまり、障害者総合支援法における相談支援は、実にソーシャルワーク的な実践であるが、その担い手である相談支援専門員には国家資格は必須とされておらず、実務経験と研修の修了が要件である。ただし、地域移行支援は、社会福祉士または精神保健福祉士である相談支援専門員の配置により、基本報酬が高くなる設定になっており、有資格者の有用性が認められているといえる。加えて、地域移行支援においてはピアサポーター★による支援（退院意欲の喚起や退院後の住まいや通所先への見学同行など）が有効とされており、その活用においても当事者と協働することのできる精神保健福祉士の役割は大きい。

　さらに、計画相談事業所も地域相談事業所も基本相談支援（障害のある人の福祉サービスの利用等に関するさまざまな相談）を併せて実施することとなっており（障害者総合支援法第5条第18項、第19項）、債務整理やごみの捨て方、精神科以外の疾患の治療にかかわること（たとえば糖尿病の食事管理）など、相談内容は多岐にわたる。そのようななかで、日常生活を支える権利擁護としてのソーシャルワークを実感することが、相談支援事業所における実習では期待される。

　なお、地域における障害者相談支援の中核的な役割を担い、各相談支援事業所をバックアップする機関である基幹相談支援センターも、2021（令和3）年度からは実習先に追加されている。

▌4 地域活動支援センター

　地域活動支援センターは「障害者等を通わせ、創作的活動又は生産活動の機会を提供、社会との交流の促進その他の厚生労働省令で定める便宜を供与する施設」である（障害者総合支援法第5条第27項）。Ⅰ～Ⅲ型に分けられ、Ⅰ型は「専門職員（精神保健福祉士等）を配置し、医療・福祉及び地域の社会基盤との連携強化のための調整、地域住民ボランティア育成、障害に対する理解促進を図るための普及啓発等の事業を実施する。なお、相談支援事業を併せて実施又は委託を受けていることを要件とする」と定められている（「地域活動支援センター機能強化事

★ピアサポーター
疾患や障害など同じ経験をもつ仲間（ピア）としてサポートを行う人のことであり、精神障害のある人のピアサポートにおいては、ピアサポーターの精神障害からのリカバリー経験が一種のロール・モデルとして働き、サポートを受ける人のリカバリーを促進するとされている。

★精神障害者地域生活
　支援センター
地域の精神保健福祉に
関する各般の問題につ
き、精神障害者からの
相談に応じ、必要な指
導および助言などを行
うとともに保健所、福
祉事務所、精神障害者
社会復帰施設等との連
絡調整などの援助を総
合的に行うことを目的
とする施設として、
1999（平成11）年精
神保健福祉法改正で法
定化された。2005（平
成17）年の障害者自
立支援法成立による精
神保健福祉法改正でこ
の規定は削除された。

業実施要領」による）。これはかつて精神保健福祉法に規定されていた
精神障害者地域生活支援センターの特性を引き継いだものであり、前述
した相談支援事業所が現在のように整備されるよりも前に、精神障害者
の相談支援を担うとともに、地域における居場所としての役割を果たし
てきた。

　地域活動支援センターは市町村地域生活支援事業に位置づいており、
その数は就労支援事業所と比べると少ない。しかし、賃金を得るための
労働を第一の目的とせず、さまざまな社会参加の機会、人とのつながり
を求める当事者もおり、そのような人たちとともに歩む役割が地域活動
支援センターの精神保健福祉士にはある。実習生も当事者とともに時間
を過ごすことで当事者同士の支えあいを実感し、それに寄り添うことが
できれば、大変意義のある実習となる。

4　行政機関

　表2-2にあるように行政機関としては、市役所、区役所、町村役場、
保健所、市町村保健センター、精神保健福祉センターが実習施設・機関
に指定されている。保健所、精神保健福祉センターは、精神保健福祉法
第48条第1項の規定「都道府県及び市町村は、精神保健福祉センター
及び保健所その他これらに準ずる施設に、精神保健及び精神障害者の福
祉に関する相談に応じ、並びに精神障害者及びその家族等その他の関係
者を訪問して必要な指導を行うための職員（次項において「精神保健福
祉相談員」という。）を置くことができる」により精神保健福祉相談員
として精神保健福祉士等を置くことができることになっており、精神障
害者への相談指導等の専門機関として位置づけられてきた。以下ではそ
の2機関の概要について確認しておく。

1　保健所

　保健所は地域保健法（旧・保健所法から1994（平成6）年地域保健
法に改正）に基づく、地域保健対策の広域的・専門的・技術的推進のた
めの拠点である。1965（昭和40）年の旧・精神衛生法改正時に保健所
は地域における精神保健行政の第一線機関として位置づけられ、主に保
健師が在宅精神障害者の訪問指導、相談事業を担ってきた。また、「社
会復帰学級」と称する在宅精神障害者のリハビリテーションや交流の場

を運営し、地域生活支援において大きな役割を果たしてきた。2000年代以降は、精神保健福祉行政における市町村の役割が高まり、精神障害者の地域生活を支援する資源も多様化してきたことから、保健所の役割は相対的に低下したが、現在もなお、地域精神保健福祉業務の中心的な行政機関として、福祉・医療の関係諸機関や当事者団体、企業、教育機関等を含めた地域社会との緊密な連絡協調のもとに、精神障害者の早期治療の促進と精神障害者の社会復帰および自立と社会経済活動への参加の促進を図るとともに、地域住民の精神的健康の保持増進を図るための諸活動を行うものとされている（「保健所及び市町村における精神保健福祉業務について」平成12年3月31日障第251号）。

　保健所の精神保健福祉に関する業務としては、❶企画調整、❷普及啓発、❸研修、❹組織育成、❺相談、❻訪問指導、❼社会復帰および自立と社会参加への支援、❽入院等関係事務、❾ケース記録の整理および秘密の保持等、❿市町村への協力および連携がある。これら業務の主たる担い手は保健師、看護師であり、精神保健福祉士の実習を保健所で実施することは多くはないと考える。しかし、保健所には精神科医療機関への受診援助から社会復帰支援まで幅広く精神障害者の支援を担ってきた歴史があり、そこでの実習は精神保健福祉行政におけるソーシャルワークを学ぶという意義がある。

2 精神保健福祉センター

　精神保健福祉センターは精神保健福祉法第6条に規定される機関で、都道府県（指定都市を含む）の精神保健福祉に関する総合的技術センターとして、地域精神保健福祉活動推進の中核となる機能を備えなければならないとされている。その起源は1965（昭和40）年精神衛生法改正によって都道府県に設置することができるとされた旧・精神衛生センターにあるが、2002（平成14）年からは必置となっている。

　現在の業務としては、❶精神保健福祉に関する知識の普及、調査研究、❷精神保健福祉に関する相談指導のうち複雑困難なものの実施、❸精神医療審査会の事務、❹精神障害者保健福祉手帳の交付の際の判定、❺自立支援医療（精神通院医療）の判定、❻市町村への技術協力等の援助などがあり、保健所等の関係機関と連携して行う。精神保健福祉センターの設置に際しては診療所としての手続きがとられており、診療機能やデイケア等のリハビリテーション機能を有することが望ましいとされる。配置される職員は、精神科診療に十分な経験を有する医師、精神保健福

祉士、臨床心理技術者、保健師、看護師、作業療法士、その他センターの業務を行うために必要な職員である（「精神保健福祉センター運営要領について」平成8年1月19日健医発第57号）。

精神保健福祉センターに寄せられる相談は精神疾患に関することや精神障害者の社会復帰に関することのほか、ひきこもりや自殺関連（自死遺族からの相談を含む）、ギャンブルに関することなど多岐にわたる。家族会や当事者組織の運営に協力してきた歴史もある。近年では自殺予防や災害対策への協力、心神喪失等の状態で重大な他害行為を行った者の医療及び観察等に関する法律（医療観察法）の地域処遇において必要な対応も行っており、幅広く地域の精神保健福祉体制をバックアップしている。精神保健・医療・福祉の観点からの地域づくりを学ぶことが精神保健福祉センターの実習では望まれる。

★**心神喪失等の状態で重大な他害行為を行った者の医療及び観察に関する法律（医療観察法）**
心神喪失または心神耗弱の状態で、重大な他害行為（殺人、放火、強盗、強制性交等、強制わいせつ、傷害）を行い、不起訴処分や無罪等になった者に対して、適切な医療を提供し、社会復帰を促進することを目的とした法律。

5 その他の実習施設・機関

表2-2に示したように、本章第4節「2　精神科医療機関」から「4　行政機関」にみた以外にも実習可能な施設・機関は、司法施設・機関、児童福祉法関係施設・機関、生活保護法関係施設、社会福祉法関係機関、障害者雇用促進法関係機関、その他と多岐にわたる。

司法施設・機関のうち保護観察所は、全国で50施設（各都府県に1か所＋北海道4か所）あり、犯罪をした者や非行のある少年が改善更生するための更生保護の実施機関として、保護観察や生活環境の調整、犯罪予防活動などを行っている。また、2005（平成17）年に医療観察法が施行されて以降、社会復帰調整官という役職で主に精神保健福祉士が勤務し、重大な他害行為を行った精神障害者の社会復帰を支えている。

障害者雇用促進法関係機関は、本章第4節「3　障害福祉サービス事業所」の「1　就労支援事業所」にみた就労支援事業所と関連が強い。障害者雇用促進法関係機関の一つである障害者就業・生活支援センターは、就職を希望する障害者や在職中の障害者が抱える課題に応じて、雇用と福祉の関係機関と連携しつつ、就業面および生活面の一体的支援を行うものであり、職業的自立を目指す障害者の相談窓口となっている。

生活保護法関係施設は精神障害を有する利用者も多く、また近年、児童や高齢者についても虐待や孤立などによるメンタルヘルス不調への対応のニーズが高まっていることから、児童福祉法関係施設・機関、社会

福祉法関係機関でも精神保健福祉士の役割は大きい。ほかにも、表2-2の「その他」に含まれ、2021（令和3）年度から新たに実習施設・機関に加わった地域包括支援センターは、介護保険法に基づき、保健師・社会福祉士・主任介護支援専門員等の3職種のチームアプローチによる支援を行う機関であることから、社会福祉士の実習先のイメージが強いであろう。しかし、最近では「8050問題」に代表されるように、一つの世帯に複数の課題が混在していることも多く、高齢、児童、障害、精神保健といった領域別のアプローチでは対応ができないこともある。よって領域を超えたソーシャルワークが求められ、精神保健福祉士と社会福祉士の職域に重なりが生じているといえる。他方で、社会福祉的課題が複雑化、複合化する現在だからこそ、メンタルヘルスに配慮しながら、ソーシャルワークの視点でアプローチできる精神保健福祉士にこそ求められる点も多いため、いずれの実習施設・機関においても精神保健福祉士としての価値や技術を学ぶべく、真摯に取り組むことが必要となる。

★ **8050問題**
1980〜1990年代に不登校やひきこもりが社会問題化してきたが、当時10〜20歳代でひきこもりになった状態が長期化し、ひきこもる子は50歳代、その親は80歳代になった現象が「8050問題」と呼ばれる。

第2章 実習先決定に向けた準備

◇引用文献
1）厚生労働省「精神保健福祉士養成課程における教育内容等の見直しについて」2019．https://www.mhlw.go.jp/content/12205000/000524181.pdf
2）厚生労働省「社会福祉士養成課程における教育内容等の見直しについて」2019．https://www.mhlw.go.jp/content/000523365.pdf
3）厚生労働省「令和元（2019）年度医療施設（動態）調査」2020．
4）厚生労働省「令和元（2019）年病院報告」2020．
5）社会保障審議会障害者部会「『精神障害にも対応した地域包括ケアシステム』の構築——各自治体における精神障害に係る障害福祉計画の実現のための具体的な取組」社会保障審議会障害者部会 第90回（H30.6.27），資料2 https://www.mhlw.go.jp/content/12201000/000307970.pdf
6）前出3）
7）前出4）
8）厚生労働省「平成29（2017）年医療施設（動態・静態）調査」2018．
9）福田祐典「多機能垂直統合を精神科医療政策との関わりから考える」『精神医療［第4次］』第87巻，pp.18-27，2017．

第3章

実習先決定後の準備

実習先が決定した後、実習生は事前の準備状況が実習の成果に大きく影響することを理解したうえで、「ソーシャルワーク実習指導・実習のための教育ガイドライン」を踏まえ、実習に向けてより具体的な準備に取り組んでいく。本章ではその内容を三つの項目から学習する。最初に実習施設・機関の概要に加え、支援対象、関係する社会資源、地域特性等に関する事前学習の具体的な内容と進め方について学ぶ（第1節）。次に、ソーシャルワーク実習の目的に沿った実習計画の内容、作成方法、プロセスおよび指導内容について学ぶ（第2節）。最後に、実習計画の確定に向けて行う事前訪問／事前打ち合わせの意義と内容、手順について学ぶ（第3節）。

第1節 実習先決定後の学習の内容と方法

- 実習施設・機関決定後の学習の内容と方法について学ぶ
- 実習施設・機関に関する情報および地域に関する情報の収集方法について理解する
- 社会資源について理解するとともに、事前学習で社会資源を調べる意義について学ぶ

1 実習施設・機関決定後の学習の意義

1 有意義な実習にするための基礎学習

　実習施設・機関が決定した後、実習開始までに実習施設・機関や社会資源等について調べておくことが大切である。実習施設・機関や社会資源等について学習すると、そこにどのような利用者がいるのか、どのような職種の職員が配置されているのか、どのような事業が行われているのかといった基本的事項がわかる。また、実習施設・機関がどのような地域に位置しているのかといった地域の情報、人口や高齢化率をはじめとするデータ、関係施設・機関の種類と数などを調べておくと、地域の特性を把握することができる。

　こうした事前学習は、実習計画書（案）を作成する際に役立つ。たとえば、特別養護老人ホームで実習を行うといっても、都市部に位置しているのか過疎地域にあるのか、伝統ある施設なのか新設の施設なのか、その土地に長く住んでいた人々の利用が多いのかそうでない人々（息子や娘が暮らす地域に転居してきた人々など）が多いのかというように、地域の状況や施設概要の違いにより、実習施設・機関の特徴は異なる。実習計画書（案）を作成する際には、こうした特性を踏まえたうえで作成するよう心がけることが大切である。

2 事前学習と実習中の学びを結びつけるための学習

　実習生が実習施設・機関の概要や地域情報について事前に調べたうえで実習に臨むと、実習ではさらに学びを深めることができる。たとえば実習生の質問として、「施設の職員は何名ですか」という質問と、「この施設で社会福祉士・精神保健福祉士の配置人数が基準より多い理由は何

ですか。いつ頃から人数を増やしたのですか」という質問では、後者の質問のほうが、事前学習を踏まえていることがわかる。実習生は「職員の入れ替わりがあっても相談援助業務に影響が出ないよう、多めに社会福祉士・精神保健福祉士を配置しているのではないか」と考えていたが、実際は「ある時期から複雑化・多様化した課題を抱える相談が増加してきたため、多様な生活課題にきめ細やかに対応できるよう、独自に社会福祉士・精神保健福祉士の人数を増やし、包括的な支援体制を整えていた」という回答が得られるなど、質問しなければわからないことは多いと気づく。

　このように事前学習を踏まえた質問ができれば、現場ならではの学びを深めることができる。もし事前学習をせず、実習施設・機関で「施設の職員は何名ですか」と質問していたら、「実習先は包括的な支援体制の整備を先駆的に行っている施設だった」という事実を知ることなく、実習を終えるかもしれない。学びの差は明確である。さらに実習生が、現場での学びを通じて「そういえば授業で『複雑化・多様化した福祉課題に対する包括的な支援体制の必要性』について学んだな」と思い出すことができれば、「現場」と「理論（講義）」を結びつけて総合的な学びができるようになる。

　このように、これまで学んできた理論（講義）と事前学習は、実習での学びに深くかかわる。実習は、ソーシャルワークが現場でどのように実践されているのかについて学ぶ機会である。実習生は利用者とかかわりながら、あるいは実習指導者の指導を受けながら「現場」で学ぶのである。実習中は、実習生が体験した内容について、養成校で学んだ内容を振り返りながら理解を深めたり、事前に調べた内容と関連づけて考察するとよい。そうすると、講義では理解できなかった点を理解できるようになる。また、これまで学生という立場で捉えていた点について、専門職の立場や利用者の立場で考えることができるようになる。事前学習は、実習での体験を「体験」で終わらせず、「気づき」や「学び」に変えるためにも大切である。

　事前学習に取り組まないまま実習初日を迎え、実習開始後に実習施設・機関に関する情報収集を行うようでは、貴重な実習時間が調べ物をする時間に費やされてしまう。事前に調べることができる情報に関しては、積極的に収集するよう心がける。

実習施設・機関に関する情報収集（内容）

1 実習施設・機関に関する情報収集の考え方

　実習施設・機関決定後の準備として、実習施設・機関に関する情報収集を行う際に、どのような内容を調べればよいだろうか。以下、具体的に考えていく。

　まずは、身近な例で考えてみたい。たとえば、あなたが大学や専門学校に進学する際に、どのような方法で、どのような内容を調べただろうか。大学案内やインターネットの情報を活用し、建学の精神、歴史、学部や学科、カリキュラム、取得できる資格の内容、学生数、サークルや部活、設備、学費等、幅広く情報を収集したのではないだろうか。また、大学祭等に足を運び、学校の雰囲気、学生や教員の様子、さらに地域の状況を把握したかもしれない。学校の雰囲気を肌で感じ、学生や教員と話をすると、事前に調べていた情報やクチコミだけではわからなかった情報を把握することができる。このようにさまざまな情報を集め、学生生活をイメージし、志望校を選択したのではないだろうか。

　実習施設・機関についても同様である。事前学習では実習施設・機関に関する根拠法のみならず、沿革や理念、配置されている職種、「利用者」とはどのような人なのか、どのような地域に実習施設・機関が位置しているのか等、具体的に考えることが重要である（**図3-1**）。そのためには、実習施設・機関には多くの職種が配置されていること、多職種が連携し

図3-1　実習施設・機関に関する情報収集の視点

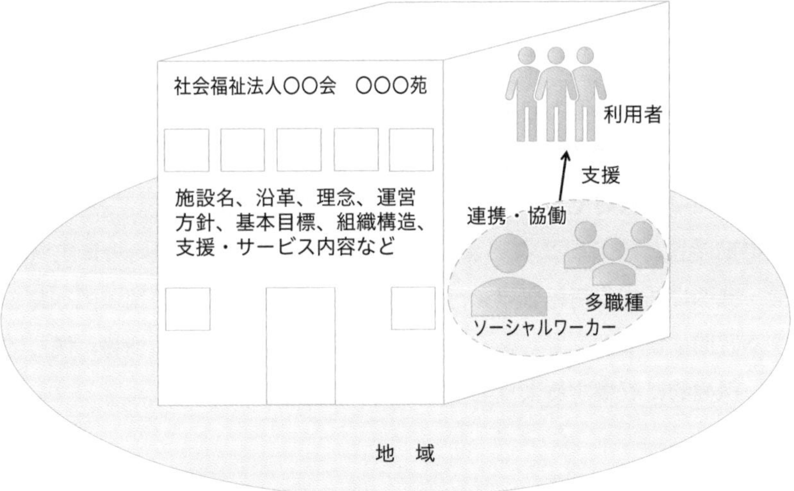

て利用者に対するアプローチを行っていること、さらに福祉施設・機関は地域のなかに存在しているということを、どの程度理解しているかが問われる。

　このように実習施設・機関に関する事前学習においては、施設・機関の概況にとどまらず、職員、利用者、地域、制度等、幅広く調べることが大切である。

2 実習施設・機関に関する情報

❶実習施設・機関の基本的情報

　福祉施設は、法律等に基づき設置されている。実習施設・機関のホームページやパンフレットで調べることは簡単だが、法的根拠（根拠法）を調べることも忘れてはならない。たとえば特別養護老人ホームは老人福祉法に位置づけられており、「誰を」対象に「何を」目的とする施設なのかが明記されている。実習施設・機関の根拠法について調べたうえで、実習施設・機関の資料を活用して学びを深めるとよい。

　さて、実習施設・機関の創設者はいつ頃、どのような理念を掲げて事業を始めたのだろうか。施設の沿革について調べると、たとえば「戦後間もない時期に、親を失った子どもたちを対象として事業を始めた」というように、歴史ある施設・機関であることがわかるかもしれない。また、「開設当初は高齢者の入所施設を主な事業としていたが、住み慣れた地域で暮らし続けられるような支援が重視されるようになってきたため、通所介護の事業所を地域に増やしてきた」というように、ニーズの変化に伴う事業の変遷が明らかになる場合もある。

　実習施設・機関の沿革や事業概要を把握することができたら、次に、社会福祉の施策に関する年表を作成し、そこに実習施設・機関の沿革を当てはめてみると理解が深まる。実習施設・機関で取り組まれてきた事業が、社会の変化とともに変化してきたことに気づくはずである。また、実習施設・機関の理念や支援の方針には、創設者の開設当時の思いが反映されていることが多い。どのような理念の下にサービスが提供されているのか、意識しながら学習することが大切である。

　このように、実習施設・機関の名称、沿革、理念、運営方針、基本目標、組織体制、支援・サービス内容などについて調べる際には、ただ単に内容をノートにまとめるだけでなく、これまで講義で習得してきた知識と結びつけて整理すると理解が深まる。

❷職員に関する情報

　次に、施設・機関の職員に関する学習について述べる。実習施設・機関には、施設長、医師、栄養士などさまざまな職種の職員が配置されている。職員の配置状況は実習先により異なるため、実習施設・機関にどのような職種が何人配置されているのか、そしてそれぞれの職種がどのような業務を行っているのか等について調べることが大切である。さらに、実習施設・機関には相談援助職が何名配置されているのか、そのなかで社会福祉士・精神保健福祉士等の有資格者は何人配置されているのかについても、可能な限り調べておくことが望ましい。

　さて、先ほど、職員の配置状況は実習施設・機関により異なると述べたが、職員の配置は各施設・機関で自由に決められるものではない。たとえば老人デイサービスセンター（指定通所介護事業所）の場合、「指定居宅サービス等の事業の人員、設備及び運営に関する基準」において生活相談員、看護師または准看護師、介護職員、機能訓練指導員、管理者の配置が定められている。こうした基準を理解したうえで実習施設・機関のパンフレットやホームページを確認すると、それ以外の職種が配置されていることに気づくこともある。

　気をつけなければならない点は、実習施設・機関のパンフレットのみを参考に調べていると、こうした違いに気づかないということである。職員の配置基準を調べたうえで実習施設・機関の資料を確認すれば、「なぜこの専門職の配置人数が多いのか」「なぜこの専門職を独自に配置しているのか」というように、違いに気づくことができる。そして、実習中にこれらの気づきを質問すると、実習施設・機関の特徴について学ぶことができる。一方、法的根拠を確認せずに実習施設・機関の資料のみで学習を済ませてしまうと、ほかの施設・機関も同様の職員配置をしていると思い込み、誤った学びをしてしまうことになりかねない。したがって、必ず法的根拠を調べ、あわせて実習先の資料を参照しながら学習することを推奨する。

❸利用者に関する情報

　実習施設・機関の利用者に関する学習も、事前に済ませておくことが大切である。たとえば実習施設・機関が高齢者に関する施設である場合、その施設で支援の対象となる「高齢者」とは、具体的にどのような人だろうか。「❶　実習施設・機関の基本的情報」で述べたが、法的根拠を確認すると「誰を」対象にしているかが明記されているので、必ず確認することが必要である。

　たとえば、特別養護老人ホームの根拠法である老人福祉法の第20条の５を調べてほしい。「誰を」対象にしているか読み取ることができるだろうか。わからない場合は、条文のなかに出てくる条文をさらに調べるとたどり着く。このように条文を丁寧に調べていくと、「誰を」対象に「何を」目的とする施設なのか理解することができる。

　そのほか、高齢者に多い疾病は何か、介護保険制度の仕組みを理解できているか等、関連する事項についても調べておくとよい。また、障害者施設で実習する場合には、どのような障害がある人たちを対象としているのか、利用者の障害特性は何か、地域で自立した生活を送るためにどのような支援が行われているのか等、調べておくことが大切である。

　用語については、社会福祉六法や用語辞典などを活用し、定義を調べるとよい。たとえば一言で「子ども」といっても、児童福祉法で「児童」「乳児」「幼児」「少年」についてそれぞれ定義されている。すでに学んでいるかもしれないが、児童養護施設では18歳以上になったら今後どのように生活するのかが課題になることが少なくない。先ほど述べた施設の設置に関する根拠法や「児童」の定義を調べておくと、その理由がわかる。一方、介護保険法においては、「要介護状態」「要支援状態」「要介護者」「要支援者」といった用語の定義がされている。このように事前学習は、私たちがこれまで「何となく」あるいは「わかっていたつもり」だった利用者のイメージや言葉が、知識として積み重ねられていく機会になる。この機会に正しく理解することが望ましい。

❹地域に関する情報

　実習施設・機関に関する情報のほかに、なぜ地域に関する情報を収集するのだろうか。その理由は、本節の冒頭でも記述したように、実習施設・機関がある地域の状況はそれぞれ異なり、地域の状況が異なれば地域課題も異なるほか、実習施設・機関の事業内容も異なるからである。何よりも、実習施設・機関は地域のなかにあるということを理解し、地域を構成する一員として捉えることが大切である。

　実習施設・機関が決まったら、その地域の人口、高齢化率、出生率、年齢別人口（年少人口、生産年齢人口、老年人口）、医療機関、福祉施設、学校、交通機関、地形など、可能な限り調べることが大切である。たとえば、人口について調べる際に、人数を調べて終わりにするのではなく、高齢者の単身世帯が多いのか、それとも若い世代が多いのか等、丁寧に調べるとよい。また、可能であれば人口の推移や将来予測についても調べることが求められる。たとえば高齢者の単身世帯が増加することがわ

かれば、将来どのような課題が出てくるか考えられる。若い世代の転入が増加するのであれば、子どもを産み育てるための環境は整えられているか等について考えることができる。一方、若い世代の転入の増加は今後5年ほど続くが、その後は減少傾向に向かうことが予測されるかもしれない。

このように事前学習を発展させると、福祉施設が多いのか少ないのか、今後必要とされる支援は現在の行政サービスで充足されそうか、住民参加型在宅福祉サービスで今後必要とされる領域は何か等、地域の状況を具体的に捉えることができるようになる。

また、都市部であっても、バス路線が廃止された地域では移動が課題になっていたり、高齢化が進んだ地域では商店街のシャッターが閉じられ買い物が生活課題となり、街が閑散としている地域がある。一方で、近年開発された地域では大型マンションが建設され、若い世代の転入が増加し、保育所や小学校が不足しているという地域もある。さらに、地域の担い手である住民の活動、すなわちボランティアや民生委員の活動が活発なのかという点にも違いがみられる。

こうした地域の状況については、行政のホームページに統計資料が掲載されているので参考にするとよい。また、総務省統計局のホームページでも各種資料が掲載されているほか、各種計画も参考になる。たとえば「地域福祉計画」「地域福祉活動計画」「介護保険事業計画」「障害者計画」「子ども・子育て支援事業計画」など福祉に関する計画のほか、自治体の基本施策の要となる「総合計画」がある。これらの計画では、自治体に関する基礎資料が紹介されているほか、これまでの計画の達成状況と将来展望、今後の施策などが掲載されている。こうした計画は住民にもわかりやすくまとめられているので、地域の情報を把握するための行政資料として活用することを推奨する。行政や社会福祉協議会のホームページを閲覧したり、資料室などを訪問して資料を入手しておくとよい。

事前に学習する地域の情報は、事前学習のみならず実習中にも役立つ。たとえば実習中に複数の地区を訪問する際に、事前学習で「高齢化率が高い地域で、昨年、バス路線が廃止になった」「坂が多い」「高齢者の外出の機会が減少している」「町内会の加入率が高い」等の情報を思い出すことができれば、利用者（地域住民）や実習指導者に対し、生活課題について具体的に話を聴くことができる。実習生は事前学習において、地域に関する基本的な学習をしているため、実習では地域を訪問し

表3-1　実習施設・機関について調べる内容

①実習施設・機関の基本的情報	・根拠法（例：○○○法第○条） ・実習先の施設・機関名、沿革、理念、運営方針、基本目標、組織体制、支援・サービス内容など
②職員に関する情報	・職員の配置基準（たとえば、児童養護施設であれば「児童福祉施設の設備及び運営に関する基準」、特別養護老人ホームは「特別養護老人ホームの設備及び運営に関する基準」、地域包括支援センターは「介護保険法施行規則」というように、根拠を調べる） ・配置されている職種（何を専門とする職種なのか）と人数 ・有資格者の人数など
③利用者に関する情報	・どのような人が利用しているのか（定義等） ・定員など
④地域に関する情報	・人口、高齢化率、出生率、年齢別人口（年少人口、生産年齢人口、老年人口）、医療機関、福祉施設、学校、交通機関、地形、地域組織の加入率、ボランティア活動の状況など

表3-2　実習施設・機関に関する情報の収集方法

・実習施設・機関のパンフレット
・実習施設・機関のホームページ
・総務省統計局のホームページ
・実習施設・機関がある地域の行政機関（市区町村役所等）のホームページ
・実習施設・機関がある地域の都道府県社会福祉協議会、市区町村社会福祉協議会のホームページ
・各種計画（地域福祉計画、地域福祉活動計画、介護保険事業計画、○○市（区）基本計画等）
・（事前に実習施設・機関を訪問する機会があれば）実習施設・機関がある地域の町内掲示板など

たり、実習指導者や利用者から話を聴いたりすることを通じ、地域で生活することに関する理解、それを支える専門職や地域住民の活動に対する理解をさらに深めることができるようになる。積極的に事前学習に取り組んでほしい（**表 3-1**、**表 3-2**）。

3 　関連する社会資源

1 実習場面を想定した社会資源の理解

　社会資源については、すでにほかの科目で学んでいるだろう。「フォーマルな社会資源」「インフォーマルな社会資源」「社会資源の開発（創出）」等の言葉を聞いたことがあるのではないだろうか。社会福祉の領域においては、利用者が抱えている何らかの福祉ニーズを充足するために、あるいは地域課題を解決するために、社会資源が活用されている。

それでは、「社会資源の活用」「社会資源の開発（創出）」とはどういう意味なのか。実際の場面をイメージすることができるだろうか。実習生の多くは、実習中にケアプランや個別支援計画等、利用者一人ひとりに対する支援計画を作成する機会を得る。もし、これらの計画を作成する機会を得られなかったとしても、記録の閲覧などを通じて目にする機会はあるだろう。このときに実習生は、社会福祉専門職は利用者Ａさん（個人）のみに焦点を当てるのではなく、Ａさんの家族、友人・知人、近隣住民、関係機関をはじめとするさまざまな社会資源を活用する必要性に気づく。

　また、実習中は、地域ケア会議をはじめとする、多職種（多機関）が集まり話しあう場に同席する機会があるかもしれない。実習生の多くは、会議の内容を理解するだけで精一杯になってしまう。すなわち、その場ですべての各職種（機関）について調べる時間も余裕もないため、各専門職の発言の背景を考えることができなくなってしまう。

　ここでは、実習前に社会資源について調べておくことの重要性について、実習の場面をイメージしながら考えていく。課題に出されたから社会資源を調べるというのではなく、なぜ社会資源を把握しておくことが必要なのかについて理解したうえで事前学習に取り組むことが大切である。

■2 社会資源の活用

　近年、80歳代の高齢者の支援をするために居宅を訪問したところ、50歳代の子どもが40年間ひきこもっていることが判明したという例は珍しいものではなくなった。一見すると困りごとを抱えているように見えない世帯でも、ちょっとしたきっかけで困りごとが明らかになることがある。そして、その困りごとは複数の分野にまたがっていたり、制度の狭間に陥っていたりすることが少なくない。こうした現状を重視した行政は、対象分野別の窓口相談ではなく、包括的に相談を受け付け対応できる窓口（部署）の設置を進めているほか、地域住民が支え合い、誰もが安心して生活することができる地域づくりを目指している。

　これから紹介する事例では、以上の背景を理解したうえで、高齢者夫妻の生活をイメージしてほしい。そして、実習生がこの場面に同席していたとしたら、事前にどのような学びが必要になるか、社会資源に焦点を当てて考えてもらいたい。

事 例

地域生活を理解する

　ある高齢者夫妻（以下、B夫妻）は、20年ほど前に、2人の定年退職を機に移住してきた。2人は杖を使用しており、近所を散歩することが日課になっていた。

　ある日、民生委員から最寄りの地域包括支援センターに相談があった。詳しい家庭の事情はわからないが、夫婦は二人暮らしだったはずだが、気がついたら孫の姿を頻繁に見かけるようになった。しかし孫の親の姿を見かけることはない。近頃は頻繁に近くのスーパーに買い物に出かけているようだが、インスタント食品が大量に入ったビニール袋を提げている姿を目にすることが多くなり、心配になって連絡したということだった。

　相談を受けたソーシャルワーカーは、早速、主任ケアマネジャーとともにB夫妻の居宅を訪問し、状況を確認した。遠方に住む娘の家庭の事情で3人の孫を預かることになったものの、自分たちは足腰が弱く孫を外で遊ばせることができないため、幼児2人を室内で遊ばせているが、朝から晩まで家の中を走り回り落ち着かないという。また、中学生の孫は育ち盛りで運動部に所属しているため食事の準備が追いつかず、インスタント食品をそのまま出すことが増えているということだった。さらに、昼と部活後の弁当までは作れず食費を手渡しており、年金のほとんどが孫のための支出になっている。最近は散歩に出かける機会も減り、十分な睡眠時間を確保することもできていないという。近隣との関係は悪くはないが、挨拶をする程度で家庭の事情を相談できる関係ではないとのことだった。

　ここまでの段階で、B夫妻は家庭の事情を誰にも相談していなかったことが考えられる。夫妻を見かけて心配した民生委員がソーシャルワーカーに相談しなければ、顕在化しなかっただろう。また、育ち盛りの幼児と中学生の孫の世話については、体力的にも経済的にも負担になっているのではないかと推測される。

　実習生は、ソーシャルワーカーが1人で課題を解決できると考えるだろうか。衣食住、保健、医療、経済、教育、子育て等、幅広い領域が関

係することに気づいただろうか。地域生活を支援するということは、一人ひとりの生活や環境を細かく捉え、生活課題を把握することが不可欠である。ソーシャルワーカーは、地域の関係機関やキーパーソンを把握しているからこそ、適切に関係機関および関係者に結びつけることができる。先の事例では、どのような社会資源を活用することができるだろうか。実習施設・機関の地域にある社会資源をイメージしながら考えてほしい。

事例

社会資源を活用する

　B夫妻の話を聴いたソーシャルワーカーは職場に戻り、保健師に高齢者の健康状態について報告した。保健師は近日中にB夫妻に会い、健康状態の確認をするとともに、心身の状態が悪化しないよう、今後は身体を動かす機会を設けたいとのことだった。

　ソーシャルワーカーは主任ケアマネジャーとともに本日の訪問について振り返った。その結果、今後、保健師やB夫妻を交えて支援策を話しあい、関係する機関の協力を得ながらB夫妻の生活を支援するためのネットワークを構築する方針を確認した。

　後日開催された地域ケア会議では、B夫妻の意向を踏まえたうえで以下の内容が確認された。はじめに、B夫妻の生活を支えるために行政と連携をとり、必要な制度を利用できるようにすること。そしてB夫妻の健康状態を維持するために医療機関を受診し、かかりつけ医とのつながりをつくること。さらに利用・相談窓口を増やすため福祉施設を紹介すること。3人の孫の世話については、保育所や中学校と連携することになった。

　また、子育て支援団体や配食サービス等のボランティア団体を紹介し、B夫妻の負担軽減を図ることにした。さらに、介護予防のためのまち歩きを行っているサークルを紹介し、外出する機会を設けるほか、地域住民とかかわる機会を設定した。また、日常的な声かけや見守りは、民生委員や自治会長をはじめとする近隣住民の協力を得ることとした。

　事例から、B夫妻にかかわる社会資源の広がりやネットワークの構築を理解することができただろうか（**図3-2**）。

　実習中に居宅訪問や地域ケア会議等に同席する機会があれば、現在ど

図3-2　社会資源を活用する前後の変化

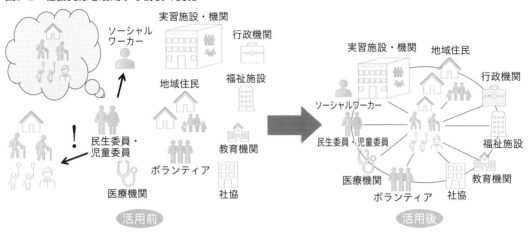

のような社会資源が活用されているのかを考えたり、利用者の困りごと
を解決するためにどのような社会資源を活用すればよいのか考えるとよ
い。もし、こうした学びの機会を得られない場合は、記録の閲覧を通じ
て社会資源の活用を学ぶことができる。支援の開始期から社会資源とつ
ながっていたのか、1年後は連携にどのような変化がみられたか、そし
て現在はどの程度の社会資源がかかわっているか、今後必要とされる社
会資源は何か等について考えてみるとよい。

　また、実習中は実習指導者に社会資源の活用について話を聴き、なぜ
その社会資源を活用しようと判断したのか、社会資源を活用したことで
利用者の課題がどのように変化したのか等について学びを深めることを
忘れてはならない。

　ここまで、社会資源に関する事前学習が実習中にどのように活かされ
るのかについて理解することができただろうか。ただ漠然と社会資源に
ついて調べるのではなく、どのような社会資源を調べる必要があるの
か、事例をもとに具体的に考え、調べることが重要である。

3 社会資源の開発

　前述したとおり、実習中は社会資源の活用について検討する機会があ
る。しかし、地域には利用者あるいは地域住民が抱えている地域生活課
題を解決するための社会資源がない場合もある。

　実習生がケアプランや個別支援計画をはじめとする個別の計画を作成
しようとする際に「こういう社会資源があったらいいな」と考え、社会
資源を調べたときに、イメージしていた社会資源がない場合はどうする

か。あきらめるだろうか。その案はなかったことにするだろうか。このようなとき、ソーシャルワーカーには社会資源を開発（創出）する力が求められる。以下、事例をもとに考えていきたい。

社会資源の開発

　地域包括支援センターのCソーシャルワーカーに、Dさん（80歳、男性、一人暮らし）から、食事の準備が負担になっており、1日1食もしくは食べない日もあるという相談があった。Dさんは、温かい料理を誰かと一緒に食べたいという希望をもっていた。

　実はその地域には、唯一の配食サービスをしている住民参加型在宅福祉サービスがあったが、会食の場はなかった。Cソーシャルワーカーは、会食の機会を望んでいる高齢者はほかにもいるのではないかと考え、社会福祉協議会（以下、社協）のボランティアセンターにいるEボランティアコーディネーターに相談した。その結果、地域には食事に関するニーズがある一方で、配食サービスの担い手が高齢化しており、担い手の確保が課題になっていること、今後一人暮らし高齢者が増加し食事のニーズが増えるとともに、交流の場を設けることが課題になることが明らかになった。また、食事のニーズは子どもから高齢者まで、すべての世代で共通しているということもわかった。

　社協では、毎週土曜日に幅広い世代の男性が参加する料理教室を開催していた。最近ではメンバーから、地域の人にも自分たちが作った料理を食べてもらいたいという声が出ており、誰でも利用できる食堂を土曜日に開催しようかと話をしているという。Cソーシャルワーカーは、Dさんもその食堂に参加すれば料理教室のメンバーやほかの参加者とともに食事をし、交流できるかもしれないと考えた。

　最終的には、土曜日なら平日に利用できない地域住民が参加でき、地域交流の場になると考え、全世代型の食堂の開催を目指すことになった。また、男性の料理教室のメンバー以外にも担い手が必要になることから、Cソーシャルワーカーは、日頃から地域で何か活動したいと話している高齢者や老人会等の地域組織に声をかけ、協力を求めることにした。

　一方、社協の声かけによりボランティア募集が始まった。平日は仕事があるためボランティア活動ができないが土曜日の数時間ならできるという若い世代も集まり、これまで社協の活動にかかわっていなかった世代とつながることができた。また、近隣の農家から野菜の提供、スーパーから調味料の提供、米屋から米の提供を受けられることになった。さらに、地元企業の社員が手伝いに来るほか、金融機関の社員が会計担当として参加することになった。町内会長からは、回覧板で周知したいという連絡があったほか、商店会から、この活動をサポートするための募金活動を始めたいという提案があった。

　この事例から、社会資源を開発する場面をイメージすることができただろうか。Cソーシャルワーカーが1人で対応しようとせず他機関に相談したことで、地域全体の課題がより明確になり、多くの人や機関を巻き込みながら会食の場を設けることになった。こうしたアプローチは、日頃から住民や関係機関と関係を構築し、社会資源を把握しているからこそ可能になる旨を理解することができたのではないか。
　また、事例において商店会や企業を巻き込んだように、社会福祉という枠に捉われず、地域を構成している一員として地域を捉えると、地域は社会資源の宝庫であることに気づく。たとえば、電気・ガス・水道会社は、ライフラインを定期的にチェックすることで生活の異変に気づくことが期待される。宅配業者は玄関先まで荷物を運ぶため、住人の顔がわかる。喫茶店では店員が利用客とおしゃべりをすることでおおよそのライフスタイルを推測することができるほか、商店では買い物代金の支払いが困難な高齢者を発見する場になることもある（図3-3）。
　事前学習においては、実習施設・機関がある地域にどのような社会資源があるのか、どの機関（人）からどのような協力を得ることができそうか、考えておくことが大切である。そして実習中は、あったらいいなと考えた社会資源がない場合、どのような社会資源を開発することができそうか、考えてみるとよい。可能であれば、実習指導者と話しあう機会を設け、学びを深めてみることを推奨する。

図3-3　高齢者を取り巻く社会資源とそのかかわりの例

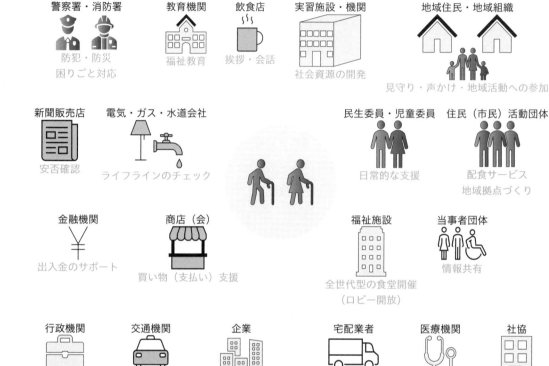

警察署・消防署
防犯・防災
困りごと対応

教育機関
福祉教育

飲食店
挨拶・会話

実習施設・機関
社会資源の開発

地域住民・地域組織
見守り・声かけ・地域活動への参加

新聞販売店
安否確認

電気・ガス・水道会社
ライフラインのチェック

民生委員・児童委員
日常的な支援

住民（市民）活動団体
配食サービス
地域拠点づくり

金融機関
出入金のサポート

商店（会）
買い物（支払い）支援

福祉施設
全世代型の食堂開催
（ロビー開放）

当事者団体
情報共有

行政機関
制度的なサポート

交通機関
移動支援

企業
空きスペースの提供

宅配業者
玄関先での声かけ

医療機関
健康管理

社協
組織化
担い手の養成

４ 社会資源を捉える視点

　ソーシャルワーク実践において、社会資源の活用・開発は不可欠である。たとえば、近隣との付き合いがないという単身の一人暮らし高齢者が地域で暮らし続けるために、どのような社会資源を活用できるだろうか。自宅に閉じこもっているなら、社協が運営しているサロンに出かけたり、民生委員・児童委員が中心となっているお茶会に出かける機会を設けることが考えられる。エレベーターがない団地の４階に住んでおり、階段昇降が負担でごみ出しが生活課題となっているようであれば、近隣住民の協力を得て、ごみ収集日に一緒に出してもらえるよう依頼できるかもしれない。また、書道が趣味であれば、地域の書道サークルを紹介したり、小学校で書道の時間にボランティアとしてかかわる機会を紹介できる。一方、日常生活において常時介護を要する状態であれば、地域包括支援センターと連携し介護保険の申請手続きを進めることもできる。生活に困窮しているのであれば、生活保護の申請が可能かもしれない。毎日の安否確認は、自治会の見守り活動に協力を求めることもで

きるだろう。これを機に地域住民の活動拠点として居場所づくりを展開するのであれば、企業に空きスペースの提供を打診することもできる。

このように、地域にどのような社会資源があるのかを調べておくと、実習で利用者のアセスメントを行ったり、ケアプラン等の計画を作成する際に役立つ。また、社会資源は地域の状況により異なるため、ほかの地域と比較すると違いがわかり、地域の特徴を把握しやすい。近隣の市区町村、都道府県、国等のデータと比較し、学びを深めよう。そして実習施設・機関がある地域の社会資源が少ない場合は、どのような社会資源を開発（創出）できそうか、考えてみるとよい。

実習中は、毎日が新しい学びの連続である。その日に出会った利用者、地域住民、関係機関、関係職種について理解を深めることは容易ではない。可能な限り、事前学習において、実習施設・機関がある地域の社会資源について調べておくことが望ましい。

 ## 実習施設・機関で求められる価値・知識・技術

1 専門職としてのソーシャルワーカー

ソーシャルワーカーをどのようにイメージしているだろうか。社会福祉施設・機関でボランティアやアルバイトの経験があったり、すでに働いているという人もいれば、実習が初めての現場経験になるという人もいて、そのイメージは人によって異なるかもしれない。ソーシャルワーカーは、「相談に乗ってくれる人」あるいは「優しい人」といった漠然としたものではなく、職業倫理や専門的価値、知識、技術を有する専門職である。これまで学んできた国際ソーシャルワーカー連盟の「ソーシャルワーク専門職のグローバル定義」や「ソーシャルワーカーの倫理綱領」等で示されているソーシャルワーカーの価値・知識・技術などについて振り返り、具体的な場面を想定してみよう。可能であればボランティア等を通じて利用者とかかわったり、ソーシャルワーカーの業務を近くで見る機会を得ておくと、イメージしやすい。

ソーシャルワーカーのグローバル定義や倫理綱領は明文化されており、対外的にも、ソーシャルワーカーの専門性を示すことができるものである。そして、専門職として現場で活躍する際に（あるいは実践について迷ったり悩んだりした際に）ソーシャルワーク実践の共通基盤としてよりどころとなる。すなわち、専門性は学生のうちに身につくもので

はない。専門職になってからも利用者にとって最適な実践ができるよう学び続け、身につけていくもので、自己研鑽が求められる。こうした点を踏まえたうえで学びを深めておこう。

▋2 ソーシャルワークの専門性

　実習施設・機関では、どのような価値・知識・技術が求められるのだろうか。詳細については演習科目で取り上げているが、「ソーシャルワーク専門職のグローバル定義」において、「ソーシャルワークは、社会変革と社会開発、社会的結束、および人々のエンパワメントと解放を促進する、実践に基づいた専門職であり学問である。社会正義、人権、集団的責任、および多様性尊重の諸原理は、ソーシャルワークの中核をなす。ソーシャルワークの理論、社会科学、人文学、および地域・民族固有の知を基盤として、ソーシャルワークは、生活課題に取り組みウェルビーイングを高めるよう、人々やさまざまな構造に働きかける」[1]と示されている。

　この定義から、ソーシャルワークは利用者が発揮できなかった（あるいは抑圧されていた）力を引き出し、課題の解決に向かって主体的に取り組めるようアプローチするものであることがわかる。

　実習施設・機関ごとに利用者層や実践内容が異なるものの、「ソーシャルワーク」を実践していることに変わりはない。これまでほかの科目で学んできたように、ソーシャルワークは、利用者や地域住民の力を引き出したり、社会資源を活用・開発して課題を解決するに止まらない。個人の課題を、ほかにも同様の課題をもつ人がいるかもしれないと考え、地域あるいは日本が抱えている課題として捉えたり、時には世の中に福祉課題を提起するなど、個人・家庭・地域・社会といった環境に対して働きかけている。

　実習は、理論（講義）と実践の双方からソーシャルワークを理解する機会である。しかし、職員が「今から、倫理綱領でいう○○を実践します」と解説しながら実践するのではない。実習生が利用者と職員のかかわりを間近で見たり、実習生が利用者とのかかわりを通じ、「この場面は倫理綱領でいう○○ではないか」と考える力が求められるのである。

▋3 実習施設・機関で求められる価値・知識・技術

　ソーシャルワーカーといっても、一人ひとりのこれまでの生き方や価値観などは大きく異なる。しかし専門職として業務を行う際には、個人

的な価値観に依拠するのではなく、ソーシャルワーカーという専門職として対応することが求められる。そのためには、自身の性格や考え方を客観的にみつめ、専門職として対応するためにどのような点を強化すればよいのか考えてみるとよい。

また、ソーシャルワークを実践するためには、専門職の価値・知識・技術といった共通基盤を理解し、実践に反映させることが求められる。たとえば利用者を「力がなく弱い存在」として捉えたり、ソーシャルワーカーが主導して課題を解決しようとするのではなく、利用者にも力があると捉え、利用者とともに考える姿勢が大切である。先に述べた「ソーシャルワーカーの倫理綱領」では、「原理」「倫理基準」が示されている。実習開始までに理解しておくことが望ましい。

実習は、これまで講義を中心に学んできた専門的知識や倫理が、現場でどのように実践に反映させているかを学ぶ場である。すべての人を平等に捉え、社会正義の実現を目指すという価値をもった専門職が、個人や地域にアプローチしようとする際に、熱意だけで実現できるとは限らない。また、専門的知識を有効に発揮するためには、専門的技術が必要になる。たとえば、個人や地域が抱えている課題をアセスメントするために面接技術やアセスメント技術が必要になる。また、課題を解決するためにネットワーキング、ファシリテーション、プランニング、調査、組織化などの技術のほか、実践を可視化し今後の支援に役立てるために記録の技術も求められる。すなわちソーシャルワーク実践は、専門職の価値・知識・技術が相互に影響しあうものであるといえる。

5 実習施設・機関がある地域の情報

■1 実習施設・機関がある地域について学習する意義

先に述べたとおり、実習施設・機関がある地域における人口、高齢化率、福祉施設・機関数等のデータを収集することにより、地域の現状を把握したり他地域と比較することができる。しかし地域には、データのみでは把握しきれないことがある。それは、その地域で育まれてきた文化や歴史、そしてそこで営まれている生活である。ソーシャルワークは人と環境との交互作用に働きかけるものであるから、利用者やその家族のみならず、実習施設・機関がある地域と、そこで営まれている生活を理解することが大切である。

私たちの生活は何らかの環境と交わりながら営まれている。たとえば最も身近な例を挙げると、家族や親戚、友人・知人がいる。学校にはクラスメイトがいるし、サークルに所属していれば学年を超えたつながりを構築することができる。また、アルバイトをしていれば、ともに働く仲間がいる。遠方まで通勤・通学することが可能になった現在、多くの人が1日の大半の時間を自宅から離れた学校や職場（地域）で過ごしている。しかし、私たちの生活の場は地域である。近隣との付き合いや、町内会をはじめとする地域組織の活動がある。日頃は地域組織の活動に参加していないとしても、災害が発生した際には近隣の声かけや助けあいが求められる等、私たちの生活は地域と切り離すことができない。すなわち私たちの生活は、多くの環境と交わりながら営まれているのである。

　以上のことから、ソーシャルワーカーが利用者（あるいは地域）に働きかけようとする際には、課題を抱えている利用者にのみ焦点を当てるのではなく、その環境にも目を向けてアプローチすることが求められる。このような視点で地域を捉えると、人口や高齢化率といったデータ（数字）のみならず、人々が生活を営む場として考える必要があることがわかる。

■2 地域を捉える視点

　地域には、どのような人たちが生活しているだろうか。そして、どのような社会資源があるだろうか。

　一言で「地域住民」といっても、老若男女、支援を必要としている人からそうでない人まで、さまざまである。そして私たちも地域住民の一人であることを意識したことがあるだろうか。たとえば地域では、80歳代の親が長年ひきこもっている50歳代の子の面倒をみていたり、祖母が孫を育てていたり、小学生が弟や妹の世話をするため登校していないということがある。また孤立死においては、家族や職場とのつながりが断たれ、近隣との付き合いもないため誰にも気づかれなかったというケースが少なくない。その一方で、職場や地域とのつながりがあっても、実は苦しい生活を強いられていることに気づかれない（相談できない）という例もある。

　このように地域には何らかの課題を抱えている人たちも暮らしている。とりわけ生活課題はみえにくく、周囲に気づかれないことが多い。ソーシャルワーカーは、家族の状況や近隣との関係、福祉施設・機関との関係等についてアセスメントし、環境からどのような影響を受けてい

るのか、環境との交わりがないのか、それとも絶たれてしまったのか等、さまざまな視点で捉えていく。そして何らかの課題を抱えている人のみならず、環境にもアプローチしながら関係の調整を図っている。

　また、人と環境の交互作用に注目する際に、人々の暮らしは地域の歴史や文化によって異なる点を考慮する必要がある。たとえば高齢者の介護や子育ては女性が担うものとされている地域や、福祉サービスを利用することに対してよく思わない地域がある。さらに地域外あるいは国外から転入してきた新しい住民を受け入れず、転入者が地域になじめないといった課題を抱えていたり、地域で座談会を実施すると役職者が全員男性だったり、女性が参加していても発言は男性ばかりだという地域もある。その一方で、転入者を積極的に受け入れる地域や、男性よりもむしろ女性が力強い活動をしている地域もある。

　民生委員の活動区域や地域包括支援センター等の担当区域が異なることはすでに学習済みだと思うが、地域住民の生活は、このように分けられた区域ではなく、たとえば地域の東西を流れる川と南北に走る高速道路によって分かれているという地域もある。

　近年は伝統的な地域の一部が開発され、高層マンションに多くの転入者が居を構えたり、外国人が住む地区が形成されるなど、顔のみえる関係ではなくなってしまったという地域の話も珍しくない。場所によっては、外国人労働者が多く暮らしている地域もあり、福祉課題を抱えている人のみならず、外国人に対する偏見や差別が地域課題となっている場合もある。

　このように地域はさまざまな文化や伝統のうえに成り立っており、人々はそれぞれの地域で生活を営んでいる。ソーシャルワーカーが人と環境との交互作用に注目する際には、こうした地域特性を理解することも求められる。

3 地域を構成する一員としての実習施設・機関を理解するために

　実習先（福祉施設・機関）を、地域を構成する一員であると捉えた場合、実習施設・機関と利用者という関係のみならず、実習施設・機関と学校、実習施設・機関とボランティア、実習施設・機関と地域というように考えてみるとよい。福祉教育の実践の場として子どもたちを受け入れていたり、専門職養成の場として実習生を受け入れていたり、ボランティアの活動の場として地域住民を受け入れている実習施設・機関は多

い。また、施設・機関の利用者が地域の飲食店で食事をする機会を設ける、地域住民に対して認知症予防のための講座を開催する、施設・機関のロビーを開放してカフェを開く、地域のイベントに参加するなど、地域と協力しあう取り組みが増えている。とりわけ近年は社会福祉法人の公益活動の一環として、地域貢献が積極的に行われている。

　現在は地域と良好な関係が構築されているとしても、実は建設当初は地域で反対運動が起きていたということがある。場合によっては、現在も地域に受け入れられず、地域になじめていないということもある。こうした施設コンフリクトは、たとえば障害や認知症に対する偏見や、福祉施設・機関に対する拒否感などが原因となっていることが少なくない。地域共生社会の実現が目指されている現在、福祉課題を抱えている個人や世帯のみならず、福祉施設・機関を含め、どのようにともに生きる社会を構築していくことができるかが問われている。

　最後に、データ以外の地域情報をどのように収集できるのかについて述べたい。たとえば転入者の数や外国人の居住者数については、行政のデータを参照できる。それ以外の方法で地域を理解するためには、その地域に足を運ぶことを推奨する。事前に実習施設・機関を訪問する機会があれば、町内の掲示板を確認するとよい。掲示板に敬老会の案内や子ども会に関するお知らせが掲示されていれば、地域組織の活動状況を把握することができる。

　地域の状況は多様であり、福祉施設・機関の建設反対というチラシが貼られている地域があれば、施設・機関のイベントの案内が掲示されている地域もある。町内の掲示板に掲示するためには町内会長の許可を必要とする地域もあるため、掲示板を通じて、実習施設・機関と地域との関係を垣間見ることもできる。

　また、街を歩いていると、道端のベンチに多くの高齢者が独りで座っている光景を目にすることがある。この地域では日中、どこに人が集まっているのだろうか、カフェには若者が多いが高齢者が日常的に利用している喫茶店はあるのだろうか、サロンは開催されているのだろうかと考えることができる。

　実習施設・機関決定後の学習は、利用者の理解から実習施設・機関がある地域の理解、さらに専門職の倫理に関する理解まで幅広く求められるが、ソーシャルワーク実践に不可欠な要素として捉えると理解が深まる。事前学習の重要性を理解したうえで積極的に取り組むことを期待している。

◇引用文献
1）国際ソーシャルワーカー連盟・国際ソーシャルワーク学校連盟「ソーシャルワーク専門職のグローバル定義」日本社会福祉士会　https://www.jacsw.or.jp/06_kokusai/IFSW/files/SW_teigi_japanese.pdf

◇参考文献
・厚生労働省「地域共生社会に向けた包括的支援と多様な参加・協働の推進に関する検討会（地域共生社会推進検討会）最終とりまとめ」2019.
・日本社会福祉士会「ソーシャルワーク専門職である社会福祉士に求められる実践能力」（第10回社会保障審議会福祉部会福祉人材確保専門委員会資料）2017.
・日本ソーシャルワーカー連盟「ソーシャルワーカーの倫理綱領」2020.

第 2 節　実習計画の作成

学習のポイント

● ソーシャルワーク実習に向けた実習計画の意義と内容、作成方法について理解する

 実習計画の意義

　社会福祉士・精神保健福祉士養成課程がソーシャルワーク専門職養成を志向した教育として展開されるならば、その一部である「ソーシャルワーク実習」は次のようなものと想定できる。それは、学生が一定の専門的水準を有するソーシャルワーク実践の現場に身を置くことによって（臨床参加型）、実習先である施設・機関の理解、組織内のソーシャルワーカーの位置・役割の理解を含めつつ、そこで展開される実践行動（performance）を現場の実践過程と照合することで、事前の学びを踏まえた価値・知識・技術の総体としてのソーシャルワークの実践能力（competence）の獲得を目指すものである（目標志向型）。

　このような内容を踏まえると、実習計画は単に「学生の個人的な興味・関心のみを記載する」のではなく、社会福祉士・精神保健福祉士（の実習）として求められる「所定のねらい・内容を踏まえる」必要がある。ここで「あらかじめ目的や内容が決まっているならば、学生が個別に実習計画を作成する必要があるのか」という疑問が出てくるかもしれない。また、実習指導者はあらかじめ実習受け入れに向けて基本プログラムを用意している場合が多いことを考えれば、「実習施設・機関でプログラムが用意されているのであれば、学生はそのとおりに実習を行えばよいのではないか」という疑問もあり得る。多くの実習生が初めて長期間の実習として経験する「ソーシャルワーク実習」においては、「体験」による現実からの衝撃（reality shock）に重要な意味があり、「事前に適切な問題意識や具体的実習目標を設定することには無理があるのではないか」という見方もあるかもしれない。

　しかし、専門職養成教育の一環として実施される「ソーシャルワーク

★臨床参加型
「同行」「同席」「見学」にとどまらず、「実施」、つまり学生が「やってみる」ということ。

---

i　実習における reality shock は実習生にとって重要な経験ではあるが、ソーシャルワーク実践能力の獲得を志向する実習においては、それを超えることが求められる。

実習」において、学生の積極的な参加と限られた時間のなかで期待される成果を目指そうとすれば、学生自らの問題意識とそれに基づく実習テーマ（実習目標）の明確な設定が重要となる。

　実習計画は、実習を行う意味・動機、目指すゴール、そのための方法や手段としての希望する体験・経験内容について、学生が主体的に考え作成することを通して実習への動機づけを高め、事前の学習内容とも連動させながら十分な準備のもとで実習に臨むために必要といえる。また、実習計画は実習生と実習施設・機関（実習指導者）を媒介するものであり、実習指導者が作成する基本プログラムと照らし合わせ相互に内容を調整することで、現実的かつ効果的な実習となる。さらには実習の進捗状況の確認や最終的な成果の確認（実習評価）の際にも基準として活用されることからきわめて重要なものである。実習が養成校と実習施設・機関との間の「実習契約」に基づく場合は、学生が実習計画書を作成すること、実習指導担当教員が学生の実習計画書の指導を行うこと、実習指導者が実習計画書の作成に関与することは、実習関係三者それぞれの責務と位置づけられる。

2 実習計画の内容と作成方法

　実際に実習計画を立てる場合、それは「ソーシャルワーク実習計画書」の作成を意味する。前述したように、社会福祉士・精神保健福祉士養成課程における「ソーシャルワーク実習」およびその事前・事後指導を行う「ソーシャルワーク実習指導」では、国家資格として充たすべき最低基準として厚生労働省通知で「ねらい」と「教育に含むべき事項」が明示されている。社会福祉士の場合は、通知の内容をより具体的かつ詳細に解説・整理した一般社団法人日本ソーシャルワーク教育学校連盟によ

---

ii 　実習計画書は実習指導者にとっては学生の興味・関心を知る重要な材料である。その内容について学生と実習指導者、実習指導担当教員間で意見交換を行いながら、実習計画書と実習プログラムの内容を確定させていくことになる。

iii 　本章において触れられている、社会福祉士養成施設、社会福祉士学校および精神保健福祉士養成施設等における、設置及び運営に係る指針、ソーシャルワーク実習の教育内容（「ねらい」「教育に含むべき事項」）などについて定めている通知とは、「社会福祉士養成施設及び介護福祉士養成施設の設置及び運営に係る指針について」（平成20年3月28日社援発第0328001号）・「社会福祉士学校及び介護福祉士学校の設置及び運営に係る指針について」（平成20年3月28日19文科高第918号社援発第0328002号）・「精神保健福祉士養成施設等の設置及び運営に係る指針について」（平成23年8月5日障発0805第3号）をいう。

る「ソーシャルワーク実習指導・実習のための教育ガイドライン」の内容も参照することが有用である（なお、このガイドラインは精神保健福祉士も参考にすることができる）。学生はあらかじめこれらの内容を理解したうえで、自身が実習で重点的に学びたい内容（実習テーマや実習目標、その達成方法など）を実習計画書に明確に記述することが求められる。

　実習計画書の作成は、実習指導担当教員から必要な助言・指導を受けながら進めていくが、一般的な方法としては実習指導担当教員による個別指導、グループディスカッションやグループワーク（発表含む）、グループ指導などが想定される。これらを複数回にわたって繰り返しながら実習計画書を完成させる。

　本章第3節で説明する事前訪問／事前打ち合わせで使用する実習計画書は、おおむね実習開始の2か月ほど前を目途に作成することになり、実習指導者との打ち合わせを済ませた「完成版」の実習計画書は、おおむね実習開始の2～3週間前に完成しているはずである。つまり、実習計画書は「学生」「実習指導担当教員」「実習指導者」の三者の協働で作成するもので、作成段階における三者の協働の内容と程度が実習の内容を左右するといっても過言ではない。

　実習計画書を実効性のあるものとするには、実習分野や実習施設・機関に関する一定程度の理解が不可欠となるため、実習計画書は事前学習の内容や進捗状況と深い関係にあると理解する必要がある。「実習計画書」と「事前学習」は相互にその内容に影響を与える関係にあると捉え、二つを関連させながらそれぞれの作成・学習に取り組むことが求められる。よりよい実習計画書とするためには、事前学習内容の充実が重要といえる。「ソーシャルワーク実習指導」に関する厚生労働省通知は、事前学習で取り組むべき内容としても活用することができ、同時に実習計画書を作成する際にも踏まえるべきものといえる。

　以上の内容を踏まえた実習計画書の作成における具体的な手がかりとして、先述した「ソーシャルワーク実習指導・実習のための教育ガイドライン」が活用できる。そこで示されている実習計画に関する留意点および「モデル実習計画書」の一部を紹介する（**表3-3**）。

ⅳ　社会福祉士・精神保健福祉士ともに2か所で実習を行うことになるため、実習指導者がそれぞれ1名ずつと考えると、四者協働ということになる。

ⅴ　社会福祉士「ソーシャルワーク実習指導」の教育に含むべき事項（通知）では①②③④⑤⑥⑧、精神保健福祉士「ソーシャルワーク実習指導」の教育に含むべき事項（通知）では、アイウエオカキクコが該当する。詳細はpp.15-16参照。

　実習計画の作成にあたっては、ソーシャルワーク実習教育内容・実習評価ガイドラインの達成目標および行動目標を基準として、社会福祉士養成課程を修了し、社会福祉士国家資格を取得することができるレベルに到達するために、ソーシャルワーク実習で何を達成する必要があるのかを理解していることが前提になる。実習計画フォーマットに示された欄は、2か所の実習の期間中にすべての目標に対する実習内容が実施され、すべての達成目標の基準を一定の質で満たす必要がある。そのため、1か所目の実習終了時点での実施状況および評価を踏まえて、2か所目の実習の実習計画を作成または修正しなければならない。1か所目の実習施設・機関に関する実習計画作成において空欄があることは差し支えない。しかし、1か所目・2か所目を通算してすべての達成目標の基準を一定の質で満たす必要性がある。

　実習計画フォーマットの記入をするにあたっては、実習評価ガイドライン（巻末資料参照）の達成目標と行動目標の関係を確認しながら、実習予定の実習施設・機関等での具体的な実習内容を行動レベルで記述していく必要がある。その際、行動レベルの実習内容に関する記述について、各項目の実習内容が、ターゲットにしている行動目標の達成に資するものとなっているかどうか吟味しなければならない。行動レベルの実習内容に関する記述は、実習予定の実習施設・機関等のことを十分に理解したうえで作成し、実際にその内容に取り組んでいる実習中の自分（実習生）の動きが具体的に想像できるものとすべきである。一つの実習プログラムが複数の達成目標に対応する実習内容につながることもあるが、それぞれの達成目標に対してどのように取り組むかに焦点を当て、それぞれの実習内容を記述する。

---

vi　モデル実習計画書の内容は、「ソーシャルワーク実習教育内容・実習評価ガイドライン」に示されている 19 の達成目標に対応して構成されている。詳細は巻末資料を参照。

表3-3　実習計画書の例

ソーシャルワーク実習　実習計画書[※]

学生氏名：○○　○○

所属施設・学校名：○○大学

実習施設・機関名：特別養護老人ホーム○○園

実習施設・機関住所：○○県○○市○町○番地

実習施設・機関連絡先（電話番号）：○○○-○○○-○○○○

実習施設・機関連絡先（Eメール）：○○○@○○○.jp

実習指導者名：○○　○○

実習指導者所属部署：特別養護老人ホーム○○園　○○部

実習期間：
　　　2021年○月○日（○）　～　2021年○月○日（○）

当該施設・機関での予定実習時間数（当該施設・機関での実習終了時の総実習時間数）：
　　　　　　　　　　　　　　○時間（　　　　　　　　　　　△時間）

署名

実習生　○○　○○	
教員　　○○　○○	
実習指導者　○○　○○	

<実習の概要>（実習施設・機関の種別や対象について）
実習施設・機関名：

> 特別養護老人ホーム○○園
> 種別：老人福祉法に規定する特別養護老人ホーム、介護保険法における介護老人福祉施設

実習施設・機関の社会的使命：

> 　要介護高齢者が必要な介護を受けながら安心・安全に暮らすことができる生活の場を提供することと。

実習施設・機関が提供しているサービス：

> 　入浴、排せつ、食事等の介護、相談及び援助、社会生活上の便宜の供与その他の日常生活上の世話、機能訓練、健康管理及び療養上の世話を行う。

実習施設・機関がかかわりの対象とする人々：

> ・65歳以上の者で身体上又は精神上著しい障害があるために常時の介護を必要とし、かつ、居宅において介護を受けることが困難な者
> ・新規利用者の場合は要介護3以上である者（原則）。※市町村による措置入所の場合あり

<実習生の実習内容の概要>
実習中に実習生（あなた）が担当する主な内容（例：インテーク面接、アセスメントの実施、グループの運営、地域住民の会議の開催、クライエントに関係する法改正の確認、など）

> 　生活場面接、アセスメントの実施、地域のボランティア受け入れに係る初回説明、カンファレンスの進行役

※ソーシャルワーク実習は、厚生労働省通知にある教育に含むべき事項①〜⑩のすべてを実施することが求められる。「ソーシャルワーク実習教育内容・実習評価ガイドライン」は通知内容を踏まえ作成されており、このモデル実習計画書はそれらの内容に基づいている。

◆書き方のポイント
事前訪問／事前打ち合わせで得た情報のほか、実習施設・機関のホームページやパンフレット、根拠法などをもとに書く。

◆書き方のポイント
次の項目「実習先で自分が取り組めると思う内容」について、事前訪問／事前打ち合わせ等で実習指導者などと打ち合わせた内容をもとに、実際に自分が実習で行う（担当する／実施・実行する）ことを書く。

実習先で自分が取り組めると思う内容（例：プログラム評価の実施と報告、助成金や補助金の申請書作成、会議の開催、プログラム開発、など）

> 敬老会におけるレクの企画（グループの運営）、地域のボランティア受け入れ説明会の開催

クライエント個人や家族、グループ、コミュニティと直接かかわりをもつ方法

> 実習施設は生活の場であるため、日常の支援場面や施設内のレクリエーション等の各種プログラムを通して入所者とかかわりをもつことができる。また、各種の面接・カンファレンス場面において家族や関係施設・機関のスタッフに加え、ボランティアの受け入れプログラムや夏祭り・敬老会などの行事を通じて地域住民等とのかかわりも可能である。

<スーパービジョンの実施>
毎週の定期的なスーパービジョンの日程

実習指導者：○○　○○	養成校教員：○○　○○

スーパービジョンに向けた実習生の準備内容

実習指導者：○○　○○	養成校教員：○○　○○

<実習の具体的な実施計画>
項目2：利用者やその関係者（家族・親族、友人等）との援助関係の形成
達成目標（2）：クライエント等との援助関係を形成することができる。

> 行動目標①：クライエント等との信頼関係を構築する際の留意点や方法を説明することができる。
> ・ソーシャルワークにおけるクライエント等との信頼関係（ラポール）の構築の意義、必要な知識・方法について、あらかじめ事前学習で取り組んだ内容を再度確認する。事前学習の内容が不足している場合は、追加で調べ学習を行う。また再確認した内容を、実習指導者に自分の言葉で説明する。実習生が複数いる場合は、グループワーク等を行い、個人報告を行ったうえで実習指導者やほかの職員から助言・指導を受ける。
> ・クライエント等との面接や生活場面におけるコミュニケーションの場に同席し、信頼関係の構築に係る知識を念頭に、実習指導者やほかの職員の面接の進め方を観察する。そのなかで気づいた点／気になった点をメモに整理し、まとめたものをスーパービジョン等の機会に実習指導者やほかの職員へ提出・報告する。

評価の実施方法（予定）：

> □直接指導による評価（担当者：実習指導者）
> □同僚やクライエントからのフィードバック
> □本人の作成した書類の確認（担当者：実習指導者）
> □スーパービジョンでのディスカッション
> □その他（実習生同士での振り返り・ピア評価（実習生が複数いる場合））

◆書き方のポイント
実習施設・機関の概要を踏まえ、「同行・同席・見学」にとどまらず、実習において自分が実際に取り組める（担当する／実施・実行することができる）と考えられる内容について、実習指導担当教員と相談し指導をうけたうえで書く。

第3章　実習先決定後の準備

◆書き方のポイント
実習で「自分がどのように行動するか」についてイメージできるよう具体的に書く。また、これまで学んできた講義やテキストの内容から、科目横断的にこれまでの学びを確認しながら書く。例示では、「ガイドライン」の行動目標を使用している。

◇参考文献
・日本ソーシャルワーク教育学校連盟「ソーシャルワーク実習指導・実習のための教育ガイドライン」2020.
・日本社会福祉士養成校協会編『相談援助実習指導・現場実習 教員テキスト 第2版』中央法規出版, 2015.
・日本社会福祉士会編『社会福祉士実習指導者テキスト 第2版』中央法規出版, 2014.
・日本精神保健福祉士協会・日本精神保健福祉士養成校協会編『教員と実習指導者のための精神保健福祉援助実習・演習』中央法規出版, 2013.
・米本秀仁・久能由弥『相談援助実習・実習指導 第2版』久美出版, 2014.

第3節 事前訪問／事前打ち合わせ

学習のポイント

● 事前訪問／事前打ち合わせの意義と内容・方法について理解する

1 事前訪問／事前打ち合わせの意義

　事前訪問は、ソーシャルワーク実習での学びを効果的なものにするために、学生が実習前に実習施設・機関へ訪問し、実習指導者と実習内容などについて意見交換や実習に向けた各種の確認を行い、実習に対する双方の認識や内容・方法などを共有する場（機会）である。その時期は実習開始のおおむね1か月半から2か月前である。個別に事前訪問を行うのではなく、養成校が開催する「実習事前説明会（事前打ち合わせ会）」に実習指導者が参加し、その場で学生（および実習指導担当教員）とやりとりを行う方法もある。そのため、ここでは「事前訪問／事前打ち合わせ」と併記するが、基本的には事前訪問を想定している。

　本章第2節でも確認したように、社会福祉士・精神保健福祉士養成課程におけるソーシャルワーク実習は、学生の興味・関心のみに基づく単なる「体験学習」ではなく、「ソーシャルワーク専門職として社会福祉士・精神保健福祉士を養成する教育課程の要」であり、学生が実践現場に身を置く経験を通じて価値・知識・技術の総体としてのソーシャルワーク実践能力を習得することを目的としている。ソーシャルワーク実習が目標志向型である前提を踏まえると、事前訪問／事前打ち合わせでは、養成校において実習指導担当教員からの指導を受けたうえで、学生が問題意識や興味・関心、学びたい内容を記載した実習計画を提示する。

　一方、実習指導者は厚生労働省通知にある「ねらい・教育に含むべき

図3-4　実習内容の合意

事項」ならびに一般社団法人日本ソーシャルワーク教育学校連盟による「ソーシャルワーク実習指導・実習のための教育ガイドライン」を踏まえ、組織・機関の実情に合わせた標準的な「ソーシャルワーク実習基本プログラム」（以下、基本プログラム）を用意する。双方の内容を確認し、すりあわせを行うことで、実習を有意義なものとすることができる（実習生、実習指導担当教員、実習指導者の三者による実習内容の合意）。厚生労働省通知にも明記されており、実習に向けた重要なプロセスと位置づけられる。

　もし学生がソーシャルワーク実習の目的を十分に理解しないまま、そして実習分野や実習施設・機関および必要な事項に関する学習が不足したまま実習計画を作成し、それに沿って実習を開始するとしたら、実習指導者が用意した実習での経験・体験内容と不一致が生じることで、限られた時間を有効に活用できず、期待していた学びを得られない可能性がある。また、実習指導者はソーシャルワーク実習で求められる内容を踏まえずに、現場の実際のみに基づき基本プログラムを作成し、学生の問題意識や目標・興味・関心を十分に確認しないまま実習を受け入れることになれば、実習がスムーズに進まなかったり、適切に学生を指導することができないことも考えられる。

　このように学生と実習指導者の間で、実習内容、方法、実施上の要望などに関する認識の不一致を回避し、実習全体の方向性を共有して実習開始を迎えるための準備が欠かせない。そのため、養成校は実習指導者に対して、厚生労働省通知（ねらいと教育に含むべき事項）を踏まえてあらかじめ基本プログラムの作成を依頼している。実習指導者は自らの施設・機関においてソーシャルワーク実習として提供できる内容を準備し、学生も実習の目的や事前学習を踏まえ、できるだけ具体的な実習計画書を作成する。事前訪問／事前打ち合わせは二つの計画を突きあわせることで、内容を共有し適切性や現実性、実習実施上の工夫や留意点などを互いに確認し、実習開始前に合意することを目指して行われる。

第3章 実習先決定後の準備

---

i　厚生労働省社会・援護局長通知平成 20 年 3 月 28 日社援発第 0328001 号（最終改正令和 2 年 3 月 6 日社援発第 0306 第 21 号）では、社会福祉士「ソーシャルワーク実習指導」の教育に含むべき事項に「⑧　実習生、実習担当教員、実習先の実習指導者との三者協議を踏まえた実習計画の作成及び実習後の評価」とある。また、厚生労働省社会・援護局障害保健福祉部長通知平成 23 年 8 月 5 日障発 0805 第 3 号（最終改正令和 2 年 3 月 6 日障発 0306 第 4 号）では、精神保健福祉士「ソーシャルワーク実習指導」の教育に含むべき事項に「コ　実習生、実習担当教員、実習先の実習指導者との三者協議を踏まえた実習計画の作成」とある。

2 事前訪問／事前打ち合わせの内容

　事前訪問／事前打ち合わせを行うための準備・手続きとして、まず学生は実習施設・機関へ事前に電話連絡し、実習指導者にアポイントメントをとらなければならない。これはおおむね訪問希望日の1か月～2週間前までに済ませる。複数で実習に行く予定の場合は、学生間の予定を事前に確認してから電話する（実習依頼文書への回答書などで実習指導者が個別に対応することがあらかじめわかっている場合はその限りではない）。服装は、実習指導者から特段の指示がない限りスーツを原則とし、身だしなみにも注意する。実習施設・機関までの経路と所要時間も調べておかなければならない。事前訪問／事前打ち合わせ当日の前後の時間を使って、実習施設・機関の立地や周辺環境について実際に見て確認することも、実習開始前に実習施設・機関への理解を深める一助になる。事前訪問／事前打ち合わせに持参するものは事前電話の際に実習指導者に確認しておくとよいが、例示するならば**表3-4**が想定される。

表3-4　事前訪問／事前打ち合わせに持参するもの（例）

① 実習計画書（養成校から実習指導者へ事前に送付している場合もある）
② 事前学習内容（①の一部として記載されている場合もある）
③ 筆記用具・メモ用紙
④ 事前訪問／事前打ち合わせの記録（養成校で用意している場合）
⑤ 関係するテキスト・参考書・授業資料
⑥ その他、事前電話で実習指導者から指示されたもの

★事前訪問／事前打ち合わせの記録
事前訪問のあと、実習指導者と打ち合わせた内容を「事前訪問／事前打ち合わせの記録」に記入し、実習指導担当教員に提出するなど養成校での事前指導のなかで活用する。

　事前訪問／事前打ち合わせの内容は養成校や実習施設・機関ごとに多少の違いはあるが、一般的なものとしては**表3-5**のとおりである。

　事前訪問／事前打ち合わせでは、**表3-5**のとおり多くの内容が扱われるが、そのなかで最も重要なのは「①実習計画書の検討」である。事前訪問／事前打ち合わせが学生と実習指導者の顔合わせ・波長合わせのみの機会という位置づけであれば、わざわざお互いの予定を合わせて実施する必然性はないかもしれない。しかし、事前訪問／事前打ち合わせの主な内容は「実習計画書を学生と実習指導者の協同作業として検討しつつ、実習内容について合意する」ことである。要する時間は、その内

ⅱ　実習計画書の内容や学生とのやりとりのなかで実習指導者は学生に対する理解を深めつつ（学生をアセスメントする）、基本プログラムの必要性、修正内容とその程度を検討することになる。

表3-5 事前訪問／事前打ち合わせで扱われる内容（例）

① 実習計画書の検討
② 実習生の心構え（マナー・ルール）
③ 個人情報保護・守秘義務について
④ 服装・身だしなみ
⑤ 実習時間・勤務体制
⑥ 更衣室・休憩室などの利用ルール
⑦ 実習時に持参するもの
⑧ 健康管理
⑨ 遅刻・欠席時の手続き
⑩ 交通手段（通勤経路・方法）
⑪ 事故などへの対応方法（保険適用範囲など）
⑫ 実習記録など提出物について
⑬ 施設・機関内の見学

容や方法にもよるが、おおむね 60〜90 分程度が想定される。

　図3-5 にあるように実習計画書の検討は、まずは学生が実習指導担当教員の指導・助言を受けながら作成した実習計画書の内容、具体的には実習分野／実習施設・機関を選択した動機や問題意識、実習テーマ（実習目標）の内容、それを達成するための小目標、そしてその具体的達成方法として実習で経験・体験したい事項について、自分の言葉で実習指導者に説明することから始まる。実習指導者はその内容を聞いたうえで、疑問に思ったことや確認したいことを質問することもあれば助言をすることもある。学生はそれらに応答するといったやりとりを繰り返しながら、必要に応じて実習計画書を修正していく。さらに、実習指導者は実習基本プログラムを学生に示しながら説明するため、学生はその内容を聞いたうえで実習計画書の内容が実施可能であるかを確認しつつ、実習指導者に要望を伝えたり不明な点について質問する。実習指導者は学生の要望・質問内容に関する実施の可能性や工夫が必要な点などを伝え、お互いに納得できる内容になるようやりとりを行う。

　事前訪問／事前打ち合わせで実習内容について合意したあと、学生は養成校の事前指導のなかで実習指導担当教員に結果を報告し指導を受け

図3-5 養成校での指導と事前訪問の関係

ながら（事前訪問／事前打ち合わせの記録がある場合はそれを作成する）、必要に応じて実習計画書を修正し完成させる。なお、事前訪問／事前打ち合わせ後には実習計画書の修正と並行して、実習指導者から事前学習課題を提示された場合も含め、追加的に事前学習を行うことが必要になることも少なくない。実習指導者は事前訪問／事前打ち合わせで合意した内容をもとに実習の基本プログラムを必要に応じてアレンジし、実習開始までに準備し、実習指導に関係するほかのスタッフなどとも共有しておく。

　このように、事前訪問／事前打ち合わせの実施、特にそこでの実習内容の合意は、実習の成否に影響する重要なものであることを理解したうえで、学生は事前学習と関連づけながら実習計画書を作成しなければならない。実習指導者からさまざまな理由により「事前訪問の必要はない」と言われた場合でも、実習指導担当教員に相談するなどしたうえで、必ず事前訪問／事前打ち合わせの機会をもつ必要がある。

◇参考文献
・日本社会福祉士養成校協会『相談援助実習指導・現場実習 教員テキスト 第2版』中央法規出版, 2015.
・日本ソーシャルワーク教育学校連盟「ソーシャルワーク実習指導・実習のための教育ガイドライン」2020.
・日本社会福祉士会編『社会福祉士実習指導者テキスト 第2版』中央法規出版, 2014.
・日本精神保健福祉士協会・日本精神保健福祉士養成校協会編『教員と実習指導者のための精神保健福祉援助実習・演習』中央法規出版, 2013.
・米本秀仁・久能由弥編著『相談援助実習・実習指導 第2版』久美出版, 2014.

第4章

実習中の学習

　本章は、実習生が、ソーシャルワーカーが働く「現場」に臨み、直接見聞きし、体験しつつ学びを深めていく際の要点や留意点について記してある。

　第1節では、実習スーパービジョンの意義や目的、実習指導者や実習指導担当教員とのスーパービジョン関係や、実際の内容について理解を深める。

　第2節では、「実習計画書」の作成方法と実習中の活用方法について、また実習の成果を確実なものとするための達成状況の確認方法や、中間評価の活用の仕方について理解することが重要となる。

　さらに、第3節と第4節を通じ、実習中に直面するであろう「悩み」と「起こり得る問題」について、その内容と対応策について、しっかりと学んでほしい。

第1節 実習スーパービジョン

学習のポイント

● 実習スーパービジョンの意義について理解する
● 実習スーパービジョン関係について理解する
● 実習指導者と実習指導担当教員のスーパービジョンについて具体的に理解する

1 実習スーパービジョンの意義

1 実習スーパービジョンの目的

　現場で実施されているスーパービジョンの目的と実習スーパービジョンの目的に違いはあるのだろうか。村井は、実習スーパービジョンと現場で実施されるスーパービジョンは基本的に同じである、という立場をとりながら、実習スーパービジョンの特徴として以下の6項目を挙げた。[1]

❶　実習契約に基づいて行われる
❷　実習指導者と実習生との間で実施される
❸　すべての実習生に対して行われる
❹　定期的に、また必要に応じて随時行われる
❺　利用者ならびに実習生の権利擁護に着目する
❻　養成校の行うスーパービジョンと連動する

　上記6項目のうち、着目したいのは、❺利用者ならびに実習生の権利擁護に着目する、という特徴である。配属施設・機関にもよるが、実習生は利用者との直接的かかわりを通じてソーシャルワーカーとしての価値・知識・技術を再検証する。実習スーパービジョンを通して、実習生が何を目的としてどのように利用者にかかわろうとしているかを把握し、適切なかかわりができるよう指導（スーパーバイズ）する。これにより利用者の施設・機関での生活の安全が守られる。利用者の権利を擁護することは、実習スーパービジョンの目的の一つであるといえよう。これは、実習生が施設・機関の準職員として当該施設・機関のサービス基準に準じた行動をとる、とも解釈できる。

　実習スーパービジョンのもう一つの目的が実習生の権利擁護である。

一般社団法人日本ソーシャルワーク教育学校連盟による「ソーシャルワーク実習指導・実習のための教育ガイドライン」で実習生の立場の弱さが指摘されているように、実習生は「教えてもらっている」「施設に迷惑をかけているかもしれない」といった気持ちをもち、その気持ちが萎縮につながってしまうこともある。また、実習生のプライバシーを守ることも重要である。だからこそ、実習スーパービジョンでは利用者の権利擁護と同時に実習生の権利擁護にも焦点が当てられる。

2 一般的スーパービジョン関係と実習スーパービジョン関係の違い

図 4-1、図 4-2、表 4-1 に一般的なスーパービジョン関係と実習スーパービジョン関係を示した。これらの図表からも明らかなように、実習生は、実習指導者と養成校における実習指導担当教員の 2 名から、そ

図4-1　一般的スーパービジョン関係

図4-2　実習スーパービジョン関係

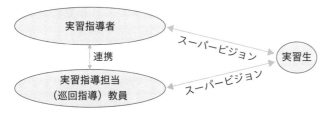

表4-1　2人の実習スーパーバイザーの役割分担

	時　　期	内　　　容	備　　考
実習指導者	・事前訪問時を含めた配属実習期間中	・利用者（家族）との関係 ・職員との関係 ・実習指導者との関係※	
実習指導担当教員	・実習事前指導時 ・配属実習期間中 ・実習事後指導時（年間を通じて）	・実習指導者との関係※ ・実習生自身の問題（実習目的、知識、モチベーションや学生の個人的に抱えている課題等） ・実習指導担当教員や他の実習生との関係	実習指導者との関係が困難なとき、実習生や実習指導者からの依頼により実習指導担当教員がスーパービジョンすることも可能である

※　どちらが行うかは、実習指導者と実習指導担当教員の相談により決める
出典：日本社会福祉士会編『社会福祉士実習指導者テキスト 第2版』中央法規出版，p.252，2014. を一部改変

れぞれの役割分担と情報交換のもとに実習スーパービジョンを受けることになる。これを実習スーパービジョンの二重構造と呼んでいる。

▌3 実習スーパービジョンに対する実習生の姿勢

実習生は、実習現場において「専門職の卵」として養成校で学んだ知識や技術を実際の現場で検証し、学びを深める。実習生のなかには、スーパービジョンを、自分の未熟な部分をさらされ、あれこれ指摘される場、とイメージし不安を抱く者もいるだろう。しかし、その発想は転換すべきである。実習生の多くは未熟であり、不安を抱えて実習に取り組む。実習指導者もそのことは十分理解して実習生を受け入れている。そのため、実習スーパービジョンの場において実習生は、その特権として自分の未熟な点をおおいにさらけ出してほしい。しかし「さらけ出す」ということは決して自虐的な意味ではない。ここでいう「さらけ出す」は、わからないことについてわかったつもりにならず、実習指導者に積極的に質問する姿勢、態度を示すということを意味する。よく学生から、「指導者さんは忙しくてなかなか質問するタイミングがとれなかった」といったコメントを受けることがある。たしかに実習指導者は多忙を極めているかもしれない。しかし、施設内を移動しながらでも、「先ほどの○○について質問があります」というメッセージを実習指導者へ送ることは可能である。たとえその場で実習生のメッセージに対応する時間がなくとも、1日のどこかで実習生の質問に答えてくれるであろう。そのような関係を通じてよいスーパービジョン関係が構築されると考えられる。そのようなスーパービジョン関係において、実習指導者が過去の失敗体験や、ソーシャルワークについての想い等めったに聴けない話をしてくれるかもしれない。

先にも述べたが、実習生がクライエントにかかわることでサービスの質が低下することは避けなければならない。実習スーパービジョンを受けることで、今自分が行っている実習が実習計画どおりに実施されているか、実習中のかかわりが専門職としてのかかわりとして適切であるか等を確認でき、引き続き安心してクライエントにかかわることができるであろう。

実習指導者にとっても、実習スーパービジョンを通して実習生とかかわることは有益なことであることもぜひ理解してほしい。多くの実習指導者は、学生が今学んでいる最新の情報を欲している。したがって実習スーパービジョンの場では、臆することなく自身の学んだ知識を実習指

導者にぶつけてほしい。

　実習指導者と実習生の関係は、実習生が専門職として現場に出ると専門職同士の関係に変化する。また実習中に受けた実習スーパービジョンの経験は将来実習指導者として実習生を受け入れ、実際に指導する際の基盤となるであろう。それだけ、実習スーパービジョンの関係で得た経験はその実習生の将来に大きな影響を与える。実習生にはぜひ「心地よいスーパービジョン」を経験してほしい。ここで用いた「心地よいスーパービジョン」とは、実習生としての自覚のもと、実習指導者やほかの職員と良好な関係を構築し、自由に意見や質問をする環境下における実習であり、そこで行われるスーパービジョンを意味する。「心地よいスーパービジョン」を経験したスーパーバイジーは将来心地よいスーパービジョンを実施できるスーパーバイザーに成長すると考えられる。

4 効果的な実習スーパービジョンのための実習生の役割

　実習スーパービジョンは、実習指導者、実習生、そして実習指導担当教員を中心としてほかの施設・機関職員等の交互作用によって実施される。実習スーパービジョンを有効に機能させるために、実習生はスーパーバイジーとして以下の役割が指摘されている。

❶実習開始前にスーパービジョンに関する基本的知識を習得する

　ソーシャルワークにおけるスーパービジョンの意義や目的、構造等についてあらかじめ理解しておく必要がある。そもそもスーパービジョンに関してはソーシャルワーカーであれば誰もが習得しておかなければならない知識であるが、ソーシャルワーク実習を行うにあたってあらためて自身の知識の確認を行わなければならない。

❷実習生自身の能力を確認し、向上させる

　実習生として、ソーシャルワーク実習という具体的な目標の達成のための動機づけや職務遂行能力を点検し、高める必要がある。この役割を遂行するためには、自身の判断、行動傾向を理解すること（自己覚知）や、実習を行うにあたって必要とされる各種知識、技術の点検、向上が必要となる。

❸スーパービジョンに関する知識とスーパーバイジーとしての経験の有無を実習指導者と共有する

　ソーシャルワーク実習においては一般的なスーパービジョンとは違った構造でスーパービジョンが展開される。実習生はスーパーバイジーとしてスーパービジョンに関する自身の経験を実習指導者と共有しておく

必要がある。

❹実習スーパービジョンの契約を結ぶ

実習生は事前訪問時に、実習プログラムに基づいて実習指導者とスーパービジョンの契約を結ぶ。契約とは、お互いの紹介とスーパービジョンの機会や対象、養成校の実習指導担当教員の実習期間中のかかわり等を確認、合意することである。これは実習生、実習指導者間での作業であるが、実習生は意識して事前訪問に臨む必要がある。

❺スーパーバイジーとして果たすべき役割と態度を涵養する

実習生はスーパーバイジーとしてスーパービジョンに能動的である必要がある。自身の実習について語り、実習を行う過程において生じるさまざまな疑問や問題を解決するために積極的に実習指導者に相談をもちかける態度が期待される。またそのための準備も必要である。これは❶につながる。

❻実習スーパービジョンを通じて受けた指導を実践し、その結果を報告する

スーパービジョンは契約に基づいて行われる。したがって、スーパービジョンにおいて受けた指導は実践する義務が生じる。実習生はその指導を実践し、その結果を報告しなければならない。この報告には、できたこと、理解したことだけでなく、できなかったこと、理解が困難だったことも含まれる。これらを実習指導者と共有することでさらなるスーパービジョンに発展する。

❼実習スーパービジョンを評価する

ここでいう評価とは、自身がスーパーバイジーとしてスーパービジョンを受けてどのような成長があったかを実習指導者と共有することである。これは、実習指導者のスーパーバイザーとしての成長にもつながる。

2　実習スーパービジョンにおける実習指導者、実習指導担当教員の役割

実習中、実習指導者は養成校の実習指導担当教員から一時的にその権限を委譲される形で実習指導が展開される。実習指導者がスーパーバイズするテーマは、❶実習生と利用者、❷実習生とほかの職員、そして❸実習生と実習指導者間の関係で生じた問題に限られている。一方、実習生個人が抱える問題、たとえば実習生の実習に対する準備不足や、心身の健康状態による遅刻や欠勤等といった問題が実習に影響を及ぼしてい

ると考えられる場合のスーパービジョンは、養成校の実習指導担当教員に委ねることが原則である。ところが実際の場面においては、それぞれの役割が峻別されているとはいえない。

　重要なことは、実習が開始される前段階で、実習中に起こることが予測される問題に対してどのような役割分担で実習生をスーパーバイズしていくかについて、実習指導担当教員と実習指導者間であらかじめ確認、合意をしておくことである。

　実習のプロセスに基づき具体的に述べることとする。実習前指導の段階から、実習指導担当教員と学生間のスーパービジョンで取り扱われていた何らかのテーマがあったとする。そのテーマが実習に影響を及ぼすことが予想できる場合、実習指導担当教員は、実習生の了承を得たうえで、その情報を実習指導者と共有する。そして、実習中に起こることが予測できる問題が発生した場合のお互いの役割についての確認、合意をする。

　実習生が、実習指導者への開示を望まない場合、実習指導担当教員は学生の気持ちについて十分に話しあったうえで、学生の意思を尊重しなければならない。しかしその場合においても、実習中にその問題が実習に影響を与える事態になった際の対応についてはあらかじめ話しあっておく必要がある。

3 定期的スーパービジョンと不定期に実施されるスーパービジョン

　スーパービジョンの形態には、❶個別スーパービジョン、❷グループスーパービジョン、❸ピアスーパービジョン、❹ライブスーパービジョン等といった多様な形態がある。実習スーパービジョンにおいても、それら形態のいくつかの組み合わせで実施されると考えられる。実習中のスーパービジョンの機会には、定期的なスーパービジョンと突発的なスーパービジョンがある。定期的なスーパービジョンとは、その名のとおり、一定期間ごとに実施されるスーパービジョンであり、実習指導者が実施する定期的スーパービジョンの例としては、毎日実習終了前の30分で実施される1日の振り返りを通したスーパービジョンなどが挙げられる。このスーパービジョンは、個別に、もしくは複数の実習生が同時に実習を行っている場合、グループスーパービジョンの形態をとることもある。その場合は、実習生同士のピアスーパービジョン的要素も

組み込まれる。

　実習指導担当教員が定期的に実施するスーパービジョンの機会としては帰校日指導が挙げられ、実習指導担当教員と実習指導者が協働で実施する定期的なスーパービジョンの例が巡回指導である。帰校日指導と巡回指導については後に詳細に述べる。

　突発的なスーパービジョンは、実習生が現場で対応に困っているときに実習指導者がその場でスーパービジョンを行うライブスーパービジョン、と考えればイメージしやすいだろう。そのほかにも突発的な出来事により実習指導担当教員が急遽実習施設・機関を訪れてスーパービジョンを行う場合や、実習生が帰校日指導の機会等を利用して実習指導担当教員に実習についての悩みを打ち明け、その悩みに対するスーパービジョンが行われることもある。

実習指導者による実習スーパービジョン

　ここでは、実習指導者による実習スーパービジョンについて、実習の展開を追いながら解説する。実習施設・機関は多岐にわたり、実習プログラムもさまざまであるため、実習を通じて実習生が体験するであろう一般的プログラムをモデルに展開する。

1 実習開始段階における実習スーパービジョン

　実習開始段階における実習生の課題は、新たな環境への適応ではないだろうか。よく学生から「実習初日はわけのわからないまま終わった」とか「わからないことがわからなかった」といったコメントを実習巡回時や実習事後指導で受ける。施設・機関の理解や、その施設・機関の利用者の理解、その施設・機関で実施されているプログラムや専門職の理解など、その施設・機関の全体像の理解が実習目標の中心となることが多い。施設・機関の理解やクライエントの理解は、実習前段階で入念な学習が行われている。したがって、ここでいう理解は、調べて得た知識と実際を検証することを意味する。実習開始段階における実習スーパービジョンは、実習生の環境適応や緊張の緩和等がその焦点となることが考えられる。初日の実習記録に「実習初日お疲れ様でした。慣れない環境で大変だったと思います」といった実習指導者からのコメントが多いことにも裏づけられよう。また、実習生の漠然とした理解を整理し、明

確化し、補強するといった作業が実習中、スーパービジョンを通じて行われる。実習指導者によるスーパービジョンでは管理的機能、教育的機能が中心となることが理解できる。

2 実習展開段階における実習スーパービジョン

実習プログラムにもよるが、この段階では実際に利用者にかかわりをもったり、ほかの専門職に同行しその業務を観察したり、外部の関連組織において講義を受けたりと実習生はさまざまな体験をする。実習生もスーパービジョンのもと、徐々に自己の考えや判断により実習を行うことが許容される。成功体験や失敗体験、困難だったこと、理解できなかったことなどがスーパービジョンを通じて整理され、明確化される。「実習スーパービジョンにおける実習生の責任」がいかに発揮できるかがこの段階のスーパービジョンを左右する。スーパービジョンはスーパーバイザーとスーパーバイジーの協働作業であることを実感する段階でもある。

展開段階も中盤を過ぎると、個別的なかかわりを実習プログラムの中心としている施設・機関では、実習生がクライエントとのかかわりを通じて個別支援計画を立てることを目標に実習が展開される。実習指導者は、実習生が選んだクライエントとの個別ケースワークの展開を俯瞰したスーパービジョンを実施する。

実習期間中、実習記録を通じたスーパービジョンも行われる。実習記録を通じたスーパービジョンでは、実習生が観察したことか、職員から聴いたことか、それとも実習生が実際に行ったことか等といった整理がなされ、実習中体験したこととその理解に整合性がとれているかに焦点が当てられる。実習記録の書き方については第 2 章第 2 節を参考にしてほしい。

なお、実習記録を通じたスーパービジョンは、実習指導担当教員の巡回指導や帰校日指導でも実施される。

実習展開中に実習生が経験するエピソードを一つ紹介したい。一般的スーパービジョン関係は、「同職種間」で成立するが、実習生はさまざまな専門職について実習を行うため、実習中は、社会福祉士以外の専門職からの指導を受けることも多い。つまり実習スーパービジョン関係以外にも実習生は多くの指導者から指導を受ける。ほかの専門性を学ぶことは、自己の専門性の確立には必要なことであるが、専門職それぞれの支援に対する違いの間で実習生が板挟みになり、混乱してしまうことが

時として起こる。このようなエピソードもスーパービジョンで取り扱う
テーマである。

■3 実習終了時における実習スーパービジョン

　実習全体を振り返る段階である。実習指導者は、初日から最終日まで
実習生がどのような体験をしたか確認し、実習事後指導につなげていく
段階である。この段階の振り返りでは、専門職の卵として、どのような
体験からどのような理解を得ることができ、成長につながったかが実習
指導者間で共有される。失敗体験からも学ぶことは多い。むしろ失敗体
験から学ぶことのほうが多いのかもしれない。実習を振り返って、あの
時の失敗体験から何を学び、その体験を今後どのように活かしていきた
いのかについての共有も行われる。スーパービジョンを通じたそれら共
有により実習生の成長が把握され、それが実習スーパービジョンの評価
につながる。

5　実習指導担当教員による実習スーパービジョン

■1 実習指導担当教員による実習スーパービジョン

　図4-3にもあるように、実習指導担当教員は、学生が実習関係の科
目を履修している間を通して実習スーパービジョンを実施する。たとえ
現場実習の期間であっても、実習指導担当教員は実習生との連絡の手段
をもち、場合によっては、既定の巡回指導日以外にも実習施設・機関に
訪問し、実習指導者と連携しながら実習スーパービジョンを実施する。
もし実習生が実習指導者等実習先スタッフとの関係で悩んでいるようで
あれば、実習施設・機関を訪問する前に、電話等の手段を使い、スーパー
ビジョンを実施する。パソコン等の通信端末を使ってお互いの顔を見な
がらコミュニケーションがとれるようになり、遠隔でのスーパービジョ
ンの方法の幅も広がっている。

■2 巡回指導を通じた実習スーパービジョン

　実習中、実習指導担当教員は、おおよそ1週間に一度配属先施設・
機関を訪問し、実習生の実習の状況を把握し、適切なスーパービジョン
を行わなければならない。養成校によっても巡回指導の頻度は異なる
が、毎週巡回指導を実施する場合と、巡回指導と帰校日指導を組み合わ

図4-3　実習巡回指導のプロセスと話しあわれる主な内容

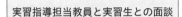

実習生の今までの取り組みを確認。把握された
課題に対する今後の指導方針の確認。

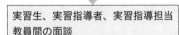

実習体験と学びの整合性の確認。実習指導者の
把握した課題についての事実確認。今後の実習
プログラムの検討等。

実習指導担当教員と実習生との面談で把握され
た事項の共有化。実習生の代弁、交渉等。今後
のプログラムの検討等。

※面談の順番は状況に応じて変更可

せて実施する場合もある。

　実習巡回指導は、❶実習指導担当教員と実習指導者との面談、❷実習
指導担当教員と実習生との面談、そして❸実習指導担当教員と実習指導
者、実習生の三者による面談のパターンがある。

　実習巡回指導については、面談の順序、時間等厳格に規程はないので、
養成校が作成した実習巡回ガイドラインに則って実施されているが、参
考までに、実習巡回指導のプロセスの一事例を紹介する。

　実習指導担当教員は、まず実習指導者との面談を行う。ここでは実習
指導者から実習プログラムとそれぞれのプログラムの達成目標等が示さ
れる。そのプログラムをもとに、今までの実習内容から実習指導者が把
握している実習生の課題や評価できる点等の共有がなされる。そのうえ
で、実習指導者、実習指導担当教員それぞれがどのように実習生を支援
していくか役割分担がなされる。

　実習指導者との面談をもとに、実習指導担当教員は実習生との面談を
行う。実習指導担当教員は実習生が今までの実習でどのような体験をし
てきたかを確認し、その体験や学びが実習ノートにしっかりと記録され
ているか確認する。同時に、実習生が現在疑問に思っていることや困っ
ていること、実習指導者には言えないこと等があれば適宜スーパービ
ジョンを展開する。また、実習生との面談で、実習指導担当教員は実習
指導者からの評価を実習生に伝え、そのことについて実習生の語りを促
す。そして、このあとの三者面談で共有したい実習生の気持ちや思いを
受けとめ、具体的にどのように面談を実施するかを実習生と相談する。

　三者面談では、実習指導担当教員と実習生との面談の結果をまず共有
し、実習生に現在の思いや希望を語ってもらう。場合によっては実習指

導担当教員が代弁者の役割を担うことも考えられる。それらの作業をもとに、今後の実習をどのように展開していくか三者で共有する。この段階で実習生には実習現場に戻ってもらい、実習指導担当教員と実習指導者で今後予想される出来事と、その出来事が起きた際の情報の共有と解決のための連携の取り方について共有し、巡回指導が終了となる。

■3 帰校日指導を通じた実習スーパービジョン

帰校日は、学生にとって実習期間中、慣れ親しんだ環境に戻り、一息つける機会である。また、実習中に顔を合わせることができない同級生との意見交換を通じてピアスーパービジョンとしての効果も得られる機会である。帰校日指導の具体的な形態としては、グループワークを通じて実施され、必要に応じて個別スーパービジョンが実施される。

グループワークを通じた帰校日指導の一事例を紹介する。学生は5名ほどのグループに分かれ、帰校日振り返りシートに、今までの実習内容とそこから学んだこと、考えたこと、困難に感じていること等を自由に書く。それをもとに1人5分で振り返りシートの内容を発表し、全員が発表し終えたあと、グループで意見交換を行い、その内容を集約し、教室全体で共有する。その後、今回の帰校日指導で気づいたことや今後の課題等についてあらためて帰校日振り返りシートに加筆する。

個別指導では、記録の提出状況や遅刻、欠勤についての確認等を個別に行い、個別にスーパービジョンが必要な学生や、スーパービジョンを希望する学生に対しての対応を行う。

◇引用文献
　1）日本社会福祉士会編『社会福祉士実習指導者テキスト　第2版』中央法規出版，pp.249-251，2014.

◇参考文献
　・大塚達雄・井垣章二・沢田健次郎・山辺朗子編著『ソーシャル・ケースワーク論──社会福祉実践の基礎』ミネルヴァ書房，1996.
　・日本社会福祉士会実習指導者養成研究会『実習指導者養成研修プログラム基盤構築　2001年度研究事業報告書』2002.
　・日本社会福祉士会編『社会福祉士実習指導者テキスト　第2版』中央法規出版，2014.
　・日本社会福祉士養成校協会編『相談援助実習指導・現場実習　教員テキスト　第2版』中央法規出版，2015.

学習のポイント

● 実習過程における実習計画の活用方法について理解する
● 実習計画の進捗状況および教育目標の達成状況の確認方法を理解する
● 中間評価の結果の活用方法について理解する

1 中間評価における実習計画書の活用

1 実習計画の活用の実際

　実習計画は、作成しただけでは絵に描いた餅である。具体的な行動目標が設定され、それが計画に反映されていることにより、達成度評価を行うことができる。「計画作成・目標設定→実施およびモニタリング→修正・改善→評価」という一連の流れを念頭に置き、教育評価との関係性を意識して実習計画を活用することが重要である。

❶教育目標の達成状況の確認

　実習計画書は、教育目標別の達成状況を確認するために活用することができる。ただし、実習計画書を実習中に効果的に活用するための前提および条件がある。それは、実習前に通知の教育内容や一般社団法人日本ソーシャルワーク教育学校連盟のガイドラインを踏まえて実習計画を作成しているかということである。達成度評価の観点からいえば、日本ソーシャルワーク教育学校連盟の「ソーシャルワーク実習教育内容・実習評価ガイドライン」（巻末資料参照）の達成目標および行動目標を基準・規準とすることが妥当である。

　まず、目標別に達成状況を確認することが重要である。実習の流れに沿ってみていくと、実習が始まる段階に入ったら、あらためて計画書を

ⅰ 本章において触れられている、社会福祉士養成施設、社会福祉士学校および精神保健福祉士養成施設等における、ソーシャルワーク実習の教育内容（「ねらい」「教育に含むべき事項」）について定めている通知とは、「社会福祉士養成施設及び介護福祉士養成施設の設置及び運営に係る指針について」（平成20年3月28日社援発第0328001号）・「社会福祉士学校及び介護福祉士学校の設置及び運営に係る指針について」（平成20年3月28日19文科高第918号社援発第0328002号）・「精神保健福祉士養成施設等の設置及び運営に係る指針について」（平成23年8月5日障発0805第3号）をいう。

開き、達成目標と行動目標を確認し、何を目指して行動するかを意識することが大切である。実習が始まったら1週間単位で計画の進捗状況や目標の達成度を確認（モニタリング）し、必要に応じて修正や目標の再設定を行う。実習の後半には、ソーシャルワーク専門職になるためのコンピテンシーを習得することができたのかという観点から評価を行う。たとえば、実習計画書と教育目標の全体像をあらためて確認し、達成できたこととできていないこと、目標以上の実習を行ったこと、まったく実施できなかったことなどを明らかにする。これらは実習指導者と必要に応じて、目標を再設定する。

　以上のように、目標、すなわちゴールを強く意識した学習を継続することにより、実習終了後、ソーシャルワーク専門職を目指す者として「何ができるようになっているか」ということの説明責任を果たすことにつながる。実習計画書を一度も見ることなく実習が終わったということが起こらないようにしなければならない。

❷計画全体の進捗状況の管理と修正

　実習計画書は、実習計画の進捗を管理し、適宜修正するために活用することができる。

　実習は、ソーシャルワーカーの実践能力を習得するために行われるものであるため、教育目標やプログラムは多岐にわたる。そのため、実習計画に記載した学習内容を所定の時間内に組み込むことができるかが課題の一つとなる。したがって、目標別、プログラム別など、それぞれ日程管理をすることも実習を遂行するうえで重要となる。

　たとえば、日程計画の立案や進捗管理の手法として、ガント・チャー

★ガント・チャート
縦軸に実施項目、横軸に月日をとり、線を用いて計画の実績を表示するグラフのこと。ソーシャルワーク実習では、実施項目には、教育目標、プログラムなどが該当する。

表4-2　ガント・チャートの記入例

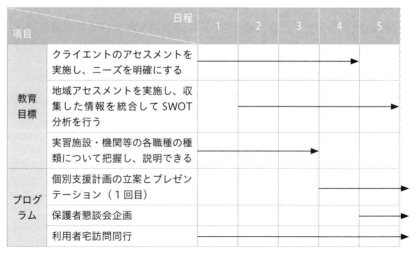

項目		日程 1	2	3	4	5
教育目標	クライアントのアセスメントを実施し、ニーズを明確にする					
	地域アセスメントを実施し、収集した情報を統合してSWOT分析を行う					
	実習施設・機関等の各職種の種類について把握し、説明できる					
プログラム	個別支援計画の立案とプレゼンテーション（1回目）					
	保護者懇談会企画					
	利用者宅訪問同行					

（表4-2）がある。なお、実際にチャート図を作成しなくても、このような項目別の日程管理のイメージをもって実習計画の進捗管理や修正ができればよい。実習指導担当教員や実習指導者の指導を踏まえ、進捗管理しやすい手法を選択して取り組むことが大切である。

2 評価表の活用

実習評価表は、実習終了後、総括的評価として使用するだけではなく、実習中盤に行う中間評価や実習終盤または最終日に使用することもある。評価表に記入し、評定を行うことにより、どの教育目標に取り組んだのか、どの程度取り組むことができたのか等が明らかとなる。なお、実習生本人による自己評価と実習指導者による他者評価を組み合わせて実施する。

評価表の活用方法の例は**表4-3**のとおりである。

表4-3　評価表の活用方法例

①　自己評価として評価表に記入、評定を行う。 ②　同時に、他者評価として、実習指導者も評価表に記入、評定を行う。 ③　中間評価の結果を踏まえ、実習指導者ならびに実習指導担当教員からスーパービジョンを受ける。 ④　巡回指導時に評価内容について実習指導担当教員・実習指導者・実習生の三者による共有化を図り、今後の学習課題や新たな目標を設定する。

評価表の確認は、基本的には実習指導担当教員と実習生との間で行われるものであり、実習の状況を観察し、直接指導した実習指導者が同席するわけではない。したがって、評価した当事者が不在のため、評価や評定の理由や根拠を確認しにくく、適切な評価情報を実習生にフィードバックすることが難しくなる。この問題を回避するためには、自由記述欄または特記事項欄に評価の根拠や理由が書かれていなければならない。

実習生には、学習の主体として、評価の内容や評定の理由を知る権利がある。評価表は自分自身の学習の成果および情報であることを認識し、適切な評価を受けることができるよう実習指導担当教員や実習指導者に対して積極的に働きかけることも大切である。

■1 中間評価の意義と目的

❶中間評価の意義

　実習は、多くの人々や組織等がステークホルダーとしてかかわり、その関係性やシステムのなかで、さまざまな条件や環境が整えられることで計画どおり展開することができる。実習が始まると、クライエントや実習施設・機関の状況、実習生自身の健康状態や家庭の事情、学習の進捗状況（目標の達成度、学習の理解度、目標設定等）、自然災害や感染症などの状況の変化に対して臨機応変に対応することが求められる。中間評価は、そのような変化に対応し、実情を踏まえた実習を展開するために必要な教育・学習活動である。

　中間評価は、実習計画を見直すだけではなく、指導目的、学習目的、管理目的、研究目的といった「教育評価の目的」の観点からみても重要である（**表4-4**）。また、「教育評価の種類」の観点からみても、個人内評価や形成的評価を実施することによって実習開始前に作成した実習計画をより具体性の高い内容に見直すことができ、実習生の知識・技術・態度の実態に即した計画の立て直しにつなげることができる（**表4-5**）。また、品質管理の観点からみると、中間評価はPDCAサイクルのCheck（チェック：測定・評価）としての意味があり、教育や学習の質を担保し、計画を管理するうえで重要な教育・学習活動といえる。そして、計画に対する進捗状況を確認、管理する機会となることから、モニタリングとしての機能も有している。

　なお、中間評価としているが、厳密に実習期間の真ん中でなくてもよい。大切なことは、実習期間中に学習の進捗状況や学習環境を計画的に確認し、適宜改善や修正を図るということである。やりっぱなし、任せっきりといった放置状態をつくらないことを心がける必要がある。

❷中間評価の内容

　中間評価は、実習生・実習指導担当教員・実習指導者といった評価主体別にそれぞれ行うべきことがある。実習生の立場からみると、自己の実習経験を振り返り、残りの実習の遂行に向けてよいところを伸ばしたり改善したりするための評価を行う。

❸中間評価の方法

　中間評価を形だけのものにしないためには、評価するための情報を収

★ **PDCAサイクル**
P（Plan：計画）→ D（Do：実行）→ C（Check：測定・評価）→ A（Action：対策・改善）の頭文字を取ったもの。仮説検証型プロセスを循環させ、品質を高めようとするもの。

表4-4 実習中に行う評価活動

実習過程\\評価主体	実習中
実習生	【学習目的】 ・目標の達成状況の確認 ・実習計画やプログラムの進捗状況、課題の確認 ・ソーシャルワーク実習教育内容・実習評価ガイドラインの確認 ・パフォーマンスに関する課題の確認 ・実習記録の確認 ・実習評価表（中間）の記入と確認 ・スーパービジョンの内容や課題の確認 【管理目的】 ・実施日数、実習時間の確認 ・出勤状況（出勤簿）の確認 ・健康状況の確認
実習指導担当教員	【指導目的】 ・巡回指導、帰校日指導での実習状況の確認 ・実習記録の記入状況の確認 ・実習計画の進捗状況や課題の確認 ・目標の達成状況の確認 ・各実習施設・機関における実習内容の確認 【管理目的】 ・実習生の健康状態の確認 ・実施日数、実習時間の確認 ・実習記録の記入状況の確認 ・実習指導者のスーパービジョンの確認 【研究目的】 ・事前学習の効果や課題、目標の達成度、記録の方法等の確認 ・各実習施設におけるソーシャルワークの実施状況や実習内容の確認
実習指導者	【指導目的】 ・実習指導者自身の指導内容の評価 ・実習記録の記入状況の確認 ・実習計画の進捗状況の確認 ・目標の達成状況の確認 ・各実習施設・機関における実習内容の確認 ・スーパービジョンの内容や課題の確認 【管理目的】 ・実習生の健康状態の確認 ・実施日数、実習時間の確認 ・実習記録の記入状況の確認 ・実習指導者のスーパービジョンの確認 【研究目的】 ・事前学習の効果や課題、目標の達成度、記録の方法等の確認 ・実習施設におけるソーシャルワークの実施状況 ・実習プログラムの内容や課題の確認

第4章 実習中の学習

147

集し、準備しておくことが前提となる。実習開始前に準備しておく内容を評価の手順に沿って整理したのが**表4-6**である。中間評価は、【手順4】の結果の処理と解釈に該当していることからわかるように、事前の準備が必要不可欠である。なお、【手順1】と【手順2】は基本的に実習前に実施し、【手順3】は実習中に実施することになる。

実習生は、実習指導者からの具体的な助言や指導、質問などを実習記録または予備ノートに正確かつ丁寧に記載し、中間評価の際に活用でき

表4-5 評価の種類と中間評価の意義

種類	意義・目的
個人内評価	・一人ひとりの実習生に即して、実習開始から中間評価を実施までの実習目標の達成状況を基準として、時間の経過における進歩や変化の状況(縦断的個人内評価)や、異なる目標間の長短や優劣(横断的個人内評価)を明らかにする。 ・最大の長所は、学生の横断面的な長所や短所、縦断面的な進歩状況を示し、指導に有効な資料を提供すること。
形成的評価	・実習指導担当教員や実習指導者の立場から指導や学習過程を通してさらなる学習を要する部分を判断するための情報収集等のこと。 ・目標に照らした進捗状況や、実践能力の修得状況に関するフィードバックを実習生に提供する。 ・形成的評価は診断的な意味をもち、目標に照らした実習生の進歩状況に関する情報を、実習指導担当教員と実習生の双方に提供することを示す。 ・実習指導者側と実習生がお互いに情報を共有化することにもなるため非常に重要である。

表4-6 中間評価に向けて実習開始前に準備する内容

手順	内容
【手順1】 評価の目的の確認	以下に記載されているねらい、教育目標を事前に確認する。 ①通知「ソーシャルワーク実習」のねらいと教育に含むべき事項 ②日本ソーシャルワーク教育学校連盟「ソーシャルワーク実習教育内容・実習評価ガイドライン」の教育目標 ③所属する養成施設・養成校の実習科目のシラバス ④所属する養成施設・養成校の実習科目の評価表
【手順2】 評価目標の具体化	実習中の行動を評価するためには「〇〇ができる」といった具体的な目標が必要となる。 「ソーシャルワーク実習教育内容・実習評価ガイドライン」の行動目標を確認する。
【手順3】 評価資料の収集	実習生自身が実習中に評価資料(情報)を収集する。 評価資料の収集場面(いつどのような場面・機会で収集するか)も考えておく。
【手順4】 結果の処理と解釈	前段で収集した資料を解釈するために、採点や統計などをして利用すること。解釈の方法としての絶対評価、総体的評価、個人内評価を含む。

るよう準備しておく必要がある。

　中間評価の際は、所属する養成施設・養成校の実習科目の評価表を活用することがきわめて重要である。その理由は、評価表はソーシャルワーカーとして目指すべきねらいとなる教育目標を基準に作成されており、目標を達成するために具体的に行動すべき内容が含まれているため、達成度評価として活用できるからである。つまり、ゴールに向かって進んでいる自分の現在の立ち位置が把握できるということを意味している。評価表の記載内容と照合し、実習計画や目標の達成状況等を確認することにより、中間評価の結果を踏まえた実習指導者または実習指導担当教員からのスーパービジョンを適切に受けることにつながる。実習指導者や実習指導担当教員の立場からしても、指導内容や基準が明確になり、実習生に説明責任を果たすだけでなく、実習指導担当教員・実習指導者・実習生の三者による共有化を図り、今後の学習課題や新たな目標の設定につながる。

　モニタリングの結果によって、実習生、実習指導者、実習指導担当教員の三者は実習計画をより効果的で効率的なものに修正する必要がある。

2 自己評価

❶実習中に行う自己評価の意義と有用性

　実習開始から中間評価に至るまでに学習してきたことを時間の流れに沿って丁寧に振り返ることにより、原因と結果を確認し、考察することにつながる。また、自分自身の学習状況や変化などを言語化することは、学習課題の確認と改善に向けた成長のための作業となる。

❷自己評価の方法

　自己評価の方法としては、自己採点、自由記述（学習ノート、感想文、リアクションペーパー、レポートなど）、自己評価票（カード）・ワークシート、チェックリスト・質問紙などがある。

　実習生自身が評価の主体となって自分の現状を振り返り、何らかの方法でそれを記述することになる。自分の現状を言語化して確認していくプロセスが大切とされる。

　実習生は、適切な自己評価のため、実習指導担当教員や実習指導者から**表4-7**の留意点を踏まえ、助言や指導を受けるとよい。

❸自己評価の注意点

　自己評価は形成的評価には適しているが、単独で成績評定の材料にすることはできない。たとえば、実習目標とは関係なく自分の実習経験に

表4-7　自己評価を行う際の留意点

- ・実習生の現場での言動について学生と一緒に議論し、自己評価を実施することが実習目標（通知・ガイドライン）や求められる実践能力（コンピテンシー）のどの部分に関係しているのかを説明する。
- ・実習目標や求められる能力に対して、実習生のどのような言動が関係しているのか、実習指導担当教員の認識を述べる。
- ・実習指導者による評価と自己評価に矛盾または違いがある場合は、なぜそのような認識の違いが発生しているのか理由を提示する。
- ・実習指導担当教員と実習生とがそれぞれ評価を行い、その結果を踏まえて、実習生のストレングスや今後取り組むべき学習課題を明確にする。
- ・学習課題を解決するための具体的な学習活動または実践を実習生と一緒に考える。

ついて著しく厳しい（もしくは著しく甘い）評価をつけたり否定的（もしくは肯定的）に捉えたりする実習生の場合、目標に対する達成度や理解度等を適切に評価することが難しくなる。したがって、自己評価を行う際は、「ソーシャルワーク実習教育内容・実習評価ガイドライン」に示されている教育目標（達成目標と行動目標）に対する実習生の具体的な言動を確認するとよい。成績評定を行う際は、自己評価と実習指導者や実習指導担当教員による他者評価の分析結果を総合的に判断することが求められる。

■3 他者評価・相互評価

　他者評価とは、実習指導者および実習指導担当教員が実習生を対象に行う評価のことをいう。他者評価は、自己評価の補完的な役割をすることも想定される。実習生自身による自己評価と実習指導者および実習指導担当教員による他者評価を組み合わせることにより、両者の強みと弱みをカバーして効果を発揮する。

　他者評価としての実習指導者の評定は、目標に照らした進歩状況や、実践能力の修得状況に関するフィードバックを実習生に提供するという形成的評価の対象となる。実習指導者の評定を評価資料の一つとして位置づけ、適切な解釈を行うことが求められる。

　また、情報収集の観点からみると、自己評価と他者評価の両方をバランスよく実施することにより、偏りのない評価を行うための情報を集めることができる。たとえば、実習記録に書かれていない言動や成長および変化は、自己評価と他者評価、または実習生同士の相互評価の組み合わせによって掘り起こされる。実習開始から終了に至るまでに積み重ねてきた時間や行動を丁寧に確認する作業が、新たな気づきや成長への糸口を見つけることにつながる。必要十分な情報をもとに適切な評価を行

い、評価の理由や根拠を把握することで、実習生は初めて実習経験を踏まえた成長への一歩を踏み出すことができる。

　相互評価とは、実習生同士が行う評価のことをいう。実習中は、帰校日指導として養成校に実習生が集まり、実習内容の振り返りや課題の確認などを行うことが多い。これは、同じ実習生の立場ということもあって心理的サポートを感じる場合もあり、悩みや課題も共有しやすい。また、自分が抱えている実習課題について、異なる価値観や視点から意見を聴くことにより、実習課題に対して異なる角度から考えることにつながる。相互評価を効果的に使用することも重要である。

学習のポイント
● 実習生が実習中に直面し抱える「悩み」について、その構造や内容を理解する
● 「悩み」への対処方法や対応策を学ぶ

1 実習における「悩み」の捉え方

1 「悩み」の定義

　ここではまず、悩みとは何かについて理解を深めておきたい。「悩み」とは辞書的には、「克服できずに困っている精神的苦痛[1]」を指す名詞であり、動詞「悩む」は「どうしていいかわからずに困って心を痛める[2]」という意味である。ちなみに「苦痛」には精神的だけではなく肉体的なものもあり、「苦悩」は「解消できずに困っている深い精神的苦痛[3]」を指す（傍点、筆者）。実際のところ悩みは、「心配ごと」や「不安」、「葛藤」等として意識される。「文法的にも『悩む』は本来、自動詞で目的語をとらない。『○○を悩む』ではなく『○○で悩む』[4]」のであり、「ある心配ごと」、「ある事態」が生じ、「悩む」のであろう。

　生活を営むなかで、悩みのない人などいるだろうか。その人の立場や環境、性格にかかわらず、悩みのない人はなく、歴史や文化を問わず、人間にとって悩みは普遍的なものといえる。古今東西、小説や詩歌、演劇や映画などのテーマが人の悩みに根差しているのも理解できる。悩みをもつこと、悩むことが当たり前のことであり、生きていくこと、生活していくことと同じ意味であるかのように、世の中は「悩み」であふれている。

　実習中の実習生も例外ではなく、多くの悩みに直面する。知り合いのいない実習現場に実習生として入り込み、利用者とのかかわりなど初めての慣れない体験をするなかで、悩むことはある意味当然のことといえる。また、悩むことは決して悪いことでもない。悩みの種について、省察し、リフレーミング★することで、変化や成長を促すきっかけともなる。

　ここで実習生の悩みの例を示すと、実習生は、実習に臨む際の重要な準備の一つとして、実習計画を立案し、実習目標を具体化し、自らの達

★リフレーミング
主に家族療法の領域で用いられる方法。物事をみたり、捉えたりする際の枠組み（フレーム）をはずし、違うフレームでみることで、今までとは異なる理解の仕方をすること。

成課題を設定することがある。これらについて「事前の準備が不十分なのではないか」「実習計画の立て方が甘いのではないか」「自分の力以上の達成課題を設定してしまったのではないか」等々の思いや考えが混在し、悩みを抱えてしまう場合があるかもしれない。しかし、こういった悩みをそのままにせず、実習を進めるなかで、随時、計画・目標・課題を振り返り、フィードバックを受けつつ適切に見直すことで、充実した実習経験にすることができるだろう。このように悩みは、実習のよりよい成果を得るためのきっかけに変えることができるのである。

2 「悩み」の特質

　実習生にとって、いつでも抱え得る悩みはどのような特徴、特質をもっているだろうか。**図4-4** は、悩みの特質を示したものであるが、第一の特質は、「個人性」である。つまり悩みという出来事・事態は、あくまでも、個人のこころの内の出来事であるということである。他者との間で同じような悩みを抱え、それに対して共感が広がることは不思議なことではないが、悩みは、そのときの事態や内容を反映した個人性を帯びたものといえる。

　そして第二の特質であるが、それは「主観性」である。客観的には高い才能やスキルをもっていると判断できることでも、本人にとっては悩みにつながるであろうし、他者が危険とは感じないことをひどく恐れ、悩みを抱えることも少なくない。

　そして、第三の特質は「合理性」である。悩みが理にかなっていると

図4-4　悩みの特質

出典：小嶋謙四郎「悩みの構造(1)──その心理学と解決」『保健婦雑誌』第17巻第10号，pp.53-55，1961．の考え方をもとに筆者作成

いうのはどういうことであろうか。それは悩みが、「生活の破綻を予防することができ」、「生活の危機を予知する信号機という役割を、りっぱに果たして」おり、「生活の保持という目的に適合した働きをしている[5]」ということを意味している。このことを実習生に置き換えてみれば、たとえば、実習施設・機関の利用者と適切な関係が築けないのではないかと不安を抱え悩んでいるとしよう。その不安は、適切な関係が築けた段階で結果的に解消されることになるが、他方で、よりよい適切な関係をつくるために、知識や方法を再確認して臨んだり、実習指導者などほかの人のやり方を観察したり、利用者に負担を強いるようなかかわりを避けたりするなど、悩みが、大きな失敗という危機を回避するための考えや行動につながっていると考えることができる。これが悩みの「合理性」である。

2　実習における「悩み」の構造

1　実習における関係構造

　前項においては、悩みというものをどのように捉えたらよいのかについて触れてきた。ここでは、実習という機会において悩みがどのような点から生じるのか、その構造についてみておくことにしたい。図4-5は、実習における関係の構造を示したものである。まず実習展開において中核となる「人」であるが、教育機関で学ぶ「学生」と指導し学生の学びを支える「実習指導担当教員」、実習施設・機関を利用し生活を営んでいる「利用者」（利用者集団）、そして、実習施設・機関において勤務し専門的支援を展開しつつ学生の実習指導にあたる「実習指導者」（職員集団）である。実習は、主にこれらの「人」の関係のなかで展開されている。なお、当然のことではあるが、実習施設・機関は、社会福祉や保健医療の専門的サービスを提供する機関としての第一義的な目的と使命をもち、それらの達成のためのハードとソフトを整えている。また、養成施設や大学、養成校としての教育機関も、それぞれの目的と使命をもち、達成のためのハードとソフトを有している。さらに、それぞれの機関は、広く社会、社会構造のなかに位置づけられている。実習における悩みは、これらの「人」の関係、また、その関係が位置づけられている機関や、それらを取り巻く社会の実状も背景にしながら生じるものといえる。

図4-5　実習における関係構造

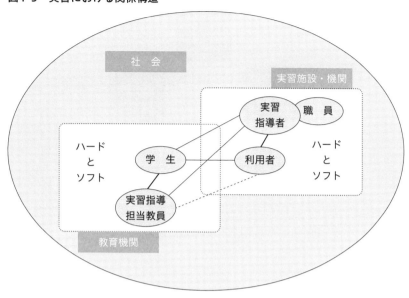

実習生が臨む実習施設・機関、実習が展開される「場」は、種々の生活課題を抱えた利用者支援の最前線であり、さまざまな人々が関係しあっている。また社会の実状が持ち込まれ、反映される「場」でもある。使命や目的、方針や仕組みに沿い、一定の目標や方向を目指して日々、活動している「場」といえる。このような実習が展開される「場」は、複雑性や多様性、動態性や曖昧性（あるいは「ゆらぎ」）をもっており、それゆえに、実習生の悩みを産出しやすいといえるかもしれない。

2 ソーシャルワークの構成要素と悩み

また図 4-6 は、ソーシャルワークの構成要素を示したものである。種々の表現の仕方がみられるが、ここでは社会福祉・ソーシャルワークの思想や原理、また実践の倫理をも含むものとしての「価値」、ソーシャルワークを展開する際に不可欠となる人や環境、政策や制度にまつわる「知識」、そして実際に展開するうえでの技能やスキルからなる「技術」の三つから示している。実習における実習生の悩みは、これらソーシャルワークの「価値」「知識」「技術」をめぐって生じ、「ジレンマ」を抱えるという構造をもっている。折悪く目に飛び込んだ不適切ではないかと考えられる支援の実態と「人間の尊厳」の確保という価値との間で生じたジレンマを解消することができず、悩みを抱える実習生も少なくない。教科書に示されていた制度の内容と実習施設・機関で説明を受けた実際との差異を埋められない場合や、実習を進めるうえで、最低限の知

図4-6　ソーシャルワークの構成要素

識や方法をもっておらずスタートラインにすら立っていないのではないかと迷い、悩みにつながることも考えられる。

3 実習における具体的な「悩み」と対処

　悩みは誰もが抱えてしまうものであること、実習という「場」や「状況」は悩みを生み出しやすい構造をもっていることを理解したうえで、実習における具体的な悩みを考えてみると、主に次の３点に関する悩みが生じているように思われる。それらは、

❶　実習生自身の悩み

❷　実習指導者（職員集団）や実習指導担当教員（教員集団）との間で抱える悩み

❸　利用者・クライエント、患者との間で抱える悩み

である。

1 実習生自身の悩み

　実際には❶～❸それぞれ単独ではなく相互に関係しあって悩みが発生していると考えられるが、たとえば、❶について「私は、ソーシャルワーカーに向いていない性格だと思います」「このまま実習を続けるのが苦痛です……というより、利用者さんや職員さんに申し訳ないです」と表現されるかもしれない。その場合、後述の❷や❸をめぐる悩みの要因を、自己肯定感が低く、自身による行動に問題があったとすべてを自分のせいにしてしまったり、理想や目標が高く、プロセスより結果を重視し、完璧思考に陥ってしまったりと、自分の力量不足やパーソナリティの問題に結びつけてしまう場合も少なくない。また、内容や事象によっては、

バウンダリーが曖昧になったり崩れたりして、実習生が元来抱えていた悩みやメンタルヘルス上の課題などが表面化してしまう場合も考えられる。

　実習という「場」や「状況」は、さまざまなものとの「新たな出会い」の連続であり、なかでも、「自分との出会い」、自己理解を促進させる機会ともなる。それだけに自らが揺さぶられ、不安定な状態に置かれることが多いといえる。湯澤は実習のなかで「自分と出会い」自己理解を深めることが、実習生の変容にとって大きな意味をもつことについて、その側面に触れており、実習生自らの悩みを積極的に捉えるうえで参考になると考えられるため、以下に示しておくことにしたい。[6]

　　……現場実習のなかで自己理解を深めることは、学生の変容によって大きな意味をもつが、その契機にはいくつかの側面がある。一つは、関係形成における自分のかかわりの特徴を知ることであり、また、自分のありのままの感情から気づきを得ることである。二つには、自分の価値観やこだわりに目を向け、吟味することである。三つには、自分の「できたところ」「いいところ」を見つめるとともに、自分の限界を見つめることである。四つには、他者の生活の歴史に出会うことで自分自身の歴史を振り返り、意味づけ直すということである。これらを通して、自分を活用する方法に気づくことが、学生の変容につながっていく……

2 実習指導者や実習指導担当教員との間で抱える悩み

　次に❷実習指導者や実習指導担当教員との間をめぐっても悩みが生じてしまうことがある。「A指導者さんは、熱心に指導してくださるのだけれど、結局、中身が理解できない」「スーパービジョンの内容を実行することができない」「来週の訪問指導のとき、B先生に話すことがない……大丈夫だろうか……」「C先生は、私の実習の進み具合をどう思っているのだろうか……」「指導者や教員から聞かれても、期待されている意見や考えをうまく言えない」などといった実習生の思いや感じ方から悩みを抱えてしまう場合がある。

　また、実習に対する「評価をする／される」という関係性や、「忙しそうで、声をかけるタイミングがなく、なかなか質問ができない」という「場」や「状況」への強い思いなどが反映されている場合も多く、これらは、適切なスーパービジョン関係が形成されているか否かの問題で

もあるといえよう。加えて、実習指導者のみならず、実習指導者とほか
のソーシャルワーカー、ソーシャルワーカーと看護やリハビリテーショ
ンに代表される他職種からの指導・助言内容の違いを十分に消化・会得
することができず、ジレンマを感じ、悩みとして抱え込んでしまうこと
も少なくない。

■3 利用者等との間で抱える悩み

　そして❸利用者等との間で抱える悩みであるが、「Ｄさんは、懸命に
話しかけてくれるのだけれど、何を伝えたいのかさっぱりわからない
……、どうしたらよいのだろう……」「Ｅさんが、会うたびに、製作し
た工芸品をくれようとする。傷つけないように断りたい……、いやＥさ
んの気持ちを無下にするのはよくない……、いただくことで関係が形成
できるかもしれない……、次にＥさんに会ったときにどうしよう……」
「Ｆさんが、理由がはっきりしないけれど苦手だ……、話しかけてほし
くないなぁと思ってしまう……、実習生だから積極的にかかわっていか
なければ学びにならない」等、実習の初期段階で抱えるものがあるだろ
う。あるいは、「信頼関係がつくれていたと思っていたのだけれど、今
日話しかけたら、突然拒否された……なぜだろう」や「担当していた患
者さんが調子を崩した……私のせいではないだろうか」と、ある程度、
利用者との関係性を築くことができ、実習内容にも慣れてきた実習中盤
や終盤で考え込んでしまうことなどもある。

　これらは一例ではあるが、実習生は利用者や患者との間でさまざまな
ことを考え、思いどおりにならず、悩みを抱えてしまうことがあろう。
その際、「利用者の立場に立つ」ことや「思いをしっかり受けとめる」
こと、「信頼関係を形成する」こと等が達成できているのか、いないのか、
また疾病や障害の特性を理解したうえで、個別理解や客観的判断ができ
ているのか、いないのかについてなどが、悩みの背景になっていると考
えられる。

■4 悩みへの対処

　ここまで述べてきたような悩みへの対処・対応について、その要点に
触れておくことにしたい。悩みを抱えることは、特に、新しい「場」や
「状況」の連続である実習という経験においては必然ともいえる。「聞か
れてこその『悩み』[7]」という言い方があるが、抱えている悩みについて、
まずは「話すこと」とそれを「聞くこと（聴くこと）」が対処、対応の

基本となろう。実習指導者、実習指導担当教員との間での、適切な関係と役割に基づく実習スーパービジョンは、悩みを話し、聞く「場」として不可欠であり、その際には、「支持的スーパービジョン」が積極的に活用される。また、自校・他校にかかわらず、同様の実習を経験している、あるいは経験してきた実習生相互の話し合いの「場」は、「ピア（仲間）」の力（ピアサポート）を活用でき、悩みを語りあう際に重要なものとなろう。

　また、悩みの内容や背景などに応じて、グループスーパービジョンの方法により、実習生の共通課題として取り上げたり、ロールプレイングの手法を活用し、外在化し客観視を進めたりすることで、悩みに向きあうことが大切となろう。さらには、昨今、ソーシャルワーク実践のなかで活用されている「ソーシャルスキルズ・トレーニング」や「オープン・ダイアローグ」、また「当事者研究」の方法を用い、実習生自らが自分自身のことについて理解を深めること（自己理解、自己覚知）は、悩みを受けとめ、かつ、理解し解消に向かうあり方として採用する価値があるように思われる。

　最後に、実習終了後においても悩みが尾を引いているような場合には、実習生本人のみならず、実習指導担当教員も含めて、細心の注意を払った対応が求められる。

★ オープン・ダイアローグ
開かれた対話と訳され、1980年代からフィンランドの西ラップランド地方のケロプダス病院で実践されてきた統合失調症に対する介入方法。

◇引用文献
1）中村明『日本語語感の辞典』岩波書店，p.780，2010.
2）同上
3）同上，p.294
4）髙橋秀実『悩む人——人生相談のフィロソフィー』文藝春秋，p.6，2019.
5）小嶋謙四郎「悩みの構造(1)——その心理学と解決」『保健婦雑誌』第17巻第10号，p.54，1961.
6）湯澤直美「社会福祉実習教育における現場の力——普通・常識を問い返す，磁場と学生の変容」尾崎新編『「現場」のちから——社会福祉実践における現場とは何か』誠信書房，pp.259-260，2002.
7）前出4），p.11

◇参考文献
・尾崎新編『「ゆらぐ」ことのできる力——ゆらぎと社会福祉実践』誠信書房，1999.

実習中に起こり得る問題

学習のポイント

● 実習中に起こり得る問題とその種類について学ぶ
● 実習中に起こり得る問題への防止と対策について学ぶ
● 実習中に起こり得る問題とソーシャルワーカーの倫理との関連について理解する

1 実習中に直面するトラブル

　実習は、単に利用者の生活支援を体験するだけのものではない。実習生には、日々の学生生活とは異なる環境下で起こり得るトラブルに留意し、それを回避するとともに、トラブルが発生した場合にも適切に対処することが求められる。

　こうした実習施設・機関でのトラブルの発生は、実習中のみならず、就職後の勤務上にも通ずる項目が多いため、危機意識をもちながら、ソーシャルワーカーとしての自己管理能力や対処能力を養う機会にしてほしい。

　実習生は実習費用を支払ったうえで実習を行うため、給料が支払われる施設・機関スタッフとは状況が異なる。それは、施設内でソーシャルワークの体験をさせてもらうためであり、さらには実習中のサポートをお願いしているためである。つまり、ソーシャルワーカーとしての疑似体験を、現場に守られながら行うための費用であるといえる。ただし、周囲から適切な支援を受けるためには、実習生は実習中に起きた出来事や、抱えた悩みを適切なタイミングで適切な者へ報告・連絡・相談しながら実習を進める責任があることを自覚する必要がある。

　トラブルの発生に関しては、実習生がトラブルに巻き込まれるケースと、実習生がトラブルを引き起こすケースの両面が考えられる。また、トラブル発生の状況としては、実習現場内で起こるものと、自宅も含めた実習施設・機関以外の場所での発生が考えられる。さらに時間的経過から捉えると、実習期間中に発生するトラブルと実習期間前後に発生するものもあり、配属実習さえ何とか乗り越えればよいという軽い気持ちで臨むものではないことがわかる。

2 トラブルの種類と防止・対策

以下、項目ごとに想定されるトラブルと、その防止や対策について考える。

1 実習中のけが

実習現場によっては、利用者やスタッフとともに作業やリハビリテーションプログラムを行うことがある。そうした活動場面を中心に、けがや事故が起きる可能性がある。あるいは支援でかかわる利用者にけがを負わせてしまうこともゼロではない。

そうした事故やけがの発生を防ぐためにも、各プログラムへ参加する際のオリエンテーションには、真剣に臨む必要がある。作業上の留意事項やかかわる利用者への配慮の有無について、スタッフからしっかりと説明を受けておかなければならない。

また、万が一事故やけがが発生した場合は、その処置が優先されるが、実習施設・機関への報告はもとより、養成校へもなるべく早く状況を説明し、指示を仰ぐことを忘れてはならない。

最後に、その状況にもよるが、実習施設・機関では実習指導者が実習生の責任を負ってくれているので、実習指導者への状況報告を確実に行う必要がある。

2 実習中の病気

まず何よりも、自らの体調管理に気をつけ、毎日の検温等で体調の変化の把握に努めることである。病院や入所施設などでは閉ざされた空間の中で虚弱な利用者が療養している場合もあり、スタッフも施設内感染には特に敏感になっている。実習期間や実習プログラムがずれてしまうことを危惧して、体調の異変を感じても無理に実習を行おうとする気持ちもわからなくはないが、自分だけの問題ではないことを自覚し、事前に実習指導者と電話等で相談のうえ、出勤の有無を決定する。

また、実習生の持病や障害の扱いに関しては、実習への支障が多少でも懸念されるものに関しては、実習指導担当教員と協議のうえで実習施設・機関へ事前に連絡し配慮を検討してもらうことが望ましい。たとえば最近ではLGBTの実習生に対する対応も図られているが、そうした実習施設・機関の配慮は実習生からの情報の伝達により初めて可能とな

る。それにより養成校と実習施設・機関が連携し、実習プログラムや実習環境上の配慮を行うことができるのである。

▌3 実習の中断

想定していなかったトラブルや、自覚はしていたがこれまで対処してこなかった実習生自身の課題など、さまざまな事情で実習が中断となる場合がある。いずれにしても実習に何らかの支障を生じたまま、無理に推し進めてもよい結果をもたらさないばかりか、むしろ問題を広げてしまう可能性もある。

実習生自身が実習の続行に限界を感じる場合もあれば、実習指導者や実習指導担当教員といった周囲の支援者が実習の続行を問題視する場合もあり、いずれにしても関係者間での協議が必要となる。実習生としては、これまで行ってきた実習準備や、国家資格の取得や就職にも関係するものでもあり、また家族をはじめとした支援者の期待も背負っているため、実習の中断は大変な決断となる。中断という状況はシビアなものには変わりはないが、実習を体験しなければ自覚できなかった自身の課題や職業選択のズレに学生のうちに気づくことができた点を肯定的に受けとめ、その後の方向性の検討に活かしてほしい。

▌4 ヒヤリハット

ヒヤリハットとは、ミスを食い止めはしたものの、重大な災害や事故につながる一歩手前でヒヤリとしたりハッとした出来事を指す。

医療や介護現場での対処トラブルが象徴的ではあるが、もちろんソーシャルワーカーの業務上においてもヒヤリハットは起こり得る。

実習ではスタッフ同様の責任を負う場面もあることを考えると、実習生も例外なくヒヤリハットに出くわす可能性があることを自覚して実習に臨む必要がある。

以下、実習中にヒヤリハットが発生しやすい項目を紹介する。

●鍵や書類の管理

精神科病院での実習や、実習施設・機関内の宿泊施設を利用する実習では、施設・機関内の鍵の管理を任される場合がある。そのような場合、鍵の紛失のみならず、きちんと施錠されているかどうかの確認を怠ってはならない。

あるいは、実習を行いながら大切な情報を書き留める実習中のメモを携帯している場合、実習中は肌身離さず管理する必要がある。

ケース記録や患者カルテ等、利用者のプライバシーにかかわるものを閲覧する場合は、周囲を確認し、利用者の目の届かない環境で行う配慮が求められる。

❷紛失や物損

ソーシャルワーカーは業務の特質上、利用者の深い個人情報に踏み込み、その把握に努める必要がある。それは実習中も同様である。先述の鍵の管理もそうであるが、実習期間中に借り受けた物の管理は徹底しなければならない。

さらには、実習ノートや実習中のメモ（実習情報を書き留めたもの）など、自己管理が終始求められる物に関しては、実習生自身で管理上のルールを決めるなどして、その把握に努める必要がある。

あるいは紛失しないまでも、学習のために実習指導者が貸してくれた重要な書類や書籍等を、通いの道中に雨で濡らしてしまうようなことも起こしやすいミスであるので、移動の際には十分気をつけたい。

物損に関しては、公的な物や第三者の物を不意に傷つけたり壊したりしてしまう場面が想定される。万が一そのようなトラブルが起こった場合は、包み隠さず早急に施設・機関に届け出る必要がある。実習に際しては、こうした場合に備えて学生教育研究災害傷害保険（学研災）など何らかの損害保険に加入しているはずなので、あわせて養成校にも報告することを忘れてはならない。

❸遅刻・欠席

寝坊や公共交通機関の遅延など、結果として遅刻しそうな場合、まずはその状況を実習施設・機関側にお詫びとともに報告する。朝が早く実習指導者が不在の場合は、連絡を受け取ったスタッフに伝言をお願いする。連絡の際には、発信が一方的になるメールはなるべく避け、電話での連絡を優先する。また、到着に時間がかかりそうな場合は経過報告を行う。あわせて養成校側にもその旨を報告することを忘れてはならない。

欠席に関しては、体調不良や忌引き、自然災害による交通機関の麻痺などさまざまな理由が想定される。体調不良は無理をせず実習指導者と電話で相談をする。

自然災害の場合は外出自体が危ないこと、場合によっては実習施設・機関が閉館している場合もあるため、判断に困る状況の場合は出かける前に実習指導者に連絡を入れる。

▌5 守秘義務の問題

　守秘義務は、社会福祉士や精神保健福祉士の倫理綱領にも盛り込まれている基本的な援助姿勢であるが、勤務中のみならず勤務外あるいは退職後も遵守すべきものである。もちろん実習生にとっても同様であるだけでなく、自分自身の情報発信も気づかぬうちに守秘義務に抵触する可能性がある。

　そのため、何を発受信するのか、いつ発受信するのか、何のために発受信するか、その行為は何につながるかといったことを自覚しながら、実習生は自身の情報を取り扱う必要がある。以下、トラブルが想定されるケースを挙げる。

❶ SNS（ソーシャルネットワーキングサービス）の利用

　日常生活では身近なツールである SNS（ソーシャルネットワーキングサービス）も、実習に関しては情報リテラシー（情報を自己の目的に適合させて活用する能力）が問われ、時にトラブルの発端となることがあるので注意が必要である。

　実習期間中を問わず、実習施設・機関に関する内容や利用者の情報を発信することは禁止である。また、実習に関連するハラスメントやストーカー行為に対する不安や不満に関しても、たとえそれが事実であろうと SNS で発信することは大変なリスクを伴うものである。SNS を利用する際は、実習に関する一切の情報は、自身の生活情報とは切り離さなければならない。

　また、利用者やスタッフと電話番号やメールアドレス、SNS の ID をはじめとした個人情報を交わすことは避けなければならない。そうした行為は実習終了後の関係や個人的な関係をもつことにつながるものであることを自覚し、個人で責任がもてないのであれば実習に関係のない情報開示の求めには毅然とした態度で臨む必要がある。

❷ 通勤中の行動

　実習の道中、たとえば電車内で知人と実習施設・機関の話をしたり、資料を広げて日誌の下書きを考えたりする行為はありがちではあるが、実はそうした公共の場面こそが情報リテラシーが問われるときである。今は実習施設・機関ではないから、利用者やスタッフがいないから大丈夫というものでもなく、周囲には施設・機関や利用者の関係者がいないとも限らないという危機管理の意識が実習生には求められる。

6 金品の授受

　実習中に利用者から差し入れやジュース代などとして金品を渡されるような場合があるかもしれない。そうした金品の授受は社会福祉士や精神保健福祉士の倫理綱領などによって禁止されている。

　利用者にとっては、実習期間中のかかわりにおいて実習生との関係に肯定的な思いが募った結果としての行為であり、それは実習生にとってもありがたいことである。よって、そうした利用者の行為に対する、実習生としてのうれしさや感謝の気持ちはしっかりと伝えるべきである。

　それと同時に、利用者の思いを損ねることなく、金品の授受をどう断るかについては、実習前から検討しておくとともに、実習指導者からのアドバイスも念頭に置きながら、丁寧に取り組んでみてほしいテーマである。

7 ハラスメント

　ハラスメントとは、簡単にいうと「嫌がらせ」である。

　ハラスメントの種類は数多くあるが、代表的なものとしては、性的嫌がらせである「セクシュアル・ハラスメント（セクハラ）」、立場が優位にある者から業務の範囲を超えた精神的・身体的苦痛を与えられる「パワー・ハラスメント（パワハラ）」、言葉や態度によって精神的あるいは継続的な嫌がらせを受ける「モラル・ハラスメント（モラハラ）」などが挙げられる。

　実習生のなかには、滞りなく実習を終えたいという思いや、成績を評価される立場から、こうした問題を我慢しようとする者もいる。実習施設・機関では指摘しにくい場合は、実習指導担当教員に相談したり、帰校日指導の際に学生ハラスメント相談窓口に問い合わせるなどして、決して一人で問題を抱え込まないようにすることが大切である。

8 ストーカー行為

　ストーカー行為とは、付きまとい、待ちぶせ、面会・交際の要求などのことである。好意や興味・関心の高さから生じることが多く、実習施設・機関での出会いをきっかけに執拗にこれらの行為を繰り返されたり、個人情報の開示を強要される場合が想定される。実習生にとって、実習中はスタッフや利用者との関係性が実習に影響を与えるため、関係を深めるために必要以上に個人情報を開示することには留意が必要である。

　もし、相手の態度に異変や問題を感じた場合は無理に一人で対処しよ

うとせず、ハラスメント同様に早急に養成校側に相談することが重要である。

9 虐待や権利侵害の目撃

万が一、施設・機関における利用者の処遇やスタッフの対応に対して、虐待や権利侵害が疑われるような場面を目撃してしまった場合、実習生は戸惑いや葛藤、混乱や失望といったマイナスの感情を抱えることとなる。

自身の立場ではどうにもならないと気持ちを抑え、見て見ぬ振りをするようなことはあってはならないが、その場で指摘することにはリスクが伴う。人が人の生活を支える福祉の世界には正解がないばかりか、時にこうした過ちも起こり得る。実習では対人援助の術を学ぶだけでなく、こうした専門職倫理に抵触するような過ちを通して、自身を戒め、専門性を身につける必要性を実感したり、実践的な権利擁護の術に取り組むことにも意義がある。

そのためにも、実習生一人で思い悩むのではなく、そうした葛藤を実習指導者や実習巡回教員（実習指導担当教員）にも打ち明け、その場の状況の共有を図りながら、マイナス体験をも実習効果を高める機会にする必要がある。

10 スタッフ間（人間関係）の板ばさみ

実習生は、実習開始前には利用者とのかかわりに意識を向けがちであるが、それと同時に大切なのが施設・機関スタッフとの関係性である。

施設・機関の利用者にとって、スタッフは大事な生活環境であり、良好な関係が望まれる。実習生もまた、実習の支援をしてもらうスタッフとの関係性は実習への取り組みに大きな影響を及ぼすものである。

よって実習生としては、どのスタッフとも良好な関係を築くように努めるが、時としてそれが難しい局面もある。たとえば、利用者へのかかわり方や支援に対する考え方がスタッフによって異なり、個々の利用者の特性のみならず、個々のスタッフの考えも汲み取る必要が生じる場合や、スタッフ同士の人間関係に巻き込まれ、両者の狭間で板ばさみに悩まされる場合などである。

施設・機関内での人間関係への対処は、状況を客観的に整理したり、実習生を取り巻く人間関係を実習指導者に把握しておいてもらう意味での報告が大切である。

⓫ 実習指導者との関係性

これまでに述べたように、実習の指導やトラブルへの対処など、実習指導者の担う役割は大きく、養成校を離れ現場で実習を行う実習生にとって実習指導者は将来の職業モデルとしてだけでなく、よき支援者として非常に頼りになる存在となる。

しかし、その実習指導者との関係がうまく築けない場合もある。そうした場合は、実習効果が低下するだけでなく、実習生が抱えた問題が消化できずにストレスを抱え、場合によっては実習の継続すら難しい局面を迎えることになる。

実習生は、実習指導者との関係構築に努めることは重要であるが、それでもなお実習指導者との信頼関係が築かれぬまま、実習環境に支障をきたす状況が続くようであれば、実習巡回教員に相談し、第三者に調整を図ってもらうことを検討する必要がある。

⓬ スーパービジョンの確保の問題

ソーシャルワーク実習が福祉ボランティアと大きく異なるのは、さまざまな体験を振り返る機会、すなわちスーパービジョンが確保されていることである。その作業によって、実習生はソーシャルワークを理解し、自己認識を高めることができるのである。その体験をひもとく手段の柱が、「実習日誌を通した指導」と「実習の振り返り（フィードバック）の時間」であるといえる。

実習指導者がすべての場面で実習生に立ち会うことは不可能なため、タイムリーに指導やアドバイスを行うことはできない。そのため、通常は1日の終わりに、「実習の振り返りの時間」を設け、実習生と実習指導者が実習の体験を共有し、大切な局面をひもとき、実習生に整理を促すためのスーパービジョンを行う。その後、実習生はその振り返りをもとに、セルフスーパービジョンとして「実習日誌」の作成に取り組み、さらに理解を深めるといった流れが確保されるところに実習の価値がある。

ただし、こうした機会の確保は各施設・機関によってまちまちであるため、実習生は事前訪問や実習開始日のオリエンテーションなど初期の段階で実習指導者にスーパービジョンの予定や形態に関して確認をとるとよい。また、実習が開始されたなかで、振り返りの機会がなかったり実習日誌の回収が滞っているようであれば、実習指導担当教員に報告し、調整の対応を図ってもらうようにする。

第5章

実習後の学習

　ソーシャルワーク実習は、実習前→実習中→実習後という学習のプロセスと積み上げを重視し、各段階で設定された教育目標を達成するために準備されたプログラムを系統的に学習するものである。

　ソーシャルワーカーの専門性を発揮するためには、価値・知識・技術を統合化して実施する能力が必要となる。実習後に実施するスーパービジョンや自己評価・他者評価、総括などの学習を通して、実習体験や記録などの結果を分析、解釈、評価することにより、ソーシャルワークの価値・知識・技術の統合化につなげることが可能となる。

　実習後の学習は、ソーシャルワーク専門職および専門職業人として社会的責務を果たし、役割を遂行するための自己研鑽の始まりといえる。本章で学習した内容を踏まえ、自身の実習体験を分析し、その成果を将来のクライエントのために活用できるようになってほしい。

実習後に行う評価

学習のポイント

● 実習後に行う評価活動の意義と方法を理解する
● モデル評価表の構造および記入の留意点を理解する
● 評価表の活用方法と留意点を理解する

1 実習過程における総括的評価の意義

　実習の成果や課題を正確に評価するためには、学習の流れに即して、診断的評価・形成的評価・総括的評価・確認的評価といった目的や方法が異なる評価を適切なタイミングで実施することが大切である（図5-1）。

　実習後に実施するのは、主に総括的評価と確認的評価で、そこでは実習生の目標達成度や知識および技術の習得度などを確認するための情報を収集する。総括的評価は、「最終的であること」を特質としており成績をつける際の基盤となる。また、確認的評価は、通知の教育に含むべ

表5-1　評価の種類

診断的評価	学習に入る前に、その学習のために有効となる入力条件を調べるための評価
形成的評価	学習過程の途中で、さらなる学習を要する部分の判断をし、学習をうまく遂行させるために実施する評価
総括的評価	「最終的であること」を特質とし、一定の期間をもって実施された指導・学習の終了後に、その成果である出力情報を得るための評価
確認的評価	学習者の臨床的知識・技能の保持を保障するという観点から技術演習や実習等、一定の教育完了後に実施する評価

図5-1　学習の流れと各評価の実施のタイミング

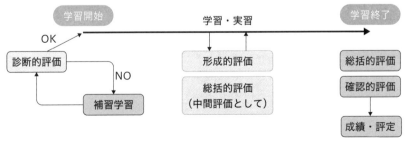

出典：西口利文・髙村和代編著『教育心理学』ナカニシヤ出版，p.160，2010．を参考に一部筆者加筆

き事項とソーシャルワーク実習教育内容・実習評価ガイドラインの教育目標（達成目標と行動目標）に掲げられている知識および技術の習得状況を確認することを目的としている。したがって、評定（優・良・可、ABCDE など）を見て終わるのではなく、「知識や技術を活用して何ができるようになっているか」という実践能力を確認することを意識して評価を実施することが重要である。

評価主体別に実習後に行う評価活動は**表 5-2** のとおりである。

2 自己評価

実習の評価は、評価基準を明確にし、実習指導者の評定だけではなく、実習生本人の自己評価についても考慮して行うこととされている。

前項で述べたとおり、自己評価は実習を総括するうえで非常に重要な手法となる。実習生自身が評価主体となり、実習を総括して評価を実施することにより、評価表や実習記録に書かれていないこと、成長や変化などといった複雑な内容を説明することが可能となる。これは実習生にしかできない評価である。実習生の「姿勢・意欲」は自己評価によって目に見える形で説明される。

達成度評価の観点からみると、教育目標の達成度や残された課題が何かを明らかにすることが大切である。したがって、実習後に評価表の確認作業をする際は、実習記録の内容や実習中に行ったスーパービジョンの内容を踏まえ、総合評価の符号だけでは解釈することができないものを見つけ、数値化されない言動や思考を丁寧に第三者が理解できるよう言葉にすることが非常に重要である。

また、「意欲をもって取り組んだにもかかわらずできなかった」「目標をもたずに取り組んだのにできてしまった」などというケースも想定される。達成度のチェックにあたっては、「なぜ達成できたのか」「なぜ達成できなかったのか」双方の理由を検討することも必要である。

---

i 本章において触れられている、社会福祉士養成施設、社会福祉士学校および精神保健福祉士養成施設等における、設置及び運営に係る指針、ソーシャルワーク実習の教育内容（「ねらい」「教育に含むべき事項」）などについて定めている通知とは、「社会福祉士養成施設及び介護福祉士養成施設の設置及び運営に係る指針について」（平成 20 年 3 月 28 日社援発第 0328001 号）・「社会福祉士学校及び介護福祉士学校の設置及び運営に係る指針について」（平成 20 年 3 月 28 日 19 文科高第 918 号社援発第 0328002 号）・「精神保健福祉士養成施設等の設置及び運営に係る指針について」（平成 23 年 8 月 5 日障発 0805 第 3 号）をいう。

表5-2　実習後における評価主体ごとの主な評価活動

評価主体＼実習過程	実習後
実習生	【学習目的】 ・自己評価（評価表の記入） ・実習指導者との評価表の確認 ・実習指導担当教員との評価表の確認 ・他者評価（実習指導者によるスーパービジョンと評価） ・相互評価（ほかの実習生とのグループワーク） ・実習報告書の作成 ・実習後のアンケート等の実施 ・実習報告会の準備と発表 【管理目的】 ・実施日数、実習時間の確認 ・出勤簿の確認 ・実習修了証明書の確認
実習指導担当教員	【指導目的】 ・評価表の記入内容の確認と指導 ・各実習施設・機関における実習内容の確認 【管理目的】 ・実習生の健康状態の確認 ・実施日数の最終確認 ・実習記録の確認 ・実習指導者への評価内容の確認（必要に応じて実施） ・単位認定 【研究目的】 ・授業評価の実施 ・事後アンケート調査の実施 ・各実習施設・機関における実習内容の確認
実習指導者	【指導目的】 ・評価表の記入（総括的評価・確認的評価） ・評価表の内容や評定の説明 ・評価表に関する事後の問い合わせへの対応 【管理目的】 ・出退勤状況、実習時間、実施日数の確認 ・修了証明書の発行 【研究目的】 ・実習生へのアンケートの実施 ・実習受け入れおよび指導に関する研究会の実施 ・実習報告会への出席

3　他者評価・相互評価

1 実習指導者の評定の位置づけ

　ソーシャルワーク実習の評定は、実習指導者が評価表を用いて実施する。評価表は養成校が作成することが多いが、実習施設・機関が独自で

作成している場合もある。実習施設・機関が独自で作成した評価表を用いる場合は、評価項目や評定基準など具体的な内容について事前に確認し、実習前の実習指導で共有しなければならない。

2 実習施設・機関の実習評価と成績評定

実習施設・機関の実習指導者の評定は、学生の目標達成度や行動の熟達度等を確認するうえで重要となる。しかしながら、実習指導者の評定は成績評定や単位認定そのものではない。成績評定や最終的な単位認定は養成校が行うものであり、実習指導者の評定のみに委ねることはできない。実習指導者の評定を評価資料の一つとして位置づけ、適切な解釈を行いながら実習全体の評価を行う。

3 学生同士による相互評価

実習の総括や知識および技術の習得度などを確認するにあたっては、ソーシャルワーカーを目指す学生同士で話しあいながらそれぞれの実習経験を振り返り、教育目標に対する実践や考えたこと、目標を達成するための方法や工夫などを共有することも効果的である。

自分とは異なる経験や考え方をもっている他者の意見を聴くことにより、客観的かつ多面的に自分の実習を振り返ることにつながる。なお、帰校日指導で学生同士話し合いをさせるのは、この相互評価に該当する。

4 実習計画の評価

実習計画の評価をする際は、まず、実習開始前に作成した実習計画書もしくは中間評価のあとに修正した実習計画書を見直し、実習経験を踏まえて再度実習を行うとした場合、どのような計画を作成するか考えてみるとよい。実習を通じてソーシャルワーク実践を観察・体験し、何らかの知識や技術について実践的理解ができているはずである。そのような実習経験を踏まえ、あらためてソーシャルワーカーになるための実習教育目標を達成するためには、実習計画に何を入れればよいのか、どのような日程で展開すればよいのか、誰に協力を求めればよいのか、などが鮮明に浮かび上がってくる。これが一つの成功体験として、就職した際の専門職としての自分のありようをイメージすることにつながる。

また、実習計画は達成目標および行動目標を基準・規準として作成し

ている。したがって、目標の達成度について実習記録や実習指導者の
スーパービジョンのメモ等を活用しながら確認、評価を行う。そして、
確認的評価の観点から、知識および技術の習得度や定着度を確認し、今
後の授業や学習において取り組むべき課題を設定することが重要であ
る。ここでも「やりっぱなしにしない」ということを心がけ、最後まで
学習に臨むことが大切である。

5 実習全体の評価（実習評価表の活用方法）

　実習評価表は中間評価の際に見直す作業を行うが、総括的評価とし
て、実習終了時に再度見直すことになる。実習生、実習指導者が同じ評
価表を使用するため、評価の目的や記入方法などをまとめた「実習評価
の手引き」を作成し、実習生と実習指導者および実習施設・機関側が実
習評価の目的を理解し、活用することが重要となる。評価表の活用の流
れや方法の例を示したのが**表5-3**である。

　評価表を確認する際は、いくつか留意すべき点がある。評価表の確認
は、基本的には実習指導担当教員と実習生との間で行われるものであ
り、実習の状況を観察し、直接指導した実習指導者が同席するわけでは
ない。そのため、評価した当事者（実習指導者）による評定の理由や根
拠を確認できず、実習生に対して適切な評価情報のフィードバックがで
きないという問題が生じる。この問題を回避するためには、自由記述欄
または特記事項欄に評価の根拠や理由等を実習指導者にきちんと書いて
もらう必要がある（巻末資料参照）。さらに、実習生が直接説明を受け
ることを希望する場合は、必要に応じて実習指導担当教員が実習指導者
につなぐ役割を果たすことが求められる。実習生は、学習の主体として、
評価の内容や評定の理由を知る権利がある。評価表は自分自身の学習の

表5-3　実習後における評価表の活用方法の例

① 実習生の自己評価として、評価表に記入する。
② 実習指導者も同じ評価表を使用して記入する。
③ 実習生と実習指導者による実習の振り返りを行い、スーパービジョンを実施する。
④ 実習終了後、実習指導担当教員による個別指導として、実習生と実習指導者の評
　価表を照らし合わせ、スーパービジョンを実施する。
⑤ 実習報告書の作成に活用する。
⑥ 実習報告会のための資料作成に活用する。
⑦ ソーシャルワーク専門職になるための自己学習の基準として活用する。

成果および情報であることを認識し、適切な評価を受けることができる
よう、実習生自ら実習指導担当教員や実習指導者に対して積極的に働き
かけることも求められる。

　実習施設・機関の実習評価と成績評定についていえば、実習指導者の
評定は、実習生の目標達成度や行動の熟達度等を確認するうえで重要と
なる。しかしながら、実習指導者の評定だけで成績評定や単位認定を行
うのは通知の規定からみても妥当とはいえない。また、達成度評価の観
点からみても、達成度評価は 100％完全習得のみを目的とするもので
はなく、達成までの連続体をなすとする考え方であることから、実習計
画に設定した目標が達成できないからといって低い評定にするのは誤り
である。設定した行動目標に対してどの程度達成できたのか、達成度の
分割点のどの位置にいるのかなどを考慮に入れる必要がある。実習指導
者の評定は、目標に照らした進捗状況や、実践能力の修得状況に関する
フィードバックを実習生に提供するという形成的評価の対象として活用
するものである。実習指導者の評定を評価資料の一つとして位置づけ、
適切な解釈を行いながら実習全体の評価を行うことが重要である。

第2節 事後学習の目的と方法

● ソーシャルワーク実習の事後学習の目的を理解する

● 実習経験からソーシャルワークを体系的に理解するための事後学習の内容とその方法
を理解する

1 事後学習の目的

　ソーシャルワーク実習の学びは実習期間中に完結するものではない。事前学習でしっかりと準備を整えることに加えて、事後学習で実習体験をあらためて多角的に検討することにより、初めてソーシャルワークの価値・知識・技術を体系立てて理解していくことが可能になる。その意味において、実習後の学習は実習前・実習中の学びと同様に重要なものといえる。

　事後学習に取り組むにあたり、ソーシャルワーク実習の目的は社会福祉士・精神保健福祉士養成であることを確認しておきたい。学生たちは、社会福祉に関するさまざまな施設・機関で働く社会福祉士・精神保健福祉士のもとで実習を行う。ただし、あくまでもそこでの学びは社会福祉士・精神保健福祉士としての価値と倫理に基づくソーシャルワークを行うための実践能力を養うことに主眼があり、個別の施設・機関でソーシャルワーク機能を担う専門職（例：病院のソーシャルワーカー、特別養護老人ホームの生活相談員など）を目指すことを目的とするものではない。

　そこで事後学習では、実習を通して学んできた各社会福祉現場における個別的な（スペシフィックな）ソーシャルワークに、あらゆる社会福祉現場に共通する普遍的な（つまりはジェネラリスト）ソーシャルワークとしての意味づけをしていくことになる。そのなかでは、各社会福祉現場でさまざまに展開されている支援実践とソーシャルワークの価値・知識・技術との関連性や連動性を明確化し、ソーシャルワークとそれを担う社会福祉士・精神保健福祉士について理解を深めていくことが重要である。

　これらを通して、通知の「ねらい」にある「社会福祉士として求めら

れる役割を理解し、価値と倫理に基づく専門職としての姿勢を養う」「精
神保健福祉士として求められる資質、技能、倫理、自己に求められる課
題把握等、総合的に対応できる能力を習得する」「ソーシャルワークに
係る知識と技術について具体的かつ実践的に理解し、ソーシャルワーク
機能を発揮するための基礎的な能力を習得する」「実習で得た具体的な
体験や援助活動を、専門的援助技術として概念化し理論化し体系立てて
いくことができる総合的な能力を涵養する」等の目標を達成することが、
事後学習の目的となる。加えて、これらの目標や事前学習で設定した実
習課題に関する自らの達成状況を評価し、不十分な点を明確化したうえ
で今後の学習課題を設定していくことも、事後学習の目的であることを
意識しなければならない。以下に、国家試験の受験資格取得に必要なす
べてのソーシャルワーク実習を終えたあとに取り組むべき事後学習の内
容と方法を整理する。

2 事後学習の内容と方法

1 実践にソーシャルワーク理論を結びつける帰納法的学習

　実習で観察・体験してきたことは、各福祉現場に勤務する社会福祉士・
精神保健福祉士の支援実践や日常業務（以下、実践）である。社会福祉
士・精神保健福祉士は、ソーシャルワークの価値・知識・技術に基づい
て実践の方向づけをしたり、それらを活用して実践を遂行することで
ソーシャルワーカーとしての役割を果たしている。そのため、事後学習
では、目に見える形で表出される社会福祉士・精神保健福祉士の実践を
再確認するだけでは不十分であり、実践とソーシャルワークの価値・知
識・技術との関連性について考察することが必要となる。

　実習前・実習中・実習後の学習の関係性を整理したものが**図 5-2** で
ある。

　多くの学生にとって、実習前に現場の実践を観察・体験する機会はあ
まりない。講義でソーシャルワークの価値・知識・技術に関する理論を
重点的に学びつつ、事例等を用いてソーシャルワークの理論がどのよう
に社会福祉士・精神保健福祉士の実践に表出されるのかを考えていくこ
とになる。つまり、実習前の学習は、理論先行型の**演繹法的学習**が中心
といえよう。これに対して、実習後の学習は、実習で観察・体験してき
た実践にソーシャルワークの価値・知識・技術といった理論を結びつけ

★演繹法的学習
演繹法とは、普遍的命題（公理）から個別的命題（定理）を導く推論である。つまり、この場合の演繹法的学習とは、ソーシャルワークに関する理論から、個別の福祉現場における実践のあり方を検討する理論先行型の学習方法を意味する。

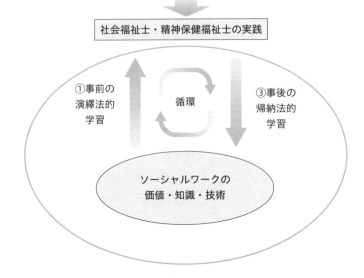

図5-2　ソーシャルワーク実習前・実習中・実習後の学習の関係性

②実習での観察・体験学習

社会福祉士・精神保健福祉士の実践

①事前の
演繹法的
学習

循環

③事後の
帰納法的
学習

ソーシャルワークの
価値・知識・技術

★帰納法的学習
帰納法とは、個々の具
体的事実から一般的な
命題ないし法則を導き
出す思考の手続きであ
る。つまり、この場合
の帰納法的学習とは、
個別の福祉現場におけ
る実践のあり方から、
ソーシャルワークの理
論を導き出す実践先行
型の学習方法を意味す
る。

ていく帰納法的学習★が中心となる。

　この学びのプロセスを整理すると、①実習前には演繹法的学習によっ
てソーシャルワーク理論と実践を学習し、②実習で現場における社会福
祉士・精神保健福祉士の実践を実際に観察・体験したうえで、③実習後
に帰納法的学習によって、観察・体験してきた実践をソーシャルワーク
理論と結びつけていく。さらに、帰納法的学習によって得た学びをもと
に、再び演繹的に現場における実践のあり方を考察するという学習の循
環を経て、ソーシャルワークとそれを担う社会福祉士・精神保健福祉士
について立体的に理解することが可能となる。

▎2 社会福祉士・精神保健福祉士に共通するソーシャルワーク の価値・知識・技術の抽出と多様な実践方法の整理

　社会福祉士・精神保健福祉士による実践は多様であり、所属施設・機
関の種別が違う場合、内容や方法が異なることは少なくない。施設・機
関の領域や種別が同じ場合でさえも、その実践は近似しつつも完全に同
じというわけではない。そのため、各実践に必要となる知識や技術は現
場の特性に応じて多岐にわたる。そこには、ソーシャルワークの知識や
技術に加えて、各現場特有の知識や技術も含まれることとなる。また、
それらの実践の根源にある価値にも、ソーシャルワークによる価値だけ
でなく、各施設や機関に固有のもの（法人等の理念として位置づけられ

ていることが多い）も含まれている場合がある。

　ジェネラリストとしての社会福祉士・精神保健福祉士について理解を深めるためには、各実践から社会福祉士・精神保健福祉士にとって普遍的なソーシャルワークの価値・知識・技術を抽出することが求められる。加えて、その普遍的なソーシャルワークの価値・知識・技術に基づいた実践には、多様な展開方法があることについても理解を拡げていくことが必要となる。つまり、社会福祉士・精神保健福祉士として普遍的な価値・知識・技術と、それらに基づいた多様な実践方法の両面を理解することが事後学習の目的の一つとなる。

　しかし、自らの実習経験を振り返ることだけで、普遍的なソーシャルワークの価値・知識・技術を抽出し、またその実践の多様な展開方法を理解することは難しい。そのため事後学習においては、学生同士がそれぞれの実習経験をもちより、多様な社会福祉士・精神保健福祉士の実践を比較・検討するという協同学習に取り組むことで、そこに共通するソーシャルワークの価値・知識・技術を抽出し、またソーシャルワーク実践の多様な展開方法を整理していくことになる。

3 現場におけるソーシャルワークと普遍的なソーシャルワークとを結びつけるための学習方法

　事後学習として、実習で観察・体験した社会福祉士・精神保健福祉士の実践にソーシャルワーク理論を結びつけたり、普遍的なソーシャルワークの価値・知識・技術を抽出するために、個人での振り返り、学生同士のグループによる協同学習としての振り返り、さらには実習指導担当教員とのスーパービジョンなどの方法がある。

　また、事後学習ではただ個人やグループで振り返りを行うだけでなく、振り返った内容を報告書や報告会の形で整理して他者にも確認してもらうことが重要である。そのため、実習後の学習では実習報告書の作成と実習報告会に取り組むことが求められる。実習報告書の作成と実習報告会の準備・実施については、次節で説明する。

❶自らの実習経験の振り返り

　事後学習における自らの実習経験の振り返りとは、実習中にどのような出来事があったのかをただ確認するのではなく、そこで観察・体験した実践がどのような経過で生じたのか、どのような意味をもっていたのかについて再度考察を深めていくことを意味している。また、自らの実習経験を振り返る際には、実習で観察・体験した社会福祉士・精神保健

福祉士の実践とソーシャルワークの価値・知識・技術との関連性につい
て考察することが重要である。

　実習中は、矢つぎばやに生じる出来事を確認することで手いっぱいに
なってしまい、十分に理解を深められないことも少なくない。しかし、
実習から時間をおき、落ち着いた状態であらためて実習経験を振り返る
ことにより、新たな気づきや理解を得ることができる。これは、当事者
として経験した自らの実習を客観的に捉えなおす作業ともいえよう。

　自らの実習経験を振り返る素材としては、実習計画（またその達成状
況の評価）、実習日誌、ケース研究の記録、実習評価表が有用である。

❷学生グループでの実習経験の共有と振り返り

　社会福祉士・精神保健福祉士による実践は現場ごとに多様であるもの
の、各学生は限られた施設・機関で実習を行うことになる。そこで、実
習を終えた学生同士で相互の実習経験を共有し、振り返るというグルー
プでの協同学習（グループ学習）に取り組むことで、社会福祉士・精神
保健福祉士に共通するソーシャルワークの価値・知識・技術を抽出した
り、現場の特性に連動したソーシャルワーク実践の多様な展開方法を理
解していくことが可能になる。その際、各学生の実習経験の違いに着目
するのではなく、各実践現場に共通するソーシャルワークの価値・知識・
技術は何か、またソーシャルワークの実践理念がどのような方法で展開
されていたのかを意識しなければならない。

　このグループ学習に用いる素材としても、実習日誌、ケース研究の記
録、実習評価表などが有用である。

❸学生―実習指導担当教員間のスーパービジョン

　事後学習において、学生個人または学生グループで実習経験への考察
を深めていく際にも、実習指導担当教員とのスーパービジョンが重要に
なる。

　事後学習の基本は、個人学習・グループ学習を問わず学生自らの振り
返りである。学生が自らの実習経験の意味を考察するなかでは、当然見
落としている視点があったり、知識が足りずに十分振り返りを深められ
ないことが少なくない。また、実習評価表を確認したり、ほかの学生の
実習経験と自らの経験を比較するなかで、自身の実習経験に否定的な意
味づけをしてしまい、心理的に落ち込んでしまうこともある。スーパー
ビジョンの教育的機能や支持的機能は、このような知識不足や心理的な
負担に対してとても有効である。

　実習指導担当教員に対して事後学習での考察を語るなかで、考察に不

足していた視点や知識を明確化したり、否定的に捉えた出来事に別の意味づけをしていくことが可能となる。複数の学生と実習指導担当教員によるグループスーパービジョンでも同様の効果が期待できよう。加えて、実習中だけでなく事後学習でもスーパービジョンの効果を実感することは、ソーシャルワーク専門職としての成長に継続的なスーパービジョンが必要であることの理解にもつながる。

❹実習現場へのフィードバックと再体験

図5-2（p.178）で示したとおり、実習後の帰納法的学習で学びが完結するのではなく、さらに事後学習の成果をもとに現場のソーシャルワーク実践を考えていく演繹法的学習に取り組むといった学習の循環が重要である。そのため、ソーシャルワークとそれを担う社会福祉士・精神保健福祉士を立体的に理解するためにも、実習後の考察について実習指導者にフィードバック（報告）したり、再度現場での観察・体験に取り組むことが重要な課題となる。定められた実習や講義期間だけですべての学びを達成することは難しい。実習後にも主体的に実践的な学びを深めていくことが必要であり、そのような姿勢は、各倫理綱領の「専門職としての倫理責任」に定められる「専門性の向上」に通じるものであることを意識したい。実習中に忙しそうな実習指導者を見ていると、実習後に再度連絡することを遠慮してしまうかもしれないが、自らの専門性を向上するための積極的な姿勢は社会福祉士・精神保健福祉士になるために獲得しなければならないものである。

学習のポイント
● 実習成果を報告する目的について理解する
● 実習総括レポートの作成方法について理解する
● 実習報告会における発表の準備と方法を理解する

1 実習成果を報告する目的

実習成果の報告は、ソーシャルワーク実習を終えたあとに取り組む事後学習の一つである。事後学習では、実習指導担当教員からの個別スーパービジョンやほかの実習生とのグループスーパービジョンを通して、一人ひとりが実習体験における成果を振り返る。その振り返りの内容を文章としてまとめたものが「実習総括レポート（実習報告書）」であり、プレゼンテーションの形式で報告するのが「実習報告会」である。

1 通知からみた実習報告の目的

実習成果を報告する目的は、社会福祉士・精神保健福祉士の国家資格を得るための通知に次のように規定されている。

【ねらい】
「実習を振り返り、実習で得た具体的な体験や援助活動を、専門的援助技術として概念化し理論化し体系立てていくことができる総合的な能力を涵養する」（社会福祉士）
「具体的な実習体験を、専門的知識及び技術として概念化し理論化し体系立てていくことができる能力を涵養する」（精神保健福祉士）

実習後の学習では、実習前に講義で学んだソーシャルワークの知識や、演習で模擬的に体験した援助技術を、現場実習においてどのように実践的に理解したのかを明確にしていく。そのうえで、現場での実感を伴った理解から、あらためてソーシャルワークの概念や理論に立ち返り、その意味を学びなおすという目的がある。つまり、実習生にとって

の実習報告とは、理論と実践の結節点ということができる。将来ソーシャルワーカーとして働く際にも、常に理論と実践を行き来しながら専門性を高めていくことが求められる。その第一歩として、実習で得た具体的な体験や援助活動を、専門的援助技術として概念化し理論化し体系立てることに取り組み、実習成果として報告することを通して、総合的な能力を身につけることを目指す。

2 実習の成果とは

ソーシャルワーク実習を振り返るなかで、何が「実習成果」として見出されるだろうか。『大辞林（第3版）』によると「成果」とは、「なしとげた結果。できあがったよい結果」と定義される。しかし、実習成果の報告では、達成できたことや成功体験だけでなく、中途半端に終わったことや失敗体験も「成果」となり得る。なぜなら、失敗やうまくいかなかった体験からこそ、実習生としての課題が発見できるからである。通知においても、実習体験や実習記録を踏まえて課題を整理することが、教育に含むべき事項として明記されている。

【教育に含むべき事項】
「実習体験や実習記録を踏まえた課題の整理と実習総括レポートの作成」

実習中に達成できたことは「成果」であり、どのような準備やプロセスで達成できたのかを分析し、報告することができる。だがこの背景には、自分のマイナスの体験には触れたくないという無自覚な思いや、実習指導担当教員やほかの学生によい評価をされたいという自然な欲求があるかもしれない。プラスの結果だけに焦点を当てず、肩の力を抜いて、マイナスに感じている体験にも目を向けてみる。ここから自身の課題が発見されれば、今後ソーシャルワーカーを目指すうえで必要な行動変容の足がかりとなる。これこそが実習の「成果」であり、成功体験以上に有意味な結果となっていく（**図5-3**）。

図5-3 「成果」の意味

一般的定義……なしとげた結果。できあがったよい結果。

実習報告の場合……成功体験 ┐
　　　　　　　　　　　　　　├ ここから何を学んだか＝成果
　　　　　　　　　失敗体験 ┘

実習生は今の段階ですべての実習課題を達成しなければならないわけではない。実習報告では学習の経過報告、すなわち、実習計画に照らして「ここまでは達成でき、ここは課題として残った」という客観的な整理が必要である。また達成できたか否かだけでなく、その背景要因を探り、成功や失敗の体験から何を学んだのかのプロセスを明示していくことが求められる。

このように、残された課題も含めて実習成果を報告することは、実習生自身の成長につながるだけでなく、アカウンタビリティ（説明責任）としても重要である。現場実習は、実習指導担当教員からの指導だけでなく、実習指導者や利用者、実習施設・機関、地域住民の協力があってこそ成立している。また、実習生による実習報告は、後輩学生の実習に対するイメージやモチベーションの形成にも大きな役割を担っている。実習生がどのような体験から何を学んだかという「成果」をありのままに報告することは、実習施設・機関や養成校へのフィードバックとしても活かされる点にも留意したい。

3 客観的な報告とは

実習総括レポートや報告会は、実習指導者や実習指導担当教員、他学生に読まれる・聞かれることを前提としている。そのため、第三者にもわかる客観的な書き方や表現が求められる。

この場合の「客観的」とは、実習生が自身の実習体験を冷静に外側から捉えなおそうという主旨であり、独りよがりに主観に閉じこもった感想文や体験発表では不適切だということである。

では、客観と対局にある主観はどう扱えばよいのだろうか。実習そのものは実習生の主観的体験である。現場に出て緊張したり意気込んだり、利用者を目の前にして戸惑ったり悩んだりと、実習生一人ひとりに固有な感覚的なものである。

また実習を終えたあとは、緊張感から解き放たれて気が抜けたり、ふだんにはない頑張りから燃え尽きてしまったりもするだろう。実習指導者から褒められた人は達成感や高揚感にあふれ、逆に厳しい指導を受けた人は挫折感や無力感を味わっているかもしれない。

実習報告で「客観」を求められたとき、これらの主観的体験や感情は捨てなければならないと思いがちである。しかし、客観的に捉えるためには、まずは自身の「主観」を徹底的に洗いなおす必要がある。

★アカウンタビリティ
（説明責任）
ソーシャルワークの評価において、活動の「効率性」と「有効性」を示すこと。一般には専門職としての「責任」を表すが、実習においては実習生が実習プログラムのなかで何をどのように学んだかを明らかにすることを意味する（黒木保博・山辺朗子・倉石哲也編著『福祉キーワードシリーズ ソーシャルワーク』中央法規出版, p.200, 2002.）。

★フィードバック
過去の取り組みや結果に対する評価や助言。目標達成に向けた行動の修正や動機づけが目的。実習では実習指導者や実習指導担当教員からの指導や助言、利用者からの反応や評価も含まれる。実習生による実習報告は、実習施設・機関や養成校への評価として、実習指導の振り返りや次年度実習の検討に活かされる。

図5-4　実習生の主観的体験の客観化

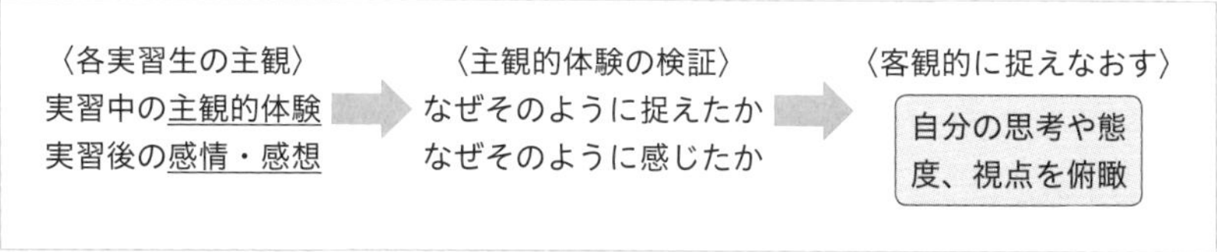

〈各実習生の主観〉　　　　〈主観的体験の検証〉　　　　〈客観的に捉えなおす〉
実習中の主観的体験　　　→　なぜそのように捉えたか　→　| 自分の思考や態 |
実習後の感情・感想　　　　なぜそのように感じたか　　　| 度、視点を俯瞰 |

　実習直後はまだ生々しい感覚や感情に覆われて、自身の実習体験を冷静に捉えることは難しい。しかし実習後 1 ～ 2 か月が経過し、実習指導担当教員や他学生とともに事後学習に取り組むことによって、自らの主観的体験から少しずつ距離をとることができるようになる。なぜ実習中はそのように捉えたのか、なぜ自分はそのように感じたのかを、丁寧に振り返ってみる。そこには必ずきっかけとなる背景や根拠があるはずである。それが明らかになれば、自分がもっていた思考パターンや態度、視点を俯瞰することができる。これが客観的に捉えなおすまでのプロセスである（**図 5-4**）。

4　ある実習生が実習中の体験を客観的に捉えなおすプロセス
❶実習生による体験の記述

　私は特別養護老人ホームの利用者のニーズを理解したいと思い、実習が始まってから積極的に挨拶をしたり、自分から利用者に声をかけた。特に私と話してくださるＡさんは、若い頃の話やご家族のことを教えてくれた。話しやすく、関係ができてきたと思ったので、Ａさんを対象にアセスメントと個別支援計画を立てたいと実習指導者に相談した。Ａさんは受け入れてくださり、私は毎日、実習の時間が空いたときにＡさんの居室を訪問するようになった。身体的な状況や入所してからの思い、趣味やこの施設での楽しみなどを聞いていった。翌日には、前日に聞き足りなかったことをメモし、できる限り詳しく聞けるようにした。

　1 週間ほど経ったとき、私がいつもどおりＡさんの居室を訪ねると、Ａさんから「今日はごめんね」と突然言われた。私は驚いて、どうしてか意味がわからず、ただ「はい……」と言ってドアを閉めた。急に聞き取りができなくなって困ったなと思った。次の日、Ａさんのところに行こうとしたが、また断られるかもと思って行けなかった。

　実習指導者との振り返りの時間に、Ａさんのことを相談した。「2 日前まで笑顔で質問に答えてくれていたし、何か問題があったんでしょうか。もう少しでアセスメントが完成するんです」と伝えた。すると実習

指導者は「Aさんは少し疲れているように見えたよ。それに、Aさんは毎日趣味の縫い物の時間と、昼寝の時間をとられているよ。よくAさんの様子を観察してごらん。もしわからないことがあれば、介護職員にも聞いてみては」とアドバイスをくれた。

　まず、実習生は振り返ってみたい体験について、実習記録や実習中のメモを数回読みなおそう。事実として何が起こり、誰がどのように行動し、自身は何を感じたかを記述していく。この実習生の記述からは、途中まで順調にいっていた利用者とのかかわりが、ある日突然途絶えてしまったことがわかる。実習生は驚き、戸惑い、自分から動けなくなってしまったという体験である。

❷主観的側面への焦点化

　次に、実習生の体験の主観的側面に焦点を当て、その背景にどのような考え方や態度があったのかを確かめる。実習生はこのとき、「自分はAさんに拒否された、つらい」「聞き取りができなくて困る」「このままではアセスメントが進まず焦る」という心情だったと述べる（図5-5）。

図5-5　実習生の体験の主観的意味の確かめ

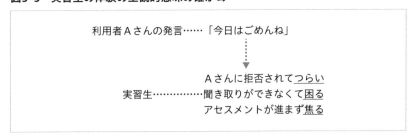

❸主観的体験の背景要因を探る

　実習生はその後、Aさんに直接かかわることを中断し、ユニットの介護職員から情報を得ながら、Aさんの生活の様子を観察した。そして1週間後にお孫さんが来所されたあと、Aさんとのかかわりは再開できることになった。再開できるまでの1週間は、実習生にとってとてもつらく、悩んだと述べる。この展開について、実習生が事後学習において振り返ったAさんの状況は、以下のとおりである。

・私が毎日居室を訪れていたため、Aさんの生活リズムが崩れていた。
・質問攻めにしたことによって、Aさんは徐々に疲れてしまった。
・来週お孫さんが施設に来るため、手作りの人形をあげたいが、利き手に麻痺があるため1日に少ししか縫うことができず、焦っていた。

> ・私が一生懸命に話しかけるため、Ａさんは断ることを申し訳なく感
> じ、なかなか言い出せずにいた。

❹背景要因の分析からテーマの抽出へ

実習中は、Ａさんへの聞き取りが再開できてうれしい気持ちや、アセスメントが進められて本当に安堵したと実習生は述べた。しかし、事後学習を進めるなかで、上記のＡさんの状況が一つひとつ整理されたことにより、実習生は後悔の発言もするようになる。「私はＡさんとよい関係を築けていたと思っていたが、本当はＡさんの生活リズムをじゃましていた」「私が質問することでＡさんが疲れてしまったことに気づけなかった」「Ａさんのニーズを理解するために話を聞いていたのに、お孫さんへの思いや焦っている気持ちをまったく理解できていなかった」「初めから介護職員にも相談しておけばよかった」等である。

ここから実習生は、利用者のニーズの理解における要介護高齢者の生活リズムの大切さ、ほかの専門職との情報の共有等のテーマを取り上げ、実習総括レポートで考察することになった。

❺感想文から客観的な表現へ

実習生は、上記のテーマに基づき実習総括レポートを書いてみたものの、反省めいた感想文になってしまった。そこで、あらためて自身の体験について実習指導担当教員と振り返った。Ａさんに拒否されたとき、なぜあれほどつらく、困ったり焦ったりしていたのか。その背景には、どのような自分自身の思考や態度があったのか、実習記録から再び確かめることにした。

その結果、「実習生として積極的に利用者にかかわらなければならない」「利用者を理解するために情報収集は詳しく行うべき」「実習中にアセスメントと個別支援計画を完成させたい」といった実習生自身の暗黙の強い思いが見出された。もちろんこれらは、実習生として大きく誤った内容ではない。だが、これらの実習生の熱意や願望よりも、現場実習で優先されるべき「利用者の主体性の尊重」が実習中には理解されていなかった。このために、実習生は「つらい」という体験でとどまっていたことに、事後学習での振り返りを通してようやく気づいたのである。

以上のように、実習生の主観的体験の背景には、無意識に陥っていた「〜ねばならない」「〜べき」「〜したい」という思考や態度が必ずある。それらを丁寧に洗い出すことによって、単なる後悔や反省で終わらせず

図5-6　実習生の主観的体験の背景を探り客観的に捉えなおすプロセスの例

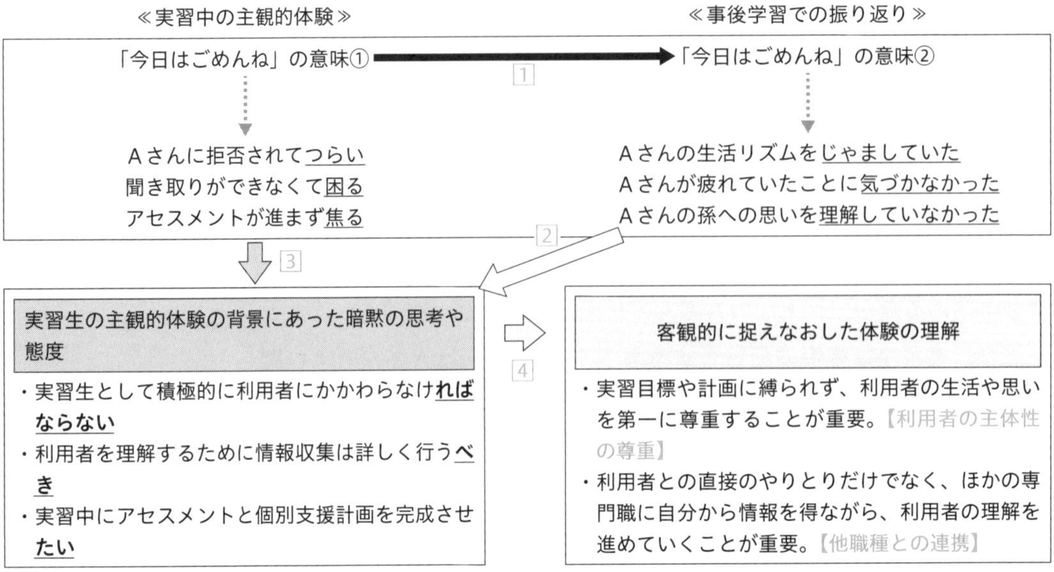

≪実習中の主観的体験≫　　　　　　　　　　　　　　≪事後学習での振り返り≫

| 「今日はごめんね」の意味① ──① ──▶ 「今日はごめんね」の意味② |

Aさんに拒否されてつらい　　　　　　　　　Aさんの生活リズムをじゃましていた
聞き取りができなくて困る　　　　　　　　　Aさんが疲れていたことに気づかなかった
アセスメントが進まず焦る　　　　　　　　　Aさんの孫への思いを理解していなかった

②

③

| 実習生の主観的体験の背景にあった暗黙の思考や態度 | ④ | 客観的に捉えなおした体験の理解 |

・実習生として積極的に利用者にかかわらなけれ**ば**
　ならない
・利用者を理解するために情報収集は詳しく行う**べ**
　き
・実習中にアセスメントと個別支援計画を完成させ
　たい

・実習目標や計画に縛られず、利用者の生活や思い
　を第一に尊重することが重要。【利用者の主体性
　の尊重】
・利用者との直接のやりとりだけでなく、ほかの専
　門職に自分から情報を得ながら、利用者の理解を
　進めていくことが重要。【他職種との連携】

に、実習体験を客観的に捉えなおすことができる。実習報告では、事後
学習におけるこの主観から客観へのプロセスをまとめることも一つの方
法である（**図5-6**）。

　ソーシャルワーク実習は人々の生活や人生に深く関与する体験とな
る。そのため、実習生も自らの主観を大きく揺さぶられることになるだ
ろう。このような自己覚知を通して、ソーシャルワークの価値や倫理を
洗練させていくことも、実習報告の目的の一つである。

2 　実習総括レポート（実習報告書）の作成

　実習総括レポートは、実習生が実習成果の報告を文書によって行うも
のである。これまでに述べたように、実習体験そのものを事実として並
べたり、主観的な感想を書いたりするものではないことに注意が必要で
ある。実習体験を通して得られた学びや、発見した課題について考察し、
実習を直接見ていない人にも伝わる客観的な書き方を意識する。

1 実習総括レポートを書く時期

　実習総括レポートを事後学習のどの時点で作成するかは、養成校に
よって異なる。事後学習の比較的早い段階では、実習体験の時系列的ま
とめとして、記憶が新しいうちに作成することができる。

　事後学習の中間で三者協議（実習生・実習指導者・実習指導担当教員による実習の振り返り）を行う場合は、レポートの下書きを協議資料として用いることが効果的である。実習指導者に養成校での事後学習の進捗状況を伝えることができ、レポートの内容や書き方にフィードバックが得られる。

　また、実習総括レポートを事後学習の最終段階として、実習報告会を終えたあとに作成する場合は、ソーシャルワークの学びの集大成として書くことができる。それぞれの時点で書く意義があるため、レポートの作成を意識しながら事後学習に取り組んでいくことが重要である。

2 実習総括レポートの内容

　実習総括レポートの内容は、実習体験における学びの考察である。たとえば、事前学習で身につけた知識が、実習では利用者への情報提供の役に立ち、より安心した生活につながった、などプロセスを意識しながら書くことができる。あるいは、うまく実践できたときの自分を取り巻くシステムはどうだったか、周囲との関係性や交互作用に着目して分析することもできる。

　このように実習体験を直接振り返ることもできるが、実習後の振り返りを振り返ることもできる（**図5-7**）。主観から客観へのプロセスでも述べたように、実習中の捉え方と、実習後に振り返りを行ってからの捉え方とでは、実習生の思考や視点に変化が生じているからである。その変化のありさまを記述し、分析することが、そのまま考察にもつながる。

図5-7　事後学習における二重の振り返り

　実習総括レポートの具体的な内容として、**表5-4**のような項目が例に挙げられる。様式は養成校によって異なるが、実習成果の報告書という目的は同じである。

表5-4　実習総括レポートの例

「実習総括レポートのタイトル」
取り上げたテーマが端的にわかるもの

学籍番号・実習生氏名

（1）実習施設・機関の概要や特色
　　　実習施設・機関の種別や法的根拠、事業やサービス、利用者の状況、地域の特徴、沿革や理念、関連施設・機関等

（2）実習プログラムの内容
　　　実習で体験したソーシャルワーク業務や地域活動
　　　実習の時期や内容を簡潔に整理したもの

（3）実習課題の達成状況
　　　実習計画で設定した実習課題がどのように達成できたか、残された課題についての考察
　　　実習施設・機関評価と自己評価との比較、事後指導における振り返りのプロセス等

（4）実習施設・機関を取り巻く現状と課題
　　　実習を通して理解した、実習施設・機関や利用者を取り巻く現状と社会的課題

（5）ソーシャルワーカーの専門性と役割
　　　上記（4）の課題の解決に、実習施設・機関のソーシャルワーカーはどのような専門性や機能を発揮していたか、そこでの役割等

（6）実習を通した自己覚知と今後の目標
　　　ソーシャルワーカーを目指すうえで、自分自身をどのように理解したか、今後どのような行動変容に取り組みたいか等

■ 3 実習総括レポートの作成上の留意点

各実習生が作成した実習総括レポートは、「実習報告集」として冊子や電子媒体にまとめられる。養成校の内部でのみ配付される場合もあるが、多くは実習施設・機関等の外部にも配付される。したがってレポート作成の際には、個人名や住所、利用している事業所等は匿名にし、プライバシーの保護が確実に行われているか、実習指導者や実習指導担当教員によるチェックを受けることが不可欠である。

またレポートの内容が、特定の人物や組織（利用者や家族、職員や事業所、特定の地域や団体）に対する批判になっていないかも注意が必要である。考察の際に批判的な視点をもつことは有効であるが、まずは実習生自身の実習体験を批判的に分析しなければならない。そのうえで、制度上の課題や、よりよいサービスに向けての自身の考えとして、意見を述べることは可能である。特に事例や地域活動を取り上げる場合は、関係者を傷つけたり辱めたりすることのないよう倫理的に配慮されているか、実習指導担当教員からのチェックを受ける必要がある。

3 実習報告会での発表

実習報告会は、実習生が実習や事後学習を通して得た成果を、プレゼンテーションの方法で報告するものである。スライドを用いた口頭発表や、ポスター展示での発表、シンポジウム形式による発表等、さまざまな形式がある。また実習生が個人で発表する場合と、グループで発表する場合とがある。ここではグループでスライドを用いた発表を想定して説明する。個人で取り組む場合も、発表までの手順は同様である。

■ 1 実習報告会までの流れ

実習報告会の発表までには**図 5-8** のような流れがある。グループのメンバーで協力し、各段階で締切日を設定しながら計画的に進めていく。

■ 2 実習報告会に向けた具体的手順

❶テーマや内容を決める

最初の手順として、実習報告会で発表するテーマを決定する。そのテーマを通して自分たちは何を伝えたいのかを明確化する。そのためには、グループのメンバーがどのような実習体験をし、どのような学びを

図5-8　実習報告会までの流れの例

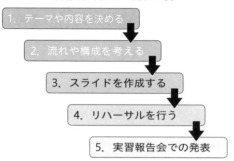

1. テーマや内容を決める
2. 流れや構成を考える
3. スライドを作成する
4. リハーサルを行う
5. 実習報告会での発表

表5-5　テーマ提出用紙の例

テーマ提出用紙

班名	班	
メンバー氏名	（　　　　　　　）（　　　　　　　） （　　　　　　　）（　　　　　　　）	
テーマ		
このテーマを通して伝えたいこと		

得たのかを互いに知る必要がある。一人ひとりが発表に向けて主体的に取り組むためにも、この最初の手順は重要である。筆者の実習クラスでは、2コマを使って**表5-5**のテーマ提出用紙を完成させる。

① **各メンバーの実習総括レポートの考察内容を活用する**

すでに実習総括レポートを作成している場合は、レポートで考察した内容を、グループ内で1人ずつ発表するという方法がある。あるいは、事前にメンバーのレポートを読んだうえでディスカッションするという方法も効率的である。レポートには、各メンバーの実習成果が客観的に文章でまとめられているため、お互いの学びや関心を端的に理解できる。各メンバーの実習体験はそれぞれに異なるが、学んだことや見出された課題には共通点があるはずである。まずはテーマの方向性を探るため、グループ内で実習成果を共有し、そこから実習報告会で何を伝えたいかを話しあう。

② ブレイン・ストーミングの手法を用いる

　ブレイン・ストーミングの手法を用いて、各メンバーから発表テーマのアイデアを出していくこともできる。実習記録や事後学習の振り返りシート等を用いて、実習における学び、気づき、疑問を書き出していく。付箋紙を1人20枚程度配り、1枚に1項目記載する。5W1Hを意識し、具体的な体験を根拠に書いていくと、ほかのメンバーにもわかりやすい。

　書き出しが終わったら、メンバーは1人ずつ、付箋紙に記載した内容を口頭で紹介し、模造紙に貼っていく。全員が貼り終わったら、KJ法で付箋紙を整理する。

　付箋紙の内容から、意味や文脈が近いものをカテゴリー化する。カテゴリーにタイトルをつけ、カテゴリー同士の関係を検討し、位置を並べ替える。また小カテゴリーを統合して大カテゴリーを作成してもよい。カテゴリー全体の関係性を整理し、矢印や線で図解化する（図5-9）。

　模造紙全体を見渡し、どのような気づきが学びへとつながっているのか、疑問の背景にはどのような実習体験があったのか、学びと学びとの関係性等、自由に議論してみる。このような視覚化の作業を通して、実習報告会で取り上げるテーマが明確に浮かび上がってくる。

③ ソーシャルワークの概念や理論と結びつける

　テーマがいくつか定まってきたら、そのテーマが関連するソーシャルワークの概念や理論について検討する。すでに事後学習のなかでも取り組んできたであろうが、社会福祉士・精神保健福祉士の倫理綱領やソー

★**ブレイン・ストーミング**
オズボーン（Osborn, A. F.）が考案したアイデア発想法。「批判厳禁」「自由奔放」「質より量」「便乗歓迎」の四つのルールを守りながら、芋づる式にアイデアを出し、互いの発想をつないでいく方法。

★ **KJ法**
川喜田二郎が考案した発想法。数多くの断片的なアイデアや情報を組み合わせ、要旨を抽出していく。問題の全体像を描き出し、解決アイデアの方向性を見出す方法。アイデアの文脈や背景も考慮していくことが重要。

第**5**章 実習後の学習

図5-9　カテゴリー化の例

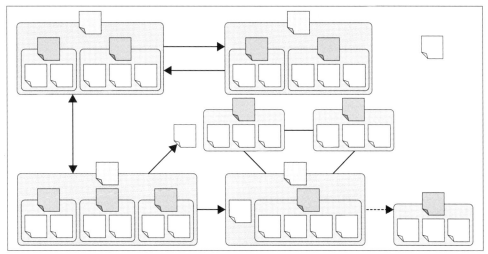

シャルワーク専門職のグローバル定義、またミクロ・メゾ・マクロといった実践レベルの枠組み、バイステックの7原則、各種アプローチ等、これまでに講義で学んできた知識と照らし合わせ、現場実習における実践的学びを体系化していく。単なる現場体験のまとめではなく、ソーシャルワーク実習としての学びの意味に焦点化していくことが重要である。

❷流れや構成を考える

テーマが決定したら、次に発表の流れや構成を検討していく。たとえば、スライド12枚で15分の発表を想定し、**表5-6**のようなスライド番号表を作成する。

テーマを伝えるためには、結論を述べるだけでなく、なぜその結論に至ったのかを論理的にわかりやすく説明する必要がある。実習報告会は実習の成果を報告する場であるため、実習生の体験に基づく発表でなければならない。したがって、実習中に取り組んだ事例や地域活動、検討会議等の具体的体験を根拠として、そこでどのような工夫や修正があったのか、実習生自身の知識や技術がどのように変容したのか、そのプロセスを丁寧に追っていくような流れが重要である。

またソーシャルワークの概念や理論を引用する際には、後輩学生にもわかるように定義から丁寧に説明する。極端な理論的考察にならないよ

表5-6 スライド番号表

( ) 班 学籍番号 ( ) 氏名 ( )	
テーマ：	伝えたいこと：
スライド1：	
スライド2：	
スライド3：	
スライド4：	
スライド10：	
スライド11：	
スライド12：	

うに、実習中の体験から導き出された理解であることを示しながら、段階的にスライドを展開する必要がある。

❸スライドを作成する

実習報告として見やすいスライドを作成するために、**表5-7**の点に留意する。

表5-7　スライド作成時の留意点

> ・文字の大きさ（32ポイント以上）やフォント（ボールド体等）で見やすくする
> ・1スライドに7行以内にする
> ・長い文章でなく箇条書きにする
> ・図や表を活用（特にエコマップや地域ネットワーク等）する
> ・強調部分は文字色の変更、太字や下線などで工夫する
> ・アニメーションは多用しない
> ・各スライドに見出しをつける（流れがわかるように）

スライドに文字を詰め過ぎず、要点を箇条書きで簡潔に示すことが大切である。発表では口頭で説明や接続詞を付け加えることができる。見出しは発表全体における目次の役割であり、そのスライドが何を伝えることを目的としているのかがわかる言葉で示すことが必要である。

❹リハーサルを行う

① リハーサルまでの準備

スライドが完成したあと、リハーサルまでに準備が必要である。発表の役割分担、各スライドの説明の仕方を具体的に決めておく。台本は準備してもよいが、本番で台本にかじりつき下を向いた発表にならないように、ある程度は覚えておく。具体的な事例や場面は、会話調で発表したり、ロールプレイで表現したりすることもできる。発表者はリハーサルまでに、説明や表現を繰り返し練習しておく。

② リハーサル当日

リハーサルはできれば本番の会場で、時間を計り、発表を最初から最後まで通してみる。発表全体の流れを検討し、必要に応じてスライドの順序を入れ替える。発表者の立ち位置、話すスピードや抑揚、目線、ポインターの指し方など、最終調整を図る。

リハーサルは1回だけでなく、2〜3回できることが望ましい。1回目の反省点を2回目で改善し、3回目で流れを完成させることができる。リハーサルを十分に行っておくことで、発表当日も自信をもって臨むことができるだろう。

③ 学生同士でピアチェック

発表者側からは実際にどのように見えているか、聞こえているかが判

断できないため、実習指導担当教員やほかの学生がリハーサルを見てチェックしていく。実習報告会当日までに修正できる点は、率直に指摘しあって、よりよい発表にしていく。**表5-8**はチェックポイントの例である。

表5-8　リハーサルのチェックポイントの例

□スライド資料は見やすいか
□口頭での説明はわかりやすいか
□テーマの独自性
□話の展開・つながり
□考察の深さ
□全員が協力できているか
□その他、気づいた点（自由記述）

❺実習報告会での発表

　実習報告会は、大教室で実習生全員の発表が順に行われる形式や、実習分野やテーマで分かれる分科会形式もある。それぞれの会場でスムーズに発表が行われるよう、司会進行や照明・マイク係等の役割を実習生や後輩学生が担う場合もある。

　発表者は発表のデータや資料を準備し、服装等の身だしなみを整え、体調や気持ちに余裕をもって発表に臨む。もし発表中に予想外のトラブルが起きても、グループの場合はメンバー間で助けあい、落ち着いて対応する。事後学習の評価は、実習報告会の本番だけでなく、それまでの協働のプロセスや準備した発表内容も含まれることを心に留めておく。

　近年は新型コロナウイルス感染拡大の影響もあり、オンラインで報告会を行うことも考えられる。オンラインで行う場合は、事前にカメラやマイク、パソコンの画面共有等の機器の使用方法を習得し、安定した通信環境を確保することが不可欠である。発表者は画面越しでの発表になるため、より明瞭な発話やボディランゲージ、十分な間のとり方が必要になる。ロールプレイングを行う際は、広角で撮影されても一人ひとりの表現が伝わるよう、明確な動きや語り方が求められる。また発表内容（口頭・スライド資料）だけでなく、画面に映りこむ背景も含めて、著作権や肖像権、個人情報等の取扱いには十分な注意が必要である。

　一方、聴き手からの質問を受ける場合は、あらかじめどのような方法で受けるのか、聴き手に周知しておく必要がある。聴き手が直接マイクを通して質問する方法のほか、チャット機能を使用して質問を受け付け

ることもできる。オンラインによる報告会のメリットとして、通常は参加が難しい実習施設・機関の利用者や、実習に協力してもらった地域住民が参加できる場合もある。サービスの利用者やカウンターパートとしての住民に向けて、ソーシャルワーク実習の成果を報告できることは有意義であり、当事者の立場から専門職養成教育に意見をもらう貴重な機会となる。

★**カウンターパート**
対等の立場にある相手のこと。ソーシャルワークでは住民とともに地域課題の解決に向けてアクションを起こしていく。国際協力や災害支援では、現地で受け入れを担当する人や機関を指す。

3 実習報告会に取り組む意義

❶ 書き言葉から話し言葉への変換

個人で実習報告を行う場合、すでに文書としてまとめた実習総括レポートをもとに発表することがあるだろう。この場合、同じ内容でも書き言葉から話し言葉へ変換するという作業が生じる。レポートの場合は、読み手がじっくりと時間をかけて読むことができるのに対し、口頭発表では時間に制限があるため、レポートのすべては取り上げられず、ポイントをしぼる必要が出てくる。つまり、どの学びを最も伝えたいのかをあらためて精査し、それがどのような体験や振り返りから得られたのかを、プレゼンテーションとしてわかりやすく組み立てなおすことが求められる。

また、スライドの資料は箇条書きや図解化によって単純化されるため、細かな文脈やつながりは話し言葉で丁寧に補う必要がある。プレゼンテーションでは、抑揚やジェスチャーで重要箇所を強調したり、学びのプロセスをドラマティックに表現して展開を明確化することもできる。現場実習でどれほどのリアルな体験や学びがあったのかを伝えるために、説明だけでなく語りやロールプレイで表現することも有効である。全身で語り演じることは、実習生自身の理解もさらに深めることになる。

❷ グループワークの手法を身につける

各実習生における個別の体験や学びを、グループとしての報告にまとめていくプロセスは、まさにグループワークである。メンバー一人ひとりの実習体験や学びに耳を傾け、否定や批判をせずに、共感的態度で受容していく経験にもなる。ただ受容するだけでなく、「その体験についてもう少し詳しく話してくれる?」と問いかけたり、「こういった見方もあるかもしれないよ」と自ら感想や意見を述べたり、相手を尊重しながら意識的に交互作用を展開していく機会にもなる。

一方で、もしグループ内で対立や孤立が生じたときには、メンバーが

★**グループワーク**
ソーシャルワークの主要な方法の一つ。グループを活用して個人の成長や問題の解決を促す援助技術の体系。コノプカ(Konopka, G.)の14原則には、グループ内の個別化、メンバーの受容、参加の原則、葛藤解決の原則等がある。

自ら調整や調停の機能を発揮することも必要になる。学生同士での解決が困難となった場合は、早めに実習指導担当教員に相談する。グループワークでの困難は、メンバーの熱意や価値観のぶつかりあいであったり、意見がまとまるまでに必要な自己開示や感情の吐露である場合が多く、必ずしもネガティブに捉える必要はない。むしろ、そのような修羅場を経たグループだからこそ、メンバー間でテーマを深く共有でき、より本質的な報告内容につながることもある。

そのほかにも、報告会当日までのスケジュール管理やメンバー内での役割分担等、グループワークに伴うさまざまな手法を体験的に身につけるという意義がある。

❸プレゼンテーション能力を身につける

実習期間中に、住民の集まりで地域包括支援センターの紹介をしたり、実習最終日に実習のまとめを施設・機関職員に向けて発表したりと、すでにプレゼンテーションの機会を得た実習生もいるだろう。あるいは会議や研修の場で、実習指導者がプレゼンテーションを行っている姿を見て学んだかもしれない。

ソーシャルワーカーが情報を伝えたり問題意識を共有したいときに、相手が一定数以上の人数の場合は、プレゼンテーションの方法が有効である。どのような相手に、何を伝えるのか、資料の作り方、話し方、与えられた時間や場所等、あらゆる要素を考えながら準備を進める能力が求められる。文書やチラシを配付するだけの啓発や広報より、相手の目前に立って直接訴えかけられるプレゼンテーションはメリットが大きい。

実習生は聴き手の反応を見ながら、伝えたい内容を全身で表現し、その場で出される疑問や質問に答えることも、実習報告会で経験できる学びの一つである。

❹フィードフォワードの機会

実習生はソーシャルワーク実習を終えて事後学習に取り組み、三者協議や実習総括レポートの作成等、さまざまなフィードバック（振り返り・評価）を実施してきた。

そして、実習報告会での発表内容を考え準備していくなかで、自分自身の今後の目標がみえてきたり、次に現場に出るときはこうしたい、といった具体的な行動計画が浮かび上がってきたりする。フィードフォワードとは、このように未来に向かって次のアクションプランを検討することを意味する。発表当日は、実習指導者やほかの実習生、実習指導担当教員から質問や意見も出され、さらなる成長のための助言を得る場

★フィードフォワード
フィードバックを構成する三つ目の要素。❶フィードアップ：目標の設定、❷フィードバック：経過の振り返り・評価、❸フィードフォワード：次の一手の検討。過去を適切に評価したうえで、目標から逆算し、今何をするべきかを考えること。

ともなる。実習報告会は実習成果のフィードバックの機会であると同時に、将来への一歩を踏み出すフィードフォワードの機会でもある。実習生は実習成果の報告を通して、ソーシャルワーカーになるための次の目標を獲得していくことを意識することが重要である。

❺他学生の報告を聞くことの意義

実習報告会では、実習成果を自ら報告するだけでなく、ほかの実習生やグループの報告を聞くことの意義も大きい。現場で起こっているさまざまな社会的課題やクライエントの置かれている状況を知り、そこでのソーシャルワーカーの動きや視点、実践における価値を学ぶことができる。このように現場実践を多面的に知ることは、自身の実習体験におけるスペシフィックな理解を、ジェネリックに変容させていくきっかけになる。他学生の実習報告と比較しながら、学びの共通点や相違点を分析し、ソーシャルワークの専門的技術の概念や理論を実践的に体系化していくことが求められる。

❻共通了解から本質をつかみ出していく経験

哲学者の西は、ものごとの本質をつかみ出すために、一人ひとりの経験の意味を「尋ね合う」という方法を勧めている。[1] ソーシャルワーク実習の本質も、教科書に書かれた目的や方法からだけでなく、実習生が互いの実習体験を「尋ね合う」ことから少しずつ形づくることができる。

初めに述べたように、実習体験は実習生一人ひとりに固有の主観的なものであり、そこから得られた学びや気づきもさまざまである。だからこそ、グループや実習クラスでそれらを尋ね合うことによって、自分とは異なる点や似ている点を実感することができる。つまり、ほかの実習生の体験の意味を知ることは、人の生の多様性と共通性を理解する重要な場となる。

ソーシャルワークは人々のウェルビーイングの発展を目指すが、そのためには人々のもつ価値の多様性を十分に理解しなければならない。それと同時に、人々の連帯や社会的結束も促進していくものであり、ソーシャルワーカーは人々の共通了解を求めていく立場にもある。

実習報告会の直接の目的は、実習生が実習成果を発表することであるが、その過程には実習生同士や実習指導担当教員との間で、実習における学びやソーシャルワークに対する「共通了解」をつくり出すことも含まれる。生身の体験の意味を尋ね合い、西のいう「他者了解・自己了解・人間の生一般の了解を同時に深めていく作業」[2] は、ソーシャルワーク実習の学びを共同で本質化していくプロセスといえるだろう。

◇引用文献
　1）西研『哲学は対話する ── プラトン，フッサールの〈共通了解をつくる方法〉』筑摩書房，
　　pp.294-295，2019.
　2）同上，p.295

◇参考文献
　・竹田青嗣『言語的思考へ──脱構築と現象学』径書房，2001.
　・堀公俊『ビジュアル アイデア発想フレームワーク』日本経済新聞出版社，2014.
　・久野和禎『いつも結果を出す部下に育てるフィードフォワード』フォレスト出版，2018.
　・杉本真樹『医療者・研究者を動かすインセンティブプレゼンテーション』KADOKAWA，2014.

● おすすめ
　・西研『集中講義これが哲学！──いまを生き抜く思考のレッスン』河出書房新社，2010.
　・富士通エフ・オー・エム『よくわかる自信がつくプレゼンテーション──引きつけて離さないテ
　　クニック 改訂版』FOM 出版，2018.

第6章

実習の実際

　本章では、実習に臨む際に学んでおくべき具体的な内容を実習施設・機関別にまとめている。

　第1節・第2節では、配属実習に臨むにあたり理解しておくべき、専門知識・技術・職業倫理といった精神保健福祉士の専門性と法的責務を確認する。講義を中心に身につけてきた知識は、現場の支援において統合された形で発揮されることを意識し、ポイントを押さえて学んでほしい。

　第3節以降では、各実習施設・機関における精神保健福祉士の役割や実習課題、実習における留意点や心構えなどについて理解を深められるよう具体的に解説している。特に第5節の行政機関における実習に関しては、実習現場とする実習生が少ないことから、本テキストの活用により理解を深めてほしい。

実習先で必要とされる精神保健福祉士としての専門的知識と技術

学習のポイント

● 実習生として必要なクライエントの支援に関する基本的知識を再確認する
● 多様なクライエント・家族を理解するための専門的視点を再確認する
● 実習生として必要な最低限の専門的技術を振り返り、身につける

 実習先で必要とされる精神保健福祉士としての専門的知識

　精神保健福祉士としてソーシャルワーク実践を積み重ねていくうえで必要な知識について、日本精神保健福祉士協会は**表6-1**のように「人と環境とその相互作用に関する知識」とその「具体的内容」の対照表を示している。

　実習を行う際、精神保健福祉士としての基本的知識だけでなく、配属された機関の特徴に応じた知識（表中⑦や⑧）も必要になる。ここでは、主に精神科病院や障害福祉サービス事業所で実習を行うことを鑑み、必要な（事前学習と実習体験を重ねることで効果的な実習とするための）具体的知識をピックアップしてみたい。

1 クライエントの理解

　クライエントの多くが抱えている精神疾患（統合失調症・気分障害・依存症など）とそれに伴う障害に対する理解を深めておきたい。疾患ごとの具体的な症状や対応（治療法、薬物療法、セルフヘルプグループなど）、近年の患者数の推移など確認しておく必要がある。そして、精神疾患を抱えることによって発生した「生きづらさ」について、疾患や障害のある人のライフステージや社会生活と関連づけて考える姿勢を身につけておきたい。

2 精神科病院における入院形態や権利擁護に対する理解

　精神科医療機関で実習を行う場合、入院手続きを伴うインテーク場面に同席することもある。その際、精神保健及び精神障害者福祉に関する法律（精神保健福祉法）に基づいた入院の形態と内容を把握しておくこ

表6-1　ソーシャルワークにおいて活用する知識

人と環境とその相互作用に関する知識	具体的内容
①個人の全体性と「人と環境の相互作用」を重視した人間の発達と行動	医学、精神医学、精神保健学、心理学、社会学、生態学、社会システム理論
②他者や外部の資源から援助を受ける、または与える際の心理	心理学、バイステックの7原則、エンパワメント理論、ストレングス理論、ソーシャルサポート理論
③人間相互の意思伝達の仕方、感情を表現する仕方	コミュニケーション論、面接技術、バイステックの7原則
④集団過程、集団が個人におよぼす影響と個人が集団におよぼす影響	社会心理学、集団力動学、組織論、家族関係論、象徴的相互作用論、グループワーク論
⑤ある社会が有する精神的価値・法律・社会制度・文化が個人や集団、地域社会に対してもつ意味と影響	社会学、社会心理学、文化人類学、社会問題・社会現象に関する知識、社会調査に関する知識
⑥個人間・個人と集団・集団間の関係、相互作用過程	コミュニケーション論、相互作用論、生態学、システム理論
⑦地域社会の発展と変化の仕方、社会サービスと資源	地域社会学、地域福祉論、コミュニティワーク論 社会福祉・精神保健福祉に関する法体系、社会福祉・社会保障制度
⑧社会的サービスの内容、組織、方法	社会福祉・精神保健福祉のサービス体系、医療・精神医療のサービス内容、各種機関の機能と提供できるサービス内容、リハビリテーション学、実践理論・アプローチ、ソーシャルワーク技術論
⑨専門職としてのソーシャルワーカー自身の情緒と態度の気づき	自己覚知、専門職倫理（倫理綱領）の理解、スーパービジョンの知識

出典：日本精神保健福祉士協会『精神保健福祉士業務指針及び業務分類（第2版）』p.47, 2014.

とで、制度と実際の手続き、そこでの精神保健福祉士の役割を関連づけて学ぶことが可能になる。また、その際に行われる患者本人や家族の権利に関する説明（精神保健福祉法第38条の4による退院請求・処遇改善請求など）、措置入院・医療保護入院患者における定期病状報告（精神保健福祉法第38条の2）に関する業務と関連づけて学ぶことも重要である。

▎3 退院後生活環境相談員に対する理解

　医療保護入院に関する説明と諸手続きにおいて、退院後生活環境相談員が選任される。退院後生活環境相談員の多くは精神保健福祉士がその役割を担っている。そのため、実習生もその役割や実際の動きについて理解しておく必要がある。退院後生活環境相談員が担っている「入院時

★退院請求・処遇改善請求

精神科病院に入院している本人、またはその家族等、代理人である弁護士によって都道府県知事に対して請求することができる権利。都道府県知事から諮問を受けた精神医療審査会において審査される。

★定期病状報告

「医療保護入院者の入院」「措置入院者の定期病状報告」「医療保護入院者の定期病状報告」に関し、現在の入院形態での入院（継続）が適当かどうかについて都道府県知事から諮問を受けた精神医療審査会が審査する。

表6-2　精神保健及び精神障害者福祉に関する法律に基づく入院形態について

1）任意入院（法第20条） 【対象】入院を必要とする精神障害者で、入院について、本人の同意がある者 【要件等】精神保健指定医の診察は不要
2）措置入院（緊急措置入院）（法第29条／法第29条の2） 【対象】入院させなければ自傷他害のおそれのある精神障害者 【要件等】精神保健指定医2名の診断の結果が一致した場合に都道府県知事が措置 　　　　（緊急措置入院は、急速な入院の必要性があることが条件で、指定医の診察は1名で足りるが、入院期間は72時間以内に制限される）
3）医療保護入院（法第33条） 【対象】入院を必要とする精神障害者で、自傷他害のおそれはないが、任意入院を行う状態にない者 【要件等】精神保健指定医（または特定医師）の診察及び家族等のうちいずれかの者の同意が必要（特定医師による診察の場合は12時間まで）
4）応急入院（法第33条の7） 【対象】入院を必要とする精神障害者で、任意入院を行う状態になく、急速を要し、家族等の同意が得られない者 【要件等】精神保健指定医（または特定医師）の診察が必要であり、入院期間は72時間以内に制限される（特定医師による診察の場合は12時間まで）

資料：厚生労働省社会・援護局障害保健福祉部「これからの精神保健医療福祉のあり方に関する検討会報告書」

の業務」「地域援助事業者等の紹介に関する業務」「退院に向けた相談支援業務」「医療保護入院者退院支援委員会に関する業務」「退院調整に関する業務[1]」がどのように行われているのか、体系立てて学びを深めたい。

4 精神障害者保健福祉手帳に対する理解

　クライエントの多くが利用している社会資源の一つに精神障害者保健福祉手帳（精神保健福祉法第45条および第45条の2）がある。精神障害者保健福祉手帳は1995（平成7）年に精神保健法が精神保健福祉法へ改正された際に創設された制度である。すべての精神疾患が対象となり（ただし、知的障害のみの場合は療育手帳制度、重複する場合はそれぞれの手帳を取得可能）、等級は障害年金の等級とおおむね同じである。クライエントが社会資源としての手帳をもつことにより、❶公共料金等の割引（NHK放送受信料など）、❷税金の控除・減免（所得税・住民税・相続税の控除、自動車税・自動車取得税の軽減（1級のみ）、❸その他（生活福祉資金の貸付対象や障害者雇用率へのカウントなど）といった国によって定められたサービスを受けることができる。さらに、実習を行う地域（地方自治体）には、手帳をもつことによる独自のサービス（例：鉄道・バス・タクシー等の運賃割引、公共施設の入場料等の割引、公営住宅の優先入居等）としてどのようなものがあり、クラ

表6-3　精神障害者保健福祉手帳障害等級判定基準

1 級	精神障害であって、日常生活の用を弁ずることを不能ならしめる程度のもの
2 級	精神障害であって、日常生活が著しい制限を受けるか、または日常生活に著しい制限を加えることを必要とする程度のもの
3 級	精神障害であって、日常生活もしくは社会生活が制限を受けるか、または日常生活もしくは社会生活に制限を加えることを必要とする程度のもの

資料：「精神障害者保健福祉手帳の障害等級の判定基準について」（平成 7 年 9 月12日健医発第 1，133号）

イエントが何を利用できるか、把握しておくことも重要である。

5 医療保障に対する理解

　クライアントの多くは精神科医療機関を利用している。そこで、最も身近に利用されている社会資源が医療保険である。日本の医療保険制度は、五つの制度（健康保険、船員保険、各種共済（国家公務員、地方公務員等、私学教職員）、国民健康保険、後期高齢者医療制度）に分かれている。保険者の違いはもちろん、後期高齢者医療制度とその他の医療保険との医療給付の違い、各保険制度における現金給付内容の違い、保険料率の違いなどがある。実習施設・機関で出会うクライアントと利用している社会資源を照らし合わせて考えるようにしたい。

　また、精神科医療では、クライアントの入院期間を短縮し、可能な限り地域での自立した生活を営むことができるよう支援がなされる。そのため、定期・継続的な通院医療、デイケア等の継続的な利用が必要になる。その際、精神障害者の通院医療にかかる自己負担を軽減する施策として自立支援医療（精神通院医療）がある。対象は、精神保健福祉法第 5 条に規定される疾患のある精神障害者である。市町村に申請し、「自立支援医療受給者証」が交付されることで、一般的な医療保険における自己負担が 3 割負担から 1 割負担へと軽減され、毎月の自己負担額にも上限が設けられるなど、自己負担額の軽減が図られている。

　さらに、医療費（入院・通院等の）費用負担が家計の過度な負担とならないよう、自己負担（差額ベッド代や食事負担を除く）に上限を設定し、上限を超えた額を支給する高額療養費制度もある。

　このような医療を受けやすくするための諸制度について理解することで、疾病とそれに伴う生活障害のあるクライアントが外来通院や入院生活でかかる費用（生活を営むうえでかかる費用）面から、生活の理解を深め、どのような支援が可能になるか考えることができる。

▌6 経済的支援に対する理解

　精神障害のある人の雇用環境やそれに伴う収入は、症状や障害の程度に左右され不安定になる場合もある。また、それぞれのライフヒストリーのなかで、障害年金の受給要件を満たすことができずに困窮している者も多い。日本では国民の生存権を保障するため、最後のセーフティネットとして生活保護制度があり、自立助長が図られている。また、現在生活保護を受給する状況にはないものの、生活困窮に至るリスクの高い者に対し、生活保護に至る前の自立支援策を強化するもの（第2のセーフティネット）として包括的支援を勧める生活困窮者自立支援制度（自立相談支援事業、住居確保給付金の支給、就労準備支援事業、家計相談支援事業、就労訓練事業、一時生活支援事業、生活困窮世帯の子どもの学習・生活支援）がある。

　実習指導者が、クライエントの経済的自立に向けて、生活保護制度を所管する福祉事務所のケースワーカーや生活困窮者自立支援事業を担う社会福祉協議会等とどのような連携を行っているのか、あるいは福祉事務所のケースワーカーや生活困窮者自立支援事業の相談支援員がどのような指導や支援をクライエントに対し行っているのか、実習で学びを深め、経済的支援の実際に触れてほしい。

▌7 年金制度に対する理解

　医療保険制度と同じように、クライエントの生活を支える仕組みの一つに公的年金制度がある。私たちは社会生活において、自分や家族の加齢、障害、死亡など、さまざまな要因（リスク）によって生活に支障をきたす場面が発生する。それを個人や家族の蓄えや責任に帰するのではなく、社会で支えあう仕組みとして確立したものが公的年金制度である。公的年金制度には国民年金と被用者年金である厚生年金保険がある。精神障害者の多くは、こういった公的年金における障害基礎年金や障害厚生年金を受給して生活しているものも多い。複雑化する年金制度を理解しておくことで、クライエントに対し、実習指導者である精神保健福祉士がどのように寄り添いながら年金などの情報提供や申請手続きへの支援を行っているのか、実習で照らしあわせて学ぶ機会としたい。

▌8 障害者総合支援法によるサービスと利用プロセスに対する理解

　相談支援事業所や障害福祉サービス事業所で実習が行われる際、各事

業所の法的根拠はもちろん、複数のサービスを利用しているクライエントの理解という点から、障害者の日常生活及び社会生活を総合的に支援するための法律（障害者総合支援法）に基づく障害福祉サービスとその内容を理解しておくことは重要である。また、クライエントがどのような支給決定プロセスを経てサービス利用に至っているのかを理解する必要がある。あるいは、新たにサービスを利用しようとするクライエントに対し、相談支援専門員やサービス管理責任者の役割を担っている精神保健福祉士がどのようにアプローチしているのか、制度と実践場面を照らしあわせて考えることで、理解が深まる。

9 介護保険制度に対する理解

実習生が出会うクライエントは精神障害があるだけでなく、加齢に伴い、さまざまな介護保険法に基づくサービスが必要になっている場合もある。たとえば、精神科病院では長期入院患者の高齢化や認知症患者の受け入れもある。退院支援を行う際、地域包括支援センターや介護支援専門員との連携によってクライエントの介護保険申請に係る支援を行う場合がある。その際、精神保健福祉士がどのように介護保険法に基づくサービスとクライエントを結びつけ、退院後の生活の見通しを共有しようとしているのか、実習生は手続きの流れと実際の支援を照らしあわせ、理解していく必要がある。また、障害者総合支援法に基づく障害福祉サービスと介護保険法に基づくサービスとの関係性を把握しておく必要がある。

10 リカバリー、エンパワメント、レジリエンス、ストレングスに対する理解

精神保健福祉士がクライエントとともに歩む目的にリカバリーがある。田中英樹はリカバリーの本質的意味について、「精神疾患を患ったことによる人生への破局的な影響、たとえば、失われた当事者の権利、役割、責任、自己決定権、失われた可能性や人々の支援などであるが、これらの影響や喪失から精神障害当事者自身が病気や障害を抱えながらも自らを社会的に再生・再構築していくプロセス[2]」としている。また、エンパワメントについて「利用者が生活の主体者（主人公）として自己決定能力を高め、自己を主張し、生きていく力を発揮していくことであり、援助者は利用者の潜在する力を肯定的に評価し、力の発揮を促進するあらゆる支援が含まれる[3]」としている。

実習先で出会うクライエントの「今、ここで」に寄り添ってみること。そして、リカバリーやエンパワメントといった価値を後押しする「レジリエンス」や「ストレングス」の視点でクライエントや地域をアセスメントし、「体験を通じて理解したソーシャルワークの価値」についてクライエントや指導者である精神保健福祉士・実習指導担当教員と共有することに努めてほしい。

11 当事者組織、当事者活動に関する理解

近年、地域にはさまざまな当事者組織が生まれ、活動を展開している。セルフヘルプグループとして、たとえば、AA（alcoholics anonymous）、NA（narcotics anonymous）、GA（gamblers anonymous）といった「匿名依存症者の会」は裾野を広げ、OA（overeaters anonymous）、EA（emotions anonymous）といった組織もできている。また、家族や友人の支援グループとして、アラノン（al-anon）、ナラノン（nar-anon）、ギャマノン（gam-anon）がある。家族会の全国組織として全国精神保健福祉会連合会（みんなねっと）やその都道府県連合会について事前に調べ、自分が実習を行う地域にどのような組織があるのか調べておきたい。

さらに、近年はピアサポーター[*]の活動が身近に感じられるようになっている。地域移行や地域定着に対して積極的に活用されるピアサポーターの役割やともに活動する精神保健福祉士の働きかけについて、事前に学んだことと実習体験を関連づけ、「ピアのもつ力や可能性」に触れる機会としてほしい。

★ピアサポーター
精神科医療や障害福祉サービスの提供現場で、さまざまな不安や生きづらさのある当事者に対し、自らの障害や疾病等の経験を活かし、寄り添いながら地域生活への移行やその継続のためにかかわる人。

2 実習先で必要とされる精神保健福祉士としての技術

1 ジェネラリスト・ソーシャルワーク

近年、「地域を基盤としたソーシャルワーク」や「総合的かつ包括的相談援助」がソーシャルワーカーに求められるようになっている。これらを支える基礎理論がジェネラリスト・ソーシャルワークである。岩間伸之はこの特質として「かつてのソーシャルワークの主要な3方法であった、ケースワーク、グループワーク、コミュニティオーガニゼーション（コミュニティワーク）が、統合化の過程を経て「ソーシャルワーク」として完全に融合している事」を挙げ、「ソーシャルワークを構成

する知識・技術・価値を一体的かつ体系的に構造化したもの」としている[4]。このジェネラリスト・ソーシャルワークにおける「一体的なソーシャルワーク」提供の前提として、改めてケースワーク、グループワーク、コミュニティオーガニゼーション（コミュニティワーク）の基礎や視点について、以下に挙げておきたい。

❶ケースワークの基本（バイステックの 7 原則）

ソーシャルワークを学ぶ入り口で学習した「バイステックの 7 原則」（**表 6-4**）を再度確認しておきたい。実習生はケースワークの基本ともいえるこの 7 原則をもとにしたクライエントへのかかわりについて実習を通じて体験し、省察することが重要である。

❷グループワークの原則

SST*（social skills training：社会生活技能訓練）やデイケア、各種のミーティングなど実習施設・機関を問わず、さまざまな機関や場面で活用される基本的技術である。実習施設・機関において精神保健福祉士が集団とかかわるとき、どのような意図をもっているか、学習してきたグループワークの原則と照らしあわせながら理解を深めてほしい。また、実習という限られた期間ではグループワークの展開過程（準備期・開始期・作業期・終結期）の全体像をみることはできない。目の前のグループがこれまでにどのように展開され、また今後どのように展開していくのか、実習指導者とともに確認を行いながら理解を深めたい。

❸地域や組織に対するソーシャルワーカーのまなざし

限られた実習期間において、いわゆるコミュニティワークの全体像や展開、体系を学ぶのは困難であるが、実習施設・機関の精神保健福祉士がどのように地域を見つめているのか、その視座を学ぶ機会はある。精神保健福祉士が対人援助を基盤とするなかで発見した個々の課題を通じて「地域の福祉課題に気づき」「地域の既存の取り組みを把握し」「ニーズに対応しきれていない課題を抽出し」「新たな社会資源を地域の枠組

★ SST
リバーマン（Liberman, R. P.）によって提唱された認知行動療法による生活技能訓練のこと。クライエントが抱える日常生活上の課題についてモデリングやロールプレイに対する正のフィードバックを行いながら、社会生活技能を高めていくものである。個別 SST やグループ SST がある。

表6-4　バイステックの 7 原則

①個別化（クライエントを個人として捉える）
②意図的な感情の表出（クライエントの感情表現を大切にする）
③統制された情緒的関与（援助者は自分の感情を自覚して吟味する）
④受容（受けとめる）
⑤非審判的態度（クライエントを一方的に非難しない）
⑥クライエントの自己決定（クライエントの自己決定を促して尊重する）
⑦秘密保持（秘密を保持して信頼感を醸成する）

みのなかでどのようにつくろうとしているのか」「所属組織の一員として地域にどのような貢献をしようとしているのか」など、地域や組織に対するまなざしについての対話を通じて、地域課題を理解することが可能になる。

■2 傾聴と共感、相談面接技法

実習では、実習施設・機関を利用するクライエントと多くの時間を共有する。精神保健福祉領域で出会うクライエントの多くは、単に精神疾患のある存在というだけではなく、それまでの人生において学校や家族、職場との間でさまざまな困難を抱えながらも生き抜いてきた存在であると理解したい。そのようなクライエントとかかわるうえでの専門的コミュニケーションの基礎が傾聴と共感である。アマダー（Amador, X. F.）は LEAP（傾聴：listen、共感：empathize、一致：agree、協力：partner）を身につけることの重要性を示し、傾聴について「理解して返す傾聴」の重要性を指摘している。また、そのための七つのガイドラインについて、「①安心して話せるようにする、②あなた自身の恐れを知る、③あなたの課題の押しつけをやめる、④そのままにしておく、⑤あなたが聞いたことを尊重する、⑥一緒に取り組める問題をみつける、⑦中心課題を書き出す」を示している[5]。次に、共感の対象として、「①フラストレーション（まわりから薬を服用するよう求められるプレッシャーのための、達成できないでいる個人的目標に関しての）、②恐れ（薬についての、偏見を受けることへの、失敗に対しての）、③不快感（薬に関連した、体重増加やだるさなどへの、動きが鈍い、発想がわかない、こわばりなどへの）、④要望（仕事への、結婚への、子どもをもつ、復学への、再入院しないでいることへの）」を挙げ、先に示した「理解して返す傾聴」と「共感」を組み合わせることの効果を示している[6]。

また、一歩踏み込んで実習生が相談面接を行う場合もある。岩間伸之は対人援助のための相談面接技法として❶面接を展開する技法、❷感情に接近する技法、を挙げている[7]。❶では、「アイコンタクトを活用する、うなずく、相づちを打つ、沈黙を活用する、開かれた質問をする、閉じられた質問をする、繰り返す、言い換える（関心・展開・気づき）、要約する、矛盾を指摘する、解釈する、話題を修正する」といった技法を示し、❷では、「感情表出をうながす、感情を表情で返す、感情表現を繰り返す、感情表現を言い換える、現在の感情を言葉で返す、過去の感情を言葉で返す、アンビバレントな感情を取り扱う」を示している。ク

ライエントにとってみれば、「実習生だから話せること」がある。実習という貴重な機会と実習生という立場でぜひ傾聴や共感、面接技法を試し、クライエントの語る言葉のもつ「内容」と「感情」を意識しつつ、クライエントの理解を進めてほしい。

3 障害者ケアマネジメントについて

地域で生活するクライエント（精神障害者）の多くは複合的なニーズ（たとえば、保健、医療、福祉、就労、教育など）を抱えている。それに対し、その地域に点在するさまざまな種類のサービスを自ら情報収集し、選択、契約していくことが困難なとき、障害者ケアマネジメントが活用される。障害者ケアマネジメントは、❶ケアマネジメントの希望確認、❷アセスメント、❸ケア計画の作成、❹ケア計画の実施、❺モニタリング、❻終結（❷～❺の間で必要に応じて再アセスメントが行われたり、社会資源の改善および開発といった働きかけも行われる）という一連のプロセスをたどる[8]。相談支援専門員やサービス管理責任者等が、障害者ケアマネジメントを展開しながらどのようなかかわり（先に示した傾聴や共感の技術、ストレングス視点での個人や地域のアセスメント）を行っているのか、実習において観察しながら理解を深めたい。

4 アウトリーチに係る基本的な「マナー」について

実習施設・機関で、精神障害者やその家族、関係者に対するいわゆるアウトリーチ活動（訪問看護、退院前訪問、訪問介護、訪問調査、モニタリングなど）に実習生が同行することも少なくない。また、重度の精神障害者が地域生活を行っていくためのACT（assertive community treatment：包括型地域生活支援プログラム）も各地で実践が積み重ねられるなど、精神障害者の地域生活を支えるアウトリーチ活動は重要さを増している。

こういったアウトリーチ活動は精神保健福祉士とクライエントの信頼関係を前提に行われるものである。そこで、そもそも「訪問する」ということに対する「マナー」を身につけておきたい。金井浩一は、「❶利用者の自宅に訪問するときは「お邪魔します」という姿勢をもって伺い、靴をそろえて訪問する。❷面会に臨んでくれた時は利用者に感謝と敬意を示してお互いが心地よく感じられる対人距離感をはかりながらそっと存在する。❸家の中のものは勝手に触らない。❹むやみに利用者の生活文化に立ち入らない。❺スタッフ側の常識やニーズという名の善意を押

し付けない」など、クライエントと専門職が地域に暮らす「生活者同士」としてお付き合いすることの積み重ねに必要な「マナー力」を説いている[9]。実習生も改めて問いなおしたうえで訪問に同行し、クライエントの日常生活に対する理解を深めたい。

◇引用文献
1）厚生労働省編『退院後生活環境相談員養成研修テキスト』pp.34-37，2015.
2）田中英樹『精神障害者支援の思想と戦略——QOL から HOL へ』金剛出版，p.32，2018.
3）同上，p.28
4）岩間伸之・野村恭代・山田英孝・切通堅太郎『地域を基盤としたソーシャルワーク——住民主体の総合相談の展開』中央法規出版，p.17，2019.
5）X. F. アマダー，八重樫穂高・藤井康男訳『病気じゃないからほっといて』星和書店，p.104，2016.
6）同上，p.158
7）岩間伸之『対人援助のための相談面接技術——逐語で学ぶ21の技法』中央法規出版，p.29，2008.
8）厚生労働省社会・援護局障害保健福祉部編『障害者ケアガイドライン』2002.
9）金井浩一「実践！訪問マナー入門」高木俊介・藤田大輔編『実践！アウトリーチ入門』日本評論社，pp.150-151，2011.

◦ おすすめ
・D. A. ショーン，柳沢昌一・三輪建二監訳『省察的実践とは何か——プロフェッショナルの行為と思考』鳳書房，2007.
・大谷京子・田中和彦『失敗ポイントから学ぶ PSW のソーシャルワークアセスメントスキル』中央法規出版，2018.
・大谷佳子『対人援助の現場で使える聴く・伝える・共感する技術便利帖』翔泳社，2017.

精神保健福祉士に求められる職業倫理と法的責務

学習のポイント

● 精神保健福祉士に求められる職業倫理について学ぶ
● 実習場面を想定しながら精神保健福祉士の倫理綱領を学ぶ
● 精神保健福祉士法に規定されている法的義務を振り返り、実習に備える

1 精神保健福祉士に求められる職業倫理

　第1章第5節において実習を行ううえで守るべきプライバシーや個人情報について解説しているが、このような事柄は社会人や専門職として守るべき「倫理」ともいえる。ここでは「精神保健福祉士を目指す実習生」が守るべき職業倫理について、いくつかのトピックから概説したい。

1 コンプライアンスとアカウンタビリティ——実習生として組織の一員になるということ

　実習生とはいえ、一連の契約を交わし、実習施設・機関の一員として活動を行う。それは大学生・専門学校生といった養成校の学生という立場に加えて、実習施設・機関の職員としての立場を重ねてもつことを意味する。精神保健福祉士の倫理に基づいた活動以前に、社会人としての倫理や組織人としての職業倫理を抱えることになる。それは、実習施設・機関の一員として法令遵守（コンプライアンス）を重視することでもある。実習施設・機関の規程（服務規程等）、法人の理念などを実習指導者とともに学習しながら理解し、それに準じた行動をとるように心がけたい。

　また、精神保健福祉士に限らず保健医療福祉サービスの提供者においては、クライエントに提供するサービスや自らの役割などについて説明責任（アカウンタビリティ）を負うことになっている。実習生にあっては実習指導者を含めた現場の専門職がクライエントに対して、どのような場面で説明責任を果たしているのか（特に権利擁護関連）、インフォームドコンセント等と関連づけて考えてみるとよい。また、面接場面への

同席や実習生自身が面接を行う場合など、自ら説明責任を負う場面がある。

■2 精神疾患を有する者の保護及びメンタルヘルスケアの改善のための諸原則

精神疾患を有する者の保護及びメンタルヘルスケアの改善のための諸原則は、国連において 1991（平成 3）年に採択されたいわゆる国連原則である。この原則は序文と 25 の原則からなり、精神保健福祉士（ソーシャルワーカー）に限らず、広くメンタルヘルス活動に従事する専門職（医師、看護師、公認心理師等）が理解し、クライエントの権利擁護はもちろん、自らの行為について、倫理的な視点から律するための原則である（**表6-5**）。ぜひ、実習にあたって通読しておき、「なぜこのような原則が必要だったのか」「専門職とクライエントの関係性」などについてよく考え、実習先の現状と照らし合わせて理解を深めたい。

■3 精神保健福祉士の倫理綱領

専門職が遵守すべき価値や理念を明文化したものが倫理綱領である。実習生は、精神保健福祉士の倫理綱領をよく理解したうえで、実習に臨みたい。実習現場で起こるさまざまな「実習生なりの葛藤」や「疑問」、「不安」といった「表現しにくいもの」が何によって構成されているのか、現象と倫理綱領を照らし合わせることで実習生の言語化を促すだろう。

この倫理綱領では倫理原則および倫理基準が示されているが、その前に目的として**表6-6**のような内容が記されている。

★精神保健福祉士の倫理綱領
日本精神保健福祉士協会は 2018（平成 30）年 6 月の定時総会において「公益社団法人日本精神保健福祉士協会倫理綱領」から「精神保健福祉士の倫理綱領」への名称変更を行った。「精神保健福祉士の倫理及び資質の向上に関すること」を公益目的事業として掲げていることなどを背景としている。

表6-5　原則の例

原則1　　基本的自由と権利
原則3　　地域社会における生活
原則4　　精神疾患を有することの判定
原則6　　秘密の保持
原則7　　地域社会と文化の役割
原則8　　ケアの基準
原則9　　治療
原則11　治療への同意
原則12　権利の告知
原則13　精神保健施設における権利と条件
原則15　入院の原則
原則16　非自発的入院
原則18　手続き的保障
原則19　情報へのアクセス　など

表6-6　精神保健福祉士の倫理綱領の目的

1．精神保健福祉士の専門職としての価値を示す
2．専門職としての価値に基づき実践する
3．クライエントおよび社会から信頼を得る
4．精神保健福祉士としての価値、倫理原則、倫理基準を遵守する
5．他の専門職や全てのソーシャルワーカーと連携する
6．すべての人が個人として尊重され、共に生きる社会の実現をめざす

　倫理原則および倫理基準は、❶クライエントに対する責務、❷専門職としての責務、❸機関に対する責務、❹社会に対する責務、から構成されている。以下に、日々の実践において遭遇するさまざまな場面やケースの具体的な場面・対応方法について示してある倫理基準のうち、特に、実習生に関連する部分に焦点を絞って抜粋したい。抜粋した以下の倫理基準について、「精神保健福祉士」を「実習生」に置き換えて考えてほしい。実習のさまざまな場面を振り返り、自らの行為を律する最適な教材となるのではないだろうか。

❶クライエントに対する責務

・精神保健福祉士は、クライエントをかけがえのない一人の人として尊重し、専門的援助関係を結び、クライエントとともに問題の解決を図る。

・クライエントの知る権利を尊重し、クライエントが必要とする支援、信頼のおける情報を適切な方法で説明し、クライエントが決定できるよう援助する。

・精神保健福祉士は、クライエントのプライバシーの権利を擁護し、業務上知り得た個人情報について秘密を保持する。なお、業務を辞めたあとでも、秘密を保持する義務は継続する。

・精神保健福祉士は、自己の業務におけるクライエントからの批判・評価を受けとめ、改善に努める。

・精神保健福祉士は、職業的立場を認識し、いかなる事情の下でも精神的・身体的・性的いやがらせ等人格を傷つける行為をしてはならない。

❷専門職としての責務

・精神保健福祉士は専門職としての価値・理論に基づく実践の向上に努め、継続的に研修や教育に参加しなければならない。

・精神保健福祉士は、個人的問題のためにクライエントの援助や業務の遂行に支障をきたす場合には、同僚等に速やかに相談する。また、業務の遂行に支障をきたさないよう、自らの心身の健康に留意する。

・精神保健福祉士は業務の遂行にあたりクライエントの利益を最優先

し、自己の個人的・宗教的・政治的利益のために自己の地位を利用してはならない。また、専門職の立場を利用し、不正、搾取、ごまかしに参画してはならない。

・精神保健福祉士は、同僚の業務を尊重する。

・精神保健福祉士は、自己の業務に関する批判・評価を謙虚に受けとめ、改善に努める。

・精神保健福祉士は、クライエントや地域社会のもつ力を尊重し、協働する。

・精神保健福祉士は、クライエントや地域社会の福祉向上のため、他の専門職や他機関等と協働する。

❸機関に対する責務

・精神保健福祉士は、所属機関等が、クライエントの人権を尊重し、業務の改善や向上が必要な際には、機関に対して適切・妥当な方法・手段によって、提言できるように努め、改善を図る。

❹社会に対する責務

・精神保健福祉士は、専門職としての価値・理論・実践をもって、地域および社会の活動に参画し、社会の変革と精神保健福祉の向上に貢献する。

2 精神保健福祉士に求められる法的責務

　先に示した職業倫理（特に精神保健福祉士の倫理綱領）は専門職である精神保健福祉士が自らの行為を律するために作成した「自律的な規範」であるのに対し、法により課せられる責務（ここでは精神保健福祉士法）は「他律的な規範」ともいえる。法に示された義務規定を丁寧に理解しながら、先ほどと同じように、「精神保健福祉士」を「実習生」に置き換えながら、具体的に理解してほしい。

1 誠実義務

　精神保健福祉士法第38条の2では、「精神保健福祉士は、その担当する者が個人の尊厳を保持し、自立した生活を営むことができるよう、常にその者の立場に立って、誠実にその業務を行わなければならない」と定められている。言い換えれば、「個人の尊厳を保持する」や「常にその者の立場に立つ」という側面からクライエントに寄り添って権利擁

護を丁寧に行うこと、「リカバリーやエンパワメントの視点をもつこと」
ともいえる。実習生は常にこのような視点をもって実習施設・機関での
ソーシャルワーク実践を体験してほしい。

2 信用失墜行為の禁止

　精神保健福祉士法第 39 条では、「精神保健福祉士は、精神保健福祉
士の信用を傷つけるような行為をしてはならない」と定められている。
専門職に限らず人は、「当然のこととして期待していたこと」が裏切ら
れたときに信用を失う。また、その対象はクライエントに限らず、家族
や他職種・他機関・広くすべての国民ということになる。「精神保健福
祉士になるための実習生」として他者に対して丁寧にかかわること、実
習指導者や実習指導担当教員とのスーパービジョンを通じて省察するこ
とが必要である。

3 秘密保持義務

　精神保健福祉士法第 40 条では、「精神保健福祉士は、正当な理由が
なく、その業務に関して知り得た人の秘密を漏らしてはならない。精神
保健福祉士でなくなった後においても、同様とする」と定められている。
単純に主語を「実習生」に置き換えて受けとめたい。実習先で知り得た
ことを実習に関係のない人に話すことはもちろん、関係資料（記録）な
どの紛失、SNS への投稿など、十分に注意しておく必要がある。

4 連携等

　精神保健福祉士法第 41 条には「精神保健福祉士は、その業務を行う
に当たっては、その担当する者に対し、保健医療サービス、障害者の日
常生活及び社会生活を総合的に支援するための法律第 5 条第 1 項に規
定する障害福祉サービス、地域相談支援に関するサービスその他のサー
ビスが密接な連携の下で総合的かつ適切に提供されるよう、これらの
サービスを提供する者その他の関係者等との連携を保たなければならな
い」、また同条第 2 項では、「精神保健福祉士は、その業務を行うに当
たって精神障害者に主治の医師があるときは、その指導を受けなければ
ならない」と定められている。地域生活を行うクライエントや精神科病
院においてチーム医療の提供を受けるクライエントの支援を行う精神保
健福祉士は連携や調整を積極的に担い、クライエント中心の体制（ネッ
トワーク）となるようにかかわりを継続する。実習生はさまざまな場面

（たとえば、院内カンファレンス、退院支援委員会、地域ケア会議、関係機関訪問時の情報交換など）で精神保健福祉士が行う連携を身近で観察したい。

▌5 資質向上の責務

　精神保健福祉士法第41条の2では、「精神保健福祉士は、精神保健及び精神障害者の福祉を取り巻く環境の変化による業務の内容の変化に適応するため、相談援助に関する知識及び技能の向上に努めなければならない」と定められている。実習生という役割をもつ期間は短く、ここで示されたような「環境の変化」や「業務内容の変化」をみることは難しい。しかし、実習指導者との対話を通じて、彼らの長期的なキャリアのなかで、社会環境がどのように変化し、対象となるクライエント像が変化してきたのか、それに伴ってどのような業務が発生してきたのか、そのために、いかにして資質向上してきたのか、といった精神保健福祉士として生きる姿勢を学ぶことで、資格取得後の自らの資質向上につなげることができるのではないか。

◇参考文献
・国際連合「精神疾患を有する者の保護及びメンタルヘルスケアの改善のための諸原則」1991年.
・日本精神保健福祉士協会編『精神保健福祉士の倫理綱領』2018.

● おすすめ
・川村隆彦『支援者が成長するための50の原則──あなたの心と力を築く物語』中央法規出版, 2006.
・本多勇・木下大生・後藤広史・國分正巳・野村聡・内田宏明『ソーシャルワーカーのジレンマ──6人の社会福祉士の実践から』筒井書房, 2009.

第3節 精神科医療機関における実習

学習のポイント

● 精神科病院における実習の特徴と概要を学ぶ
● 精神科診療所における実習の特徴と概要を学ぶ

1 精神科病院

1 精神科病院における実習の特徴と概要

　精神科病院は単科と総合病院等があるが、ここでは実習施設・機関として一般的な単科の精神科病院を想定し、精神保健福祉ソーシャルワーク実習の実際を紹介する。

　精神保健福祉士は地域連携室あるいは医療相談室といったセクションに配属される。最近では精神保健福祉士が複数配置される職場も多くなったが、人数が少ない場合は事務所に配属する病院もある。

　複数名の精神保健福祉士がいた場合でも、それぞれに担当する部署や担当患者は分けられており、同一職種によるミーティングや勉強会など以外は基本的にそれぞれ独立した業務となる。デイケアなどに配属された精神保健福祉士は、そもそもスタッフとしての勤務に組み込まれており、デイケアの担当業務を担いながら、必要な局面で相談援助を展開している。

　精神保健福祉士は、患者の入院時の対応から始まり、療養支援、退院支援、地域生活支援と患者の治療プロセスに万遍なくかかわるが、院内外のさまざまな会議や書類作成などのデスクワーク、組織運営上の業務など多岐にわたるため、常に担当病棟で患者とかかわっているわけではない。さらには、強制入院等の危機介入場面や、患者本人にとって不本意な状況で入院し、その状況に納得できていない患者へのかかわりなど、非常に緊迫した状況での対応も少なくないため、常に実習生を同行させ業務を行う現場はそう多くない。それよりも、実習生は実習指導者と行動を別にし、単独で部署を変えながら実習を行い、そこで出会う患者やスタッフとのかかわりを通してさまざまなことを学び、後の振り返りで実習指導者と情報を共有するスタイルの方が一般的となる。もちろ

第6章　実習の実際

ん、精神保健福祉士の業務に同行・同席し、会議や面接、地域活動や在宅訪問などを体験することもある。このように、精神保健福祉ソーシャルワーク実習は、新たな環境で療養を始めていく患者の入院時に近い形で現場に入り、そのなかで起きた出来事や実習生の考えを、実習指導者との振り返りの時間で共有し、ソーシャルワークの視点や利用者との関係構築について学びを深めるのである。

　精神科病院での実習の特徴には、先に述べた患者に近い立場での現場体験のほかに、多職種とのかかわりの機会が多いのも特徴である。病棟では看護スタッフ、院内リハビリテーションでは作業療法士、外来では医師や薬剤師、事務職員との接点が想定され、精神保健福祉士を取り巻くほかの専門職の活動や専門性の理解を通して、多職種連携の必要性や院内における精神保健福祉士の存在意義を考えることができる。

　さらには、精神科病院だからこそ取り組める実習のテーマが、危機介入アプローチを必要とする、精神科病院の入院処遇についてである。

　精神科病院は、「患者の安全の確保」と「患者の人権の保障」の狭間で揺れる現場である。病識をもち得ない急性期患者の治療拒否や逃亡、前途を悲観したうつ病患者が自殺を図るといったトラブルの可能性はゼロではない。そのため、時として「患者の安全の確保」すなわち危機管理のための処遇が優先される。患者の「復権」や「権利擁護」の役にある精神保健福祉士は、必要上そうしたことが後回しにされた療養環境や病棟のルールに葛藤を抱えるときがある。そうした状況に身をさらされる患者が、より一層、自尊心や生きる意欲を低下させていく状況を目の当たりにし、胸を痛めることも少なくない。

　運良く、病院実習では、実習生は支援者の側と利用者の側の両者に近い体験をする。病棟に一人で歩み入り、周囲との関係を築かなければならない体験、鍵のかかる病棟や隔離室で、決められた時間を過ごさなければならない体験、安全の確保のためにのぞき穴が開いた個室トイレを使用しなければならない体験など、治療こそ行われないが、実習生が病棟実習で感じた当事者に近いストレスは、その後の実践上の問題意識や、患者にかかわる際の配慮および工夫につながるはずである。たとえ問題解決に至らずとも、実習中の悶々とした感覚や葛藤、問題意識を覚えることは、精神保健福祉士を目指す者にとって貴重な体験であり、それこそが精神科病院で実習を行う意義であるといえるため、目を背けることなくそうした現状と対峙してほしい。

2 実習現場の特徴と実習内容

ここでは、実習を行う現場の機能や役割をはじめとしたそれぞれの特徴と、想定される実習メニューや取り組み課題について紹介する。

❶地域連携室

地域連携室は、所属機関内の精神保健福祉士が配属するセクションである。しかし、複数名の精神保健福祉士が配属していたとしても、各々の担当部署や役割は異なる。ケース記録や公的書類の作成といったデスクワークや、電話相談、ワーカーミーティングなどは地域連携室内で行われる。

実習では、実習生の待機場所であるとともに、電話や来談による院内外の他職種とのやりとりや、家族や患者本人からの相談対応などを目の当たりにするため、精神保健福祉士の機能や役割を知る絶好の機会となる。また、実習機関によっては、ケース記録の閲覧が可能である。

❷病棟

精神科病院は、急性期の患者の治療を行う閉鎖病棟や、療養目的あるいは社会的入院を余儀なくされている患者が利用する開放病棟など、機能の異なる複数の病棟で構成される。病院によっては男女別々に病棟を設けるところもある。

病院実習では、そのほとんどが病棟での実習となる。同じ病棟で数日まとめて過ごす場合と、一日ごとに病棟を変え、とりあえず病院全体の部署を体験した後、再び同じ病棟で実習を行うといったプログラムを構成するところもある。

病棟実習は、基本的に導入以外精神保健福祉士は同行しない。実習生自身が病棟内で患者と同じ生活リズムで時を過ごし、そこでのかかわりを通して利用者理解に努め、病棟スタッフの動きや患者へのかかわり方を洞察することになる。

実習施設・機関によっては、隔離室（保護室）の利用を体験させるところもある。病棟に実習生単独で置かれる実習形態同様に、なるべく患者の処遇に近い体験を通して、入院した患者にどのような配慮が必要か、院内の精神保健福祉士として患者に立ち会う際に、どのような姿勢や配慮が求められるかについて考える機会となる。

開放病棟には、寛解状態にありながらいまだ社会復帰に踏み切れず高齢化を迎える利用者が数多く存在している。実習における担当患者の対象に選定される可能性の高い人々であり、精神科での実習の学びを深めるための貴重な協力者でもある。開放病棟を利用する患者の多くは、長

期入院処遇を体験した人々であるため、病棟でのかかわりを通して個々の生活史を聞き、利用者理解につなげてほしい。

❸作業療法（院内リハビリテーション）

入院患者のリハビリテーションプログラムとして、平日は作業療法が実施される。プログラムは日によって異なる現場もあれば、選択できるように同時に複数のプログラムを実施している所もある。

作業療法は作業療法士が主体となって実施するが、補助として病棟のスタッフやコメディカルスタッフが参加することもある。

実習生にとっては、精神科リハビリテーションの機能や作業療法士の専門性といった他職種理解の機会であるとともに、プログラムの参加を通して、そこに集う患者とのかかわりを深める絶好の機会となる。

❹デイケア

デイケアは、退院後のリハビリテーションを目的として、日中通所する医療サービスであるが、そこに配置されるスタッフの職種はまちまちである。しかし、デイケアスタッフはチームとして一つのまとまりをもち、利用者の支援方針や生活情報を共有しながらケアにあたる。精神保健福祉士も、そのチームの一員としての担当業務を担いながら、必要な場面では相談援助を展開する。

デイケアのプログラムは多種多様で、参加は基本的に利用者の主体性に任される。地域で暮らす患者にとって、自己選択・自己決定の行為そのものがリハビリテーションであり、自立生活に通じるのである。またデイケアプログラムのみならず、利用者同士の人間関係やかかわりにも焦点が当てられ、必要に応じてデイケアスタッフの働きかけが行われる。

実習では、デイケアメンバーとともにプログラムに参加し、利用者理解に努めるとともに、病院の作業療法とのプログラム内容や展開の違い、メンバーに対するグループワークの効果、チームアプローチの実際を学ぶ。さらにはデイケアにおける精神保健福祉士の存在役割について考察する。

❺訪問看護

訪問看護は、看護師を中心とする病院スタッフが精神科患者の住まいへ赴き、病状や生活状況の把握を行い、再発の防止や早期発見を目的としたアウトリーチサービスである。

精神保健福祉士は、担当ケースの生活状況の把握のために、訪問看護スタッフとの情報交換を密に行う。また、精神保健福祉士自らが、訪問看護を実施することもある。

　住まいは、患者本人の現状が一番豊かに、正直に表現されている場所である。訪問看護は、本人の病状や生活状況の把握のみならず、個々の価値観や生活史を感じることもできるため、実習生にとっても利用者理解のうえで貴重な体験となる。

　ただし、患者にとっては、一番プライベートな空間に他者が足を踏み入れることになり、人によっては抵抗を感じる行為でもある。

　実習では訪問看護の意義を学ぶとともに、訪問看護に際しての配慮を心がけ、訪問看護の実際やスタッフのかかわり方を洞察する。

3 実習プログラムの特徴と実習の目的

　ここでは、実習で体験するプログラムの内容と特徴、実習で体験することの目的や取り組み課題について紹介する。

❶面接の同席

　面接は相談援助のあらゆる段階において実施される、精神保健福祉士にとっては基本的な業務である。その対象は患者や家族を中心とし、面接の目的も支援の段階によってそれぞれ異なる。両者の契約により定期的に実施されるものもあれば、必要に応じて実施されるものもある。

　精神科病院での面接は、交わされる内容は個人的で神経を使うものが多いため、そこに実質的な支援者ではない実習生が立ち会うことは容易ではない。よって、実習生の面接の同席は、利用者の協力への理解と、精神保健福祉士と患者の信頼関係のうえに実現したものであり、敬意と感謝をもって臨む姿勢が重要である。さらには、ただ面接に立ち会い雰囲気を味わうのではなく、どの支援段階で何のための面接なのかといった、面接の概要を押さえるとともに、可能であればこれまでの支援の経緯を理解したうえで同席するとより理解が深まる。

　また、担当患者には、実習生自身が面接を実施することもあるため、そのことも想定に入れながら、精神保健福祉士の面接に同席するとよい。

❷カンファレンス（検討会）

　カンファレンスは、患者の治療方針や処遇を検討するケアカンファレンスが代表的である。またカンファレンスは、退院時のように決まった公的な手続きに則り定期的に実施されるものと、関係者の必要に応じて実施されるものがある。さらに病棟カンファレンスのように多職種チームで実施されるものと、精神保健福祉士のみといった、同職種で実施されるものがある。

　同職種での事例検討会などでは、基礎情報も含め情報提供がなされた

うえで検討がなされるが、すでにかかわっているもので構成される病棟カンファレンスでは、利用者の状況は既知であることを前提に検討が開始されることもあるため、実習生はカンファレンスの参加前に、カンファレンスのテーマに関する基礎情報を何らかの形で確認しておく必要がある。

また、多職種によるカンファレンスでは、各々の参加者の発言に専門的な見解が含まれるため、その発言内容に注視するとともに、精神保健福祉士の発言の動向にも注目しておく。

最後に、カンファレンスによっては、精神保健福祉士自身が会の司会やコーディネートを担う機会も少なくないため、そのやりとりの様子もしっかりと観察し、専門性を学ぶ。

❸委員会（会議）

院内では、患者の処遇や施設運営に関する多くの委員会が存在し、精神保健福祉士も組織構成員として各種委員会に所属する。

特に医療保護入院者退院支援委員会などは、精神保健福祉士が主体的に役割を果たすべき組織であり、実習では運営プロセスも含め理解を深める必要がある。

委員会によっては、同じ病院に勤務しながらも日々の業務では接点のない部署とのやりとりもあるため、委員会活動を通して部署同士の相互理解や連携を深める機会となることも、各委員会の活動趣旨と併せて理解したい。

❹申し送り・引継ぎ（連絡・報告）

病棟は、24時間365日看護スタッフが勤務を交代しながら看護にあたっている。勤務交代時には患者情報の引継ぎとして申し送りが行われ、病棟を担当する精神保健福祉士もその申し送りに立ち会う。

基本的には看護スタッフ間の作業であるが、必要な情報提供は精神保健福祉士からもされる。

精神保健福祉士の申し送りの参加は、患者情報の共有のみならず病棟チームの一員としてのアピールも目的の一つである。

病棟での実習の際には実習生も申し送りに参加することになるが、専門用語が飛び交うため、できる限り基礎的な医学用語は押さえておきたい。

❺当事者会（断酒会）

同じ課題を抱えた当事者同士が集い、語り、自身を見つめ、互いを支えあうといったことを目的とした、ピアサポートやセルフヘルプの組織

がある。精神科では断酒会やAA（alcoholics anonymous）の活動が主流であり、その一部は院内で実施する組織もある。院内や障害者支援施設では、ピアサロンが実施されるところもある。

精神保健福祉士はそうした当事者組織を支え、活動の活性化を促す。実習でも当事者会に参加し、そこで語られるメンバーの話に耳を傾け、その存在や活動の意義、精神保健福祉士のサポート方法について理解を深める。

❻家族会（家族支援）

精神科領域には立場を同じくし、互いの状況をわかりあえる者同士が思いを共有しあう場として、「家族会」が存在する。家族会は、各医療機関ごとに運営される「病院家族会」と、在住エリアごとに組織される「地域家族会」がある。

病院家族会の多くは、所属機関の精神保健福祉士が運営のサポートを担う場合が多い。

実習ではタイミングが合えば家族会の定例会に参加することができる。当事者会同様、精神疾患患者を身内に抱える当事者としての、家族の思いや家族同士がつながる意義、精神保健福祉士が会を支える意義などを考察する。

❼家族教室（家族支援）

家族が、患者本人に適切かつ効果的なサポートが行えるよう、医療機関によっては、「家族教室」といった勉強会を開催している。病院によっては、病院家族会のプログラムに組み込まれている所もある。

家族教室は単発の実施よりは、医師をはじめとした院内スタッフの持ち回りでシリーズとして複数回実施され、精神疾患の症状や精神科治療の種類、回復のプロセス、各種福祉制度や患者への適切なかかわり方などについての講義が行われる。

精神保健福祉士は、福祉制度の紹介など家族教室のプログラムを担当するだけでなく、家族教室自体の運営に携わることも多い。

実習では、家族教室に参加の際は、家族とともに講義を受けるが、会の実施準備や反省会など、運営面からの体験を行うことができる。

❽地域福祉活動（社会活動）

患者の社会復帰を見据えた場合、退院後の生活の舞台は家庭や地域社会に移るため、そうした意味で地域に向けた働きかけは、精神保健福祉士にとっての重要な作業となる。

地域との連携や働きかけの目的は大別すると二つある。一つは「精神

第6章

実習の実際

障害者に対する支援ネットワークの整備」、もう一つは「精神疾患への予防に向けた社会啓発活動」である。

一つ目の「精神障害者に対する支援ネットワークの整備」は、活動の対象がさらに分かれる。そのうちの一つは、精神科領域に関連する専門職・専門機関による支援ネットワークである。もう一つは、専門領域をとわず、障害当事者の地域生活にかかわる人たちへの働きかけである。最後に行政に対する働きかけである。

二つ目の「精神疾患への予防に向けた社会啓発活動」は、すべての市民が対象となる。

具体的には、精神疾患に対する予防方法、精神疾患のある人たちへの理解や協力方法、精神科領域に関する法制度の知識など、あらゆる者が精神疾患を他人事にせず、関心を高めることを目的とした活動である。

実習では、地域福祉活動の実際に立ち会い、病院の精神保健福祉士が地域に貢献することの意義や方法について理解を深める。

❾研修会

研修会は、院内スタッフ全員が対象となるものや、同一職種が集うもの、地域で開催されるものなどがある。また精神保健福祉士は、参加のみならず、研修会の運営をしたり、講師を担う場合もある。ほかの専門職同様、精神保健福祉士は国家資格を取得すればそれで終わりというわけではなく、有効なマンパワーであり続けるためのその後の自己研鑽が必要となる。

実習では院内の研修会のほか、精神保健福祉士がかかわりをもつ院外の研修会への参加の機会も少なくない。場合によっては研修会を運営する側を体験することもあり得る。そうした会への参加体験を通して、自己研鑽の機会の必要性を実感する。

❿実習の振り返り（フィードバック／スーパービジョン）

実習がボランティアと大きく異なる点は、自らの体験を紐解く機会がもてることである。実習生なりに考えながら行った活動や利用者へのかかわりを、後に実習指導者と共有し、専門的視点から捉え直し、自己洞察につなげる。対人援助には、「意図的なかかわり」が求められるが、それは自然と身につくものではなく、自身の心理・行動の整理と、それに基づくトレーニングの積み重ねが必要となる。

実習生は、精神保健福祉士としての「意図的なかかわり」の習得に向け、実習のスーパービジョンの場である実習指導者との「振り返りの時間」を積極的かつ有効に活用してほしい。

⓫実習日誌の作成（セルフスーパービジョン）

実習日誌は、日記でもなければ単なる報告書でもない。実習生自身の実習の整理のためのツールであり、実習指導者が実習生にかかわるためのマニュアルに代わるものである。

実習生は、実習中あるいは振り返りの時間を通して理解したものを、日誌の作成を通してあらためて自身で吟味し、整理し直す。文章化するなかで気づいたり理解の深まるものもあり、ある意味実習日誌の作成はセルフスーパービジョンの機会であるといえる。

また、実習指導者にとっては、日誌の内容で実習生の理解の度合いや問題意識を把握することができ、指導内容の範囲や程度が明らかとなるため、日誌はかかわり方マニュアルとなり得る。

実習生は日誌を有効に活用するためにも、自身と向きあい、率直な考えを述べ、振り返りの時間と日誌作成を循環させながら、実習に取り組んでほしい。

⓬個別支援計画の取り組み

実習の仕上げとして、実習生なりに特定の患者に対する個別支援計画の立案に取り組み、実践的な学習を深める。

実習生は、利用者の理解協力のもと、実習全体を通して関係を深める機会を設け、生活史をアセスメントし、思いをうかがい、自立生活を視野に入れた支援のためのトレーニングを行う。

注意すべきは、支援計画を形にすること以上に、支援のために行う関係構築やアセスメント、利用者の力やセルフケアを見極める視点を養うためのプロセスを体験することに意義をもつ取り組みという点である。

▌4 治療の流れに沿った精神保健福祉士の役割と実習課題

❶受診前

初発の精神疾患の場合、その多くが患者本人や家族を含め精神病や精神保健福祉に関する知識は皆無であり、治療への導入は容易ではない。さらに、統合失調症のような幻覚症状を伴う疾患の場合は、患者本人が病気であることの自覚を保ちづらい面があり、精神科への受診や入院の働きかけには困難を極める。あるいは、そもそも精神疾患を発症していない可能性もあるため、入院対応には慎重を要する。

また、患者の病状の悪化は本人以上に家族等周囲の者が察知しやすく、そのため入院相談等は家族から寄せられることが多い。主治医をはじめとした病院スタッフが、どのように患者の状況をアセスメントし、

必要な治療につないでいくか、その際に家族の不安をどのように解消し、治療に結びつけるための連携をどのように展開するかが重要となる。

実習では、治療相談を受ける精神保健福祉士の対応を通して、危機介入のプロセスを学習する。具体的には家族とのインテーク面接に立ち会い、精神保健福祉士の相談対応や、家族とのラポールの構築展開を洞察する。また、所属機関への受診に至らないケースに対しては、利用の可能性のある制度紹介や他機関へのリファー（送致）など、来談された家族に対する配慮やフォローについても理解を深める。

❷入院時

入院に至る状況はさまざまであり、入院形態も患者により異なる。入院形態により入院の流れや必要な手続き、主治医のほか外来や病棟のスタッフの動きや役割、そこに立ち会う家族の立場や役割も異なる。

精神保健福祉士は、担当する入院患者および家族に対して、入院手続きが円滑に進むように支援を行う。さらに、院内サービスの理解の度合いの確認とともに、今後の生活上の不安や生活状況の確認を行い、想定される支援への見立てを行う。家族へは治療への協力の働きかけのみならず、家族自身に焦点を当て、これまでの看病に対するねぎらいとともに、家族の抱える思いを言葉にすることを促し、心的負担を軽減するようにかかわる。

実習生は、精神保健福祉士が患者や家族に対して行うかかわりの過程に立ち会い、入院時の作業内容や関係構築に至るための技術や配慮を洞察する。

また入院時面接での同席に際して、入院に至るまでの生活状況や、患者や家族の苦悩や葛藤、入院に対する期待や不安、今後の希望や想定される支援課題など、精神保健福祉士のアセスメントプロセスを観察し、入院時に立ち会う精神保健福祉士の役割の理解と展開される専門性の理解に努める。

❸療養中

精神保健福祉士は、患者の療養生活の安定にあわせてかかわりを深め、病棟スタッフとともに療養生活の整備を図りつつ、入院のために距離ができた地域生活の状況や、家族をはじめとした社会関係の把握に努め、必要な環境整備のための支援を行う。

家族に対しても、必要に応じて面接を実施しながら関係構築に努め、必要に応じて病院家族会への入会や家族教室への参加を促す。

実習生は、自ら患者とかかわり、関係構築や生活理解を図るとともに、

★リファー
支援を求めて来談した利用者・家族に対して、十分な対応ができない、あるいはより適切な支援機関がある場合に、その専門機関を紹介したり、支援を依頼したりすること。

作業療法をはじめとした治療プログラムを患者・病棟スタッフとともに体験し、その役割や効果を知る。また、面接等の精神保健福祉士の支援展開の場面に立ち会い、ケース記録を閲覧するなどして、療養場面における精神保健福祉士の役割について理解を深める。

また、家族支援のために展開される、病院家族会や家族教室、家族自身の抱える疾病・障害に対するアプローチ、各種制度・サービスを活用した生活環境整備などの場面に同席し、患者家族の状況の把握とともに、家族支援の実際を理解する。

❹退院前

退院は、患者にとって発病もしくは再発した環境に戻ることでもあり、喜びと同時に不安を募らせる者も少なくない。そのため精神科での入院治療は、その要因と考えられる環境問題の解決や、患者自身がそのストレスに対処できる力を蓄えることも、退院支援のメニューに含んでいる。

精神保健福祉士は、どの場面においても、患者のために第一線での活動が求められる。その際、患者の思いを中心に据え作業を進めることはその通りであるが、家族においては単に理解や協力を求めるだけではなく、その時々の不安や葛藤に寄り添い、家族の気持ちや言い分を汲み取り、その不安の解消や課題解決を図りながら、三者がともに作業を進めていく姿勢を忘れてはならない。そのため、退院前病棟カンファレンスや医療保護入院者退院支援委員会、地域移行支援事業に基づくカンファレンスなど、入院時から実施される退院後の生活の検討会議にも、必要に応じて家族に同席してもらい、家族が患者の状況を理解し、意向を主張できる機会を確保しておく。

実習生は、患者が退院に至るプロセスや、退院後の地域生活を定着させるために退院前に行う支援の実際を学び、そこでの精神保健福祉士の役割や、展開されるソーシャルワークについて理解を深める。

❺退院後・外来

地域での生活は集団行動や施設のルールを強いられる入院生活と異なり、利用者個々の価値基準や自己決定を基に活動することになる。一見当たり前のことのように思うが、特に長期入院患者には**ホスピタリズム**や**パターナリズム**の影響により、自身で物事を決定し生活を組み立てることに難しさを感じる者もあり、退院時の精神科患者にはそうした心理的・社会的なサポートやリハビリテーションが必要となる。

さらに地域生活では、入院中に比べると周囲とのかかわりが求められ

★**ホスピタリズム**
長期間にわたる入院や入所などで、社会から隔絶された施設生活を送り続けることにより生じる社会不適応症状。二次的な生活障害。

★**パターナリズム**
親が子どもの利益になると判断して、子どもの意志を無視して親の考えを押しつけることがあるように、施設などにおいて、本来利用者の意志を確認したり判断をゆだねるべき事項に関して、職員側の判断で対応を行うこと。

第6章 実習の実際

るため、円滑なコミュニケーションや良好な関係の構築に向けたトレーニングも必要となる。こうした生活課題の克服に向け、外来での診察やカウンセリングのほか、デイケアサービスや精神科訪問看護など各種外来サービスが提供される。また、共同生活援助事業や相談支援事業を展開し、医療的ケアと併せて福祉的な生活サポートを行う医療法人もある。

実習生は、入院および外来患者の治療や生活状況の違いを考察し、状況に合わせた医療機関の支援方法やスタッフのかかわり方を洞察する。

病棟内での実習と比較すると、デイケアや訪問支援などは、精神保健福祉士の活動に同行・同席する機会も多いため、実習生は地域生活を支援する各種サービスのなかで、状況に合わせて立ち居振る舞いを変化させる精神保健福祉士の活動に立ち会い、対応時に活用する専門性やソーシャルワークについて理解を深める。

❻地域連携・社会活動

医療機関における精神保健福祉士の業務の大半は、患者に直接かかわり、支援を行うケースワークやグループワーク、すなわち、直接援助技術を展開する場面が大半を占める。もちろん病院外においても各種制度の申請代行や福祉サービス利用のための相談支援など、個別援助に関連する活動が展開される。

その一方で、患者の社会復帰・社会参加に照らした場合、退院後の生活の舞台は家庭や地域社会に移るため、個別援助以外の地域に向けた連携や働きかけの作業も、精神保健福祉士にとって重要となる。

地域との連携や働きかけの目的は大別すると二つある。一つは精神障害者に対する支援ネットワークの整備、もう一つは予防のための社会啓発活動である。

ただし、こうした地域での連携や社会啓発活動は、長い目でみると入院患者や所属機関につながる作業ではあるが、直接あるいは短期に成果が還元されたり効果を実証できるものばかりではないため、院外での地域福祉活動は所属機関の長の理解や許可が必要となる場合がある。

実習では、こうした地域福祉活動の実際を体験し、地域の精神保健福祉活動に対する精神保健福祉士の果たす役割や意義を理解する一方で、機関の長をはじめとした院内スタッフに対する精神保健福祉士の存在の周知や業務への理解をどのように促進するかについて考える機会とする。

▌5 実習の展開と実習期間別プログラム

精神科病院での実習は、**表6-7**のような流れで展開されていく。実

習を行う現場と照らし合わせながら、その時期の実習のねらいと実習課題を意識しながら実習に取り組むことになる。

　担当患者の個別支援の取り組みは、実習の軸となる作業である。支援計画はすぐにできあがるものではないため、実習指導者と相談のうえ、なるべく早めに設定し、患者理解のためのかかわりに努める。

2 精神科診療所

1 精神科診療所における実習の特徴と概要

　精神科診療所は「精神科クリニック」とも呼ばれ、最近では「心療内科」を標榜するところも増えたことにより、旧来のイメージが払拭され、単科精神科病院よりも身近で気軽に利用できる精神科医療機関となった。また、病院のように組織が大きくないため、「児童思春期」や「認知症」など治療ターゲットを明確に打ち出した所も増えており、患者にとっての利便性が高まっている。

　精神科診療所は基本的には入院機能を備えていないため、精神症状の軽い者や、病状の把握が可能な者が対象者となる。精神疾患を患ったからといって、必ずしも何らかの生活支援を受けなければならないわけではなく、抗精神病薬を定期服用することで安定した社会生活を送ることは十分に可能である。そうした治療のみを必要とした者が精神科診療所を利用する場合が多い。その分、精神科診療所が提供するサービスメニューは病院に比べると少なく、外来診察のみ、あるいはデイケアの併設や精神科訪問看護のみを実施するといった形態がほとんどである。ただし、外来診察に特化させている分、サラリーマンが利用しやすいように外来診察時間を夜まで延長したり、週末に開所しているところもあり、診察における利便性は高い。

　このように、精神科診療所は単科精神科病院に比べるとハード面のスタッフ数等が少ないため、事業所に所属する精神保健福祉士の果たす役割は多岐にわたる。そうした事情により、患者を支えるための社会資源の確保や開発は外部に求める必要があり、地域連携が必要となる。

　精神科診療所での実習では、地域精神医療の前線で活動する精神保健福祉士の役割や専門性を学ぶことになる。

第6章 実習の実際

■2 実習現場の特徴と実習内容

　精神科診療所での実習は、精神科病院のように部署は多くないため、デイケア等を基本の現場に固定したり、精神保健福祉士が所属するセクションで待機しながら、精神保健福祉士の業務を目の当たりに学習する形となる。

　全体的に診療所の患者は病状の軽い者や、スタッフとの付き合いが長く関係が良好な者、あるいは病識を保っている者が多いため、実習生の診察や面接の同席などは精神科病院に比べると容易であるといえる。よって精神保健福祉士に同行・同席しながらその専門性を洞察する形での実習も可能な現場である。

■3 精神保健福祉士の役割と実習課題

　精神科診療所は、精神症状の軽い者や病状が安定している者、睡眠障害・適応障害・発達障害といった社会生活に何らかの違和感を感じている者の自発的な受診などが多い。よって精神症状やその原因となるものをできるだけ抑えながら、現状の社会生活を維持していくことに対する支援が診療所には求められる。

　精神保健福祉士は、患者の生活をアセスメントし、家事や育児、学業や仕事といった、各々の日常において担うべき役割や生活の軸となるものを尊重しながら、ニーズに沿った課題解決にあたることになる。

　患者の抱える生活課題として、たとえば求職者のリワーク支援や、うつ病により家事育児が困難な母親への生活介護、学校生活で不適応を起こした生徒への学業支援などが考えられるが、診療所内のみでの支援には限りがあるため、支援の環境ターゲットとなる職場や家庭、学校などでの協力者との関係構築とともに、関連する専門機関への協力も得ながら支援を展開することとなる。

　こうした協力者を得るためには、精神保健福祉士が常日頃から地域に出かけ、周囲の求めに応じた地域貢献を、いかに積み重ねておくかが重要である。

　実習生は診療所内での支援活動のみならず、こうした精神保健福祉士の地域実践活動にも関心を向けながら、地域精神医療における相談援助を学ぶことになる。

■4 実習の展開と実習期間別プログラム

　精神科診療所での実習は、**表6-8**のような流れで実習が展開されて

いく。実習を行う現場と照らし合わせながら、その時期の実習のねらいと実習内容を意識しながら実習に取り組むことになる。担当患者の個別支援の取り組みは、実習の軸となる作業である。支援計画はすぐにできあがるものではないため、実習指導者と相談のうえなるべく早めに設定し、かかわりを深めることに努めたい。

　さらに精神科診療所の通院患者は、精神科病院の入院患者のようにいつでも会えるわけではないことに留意する。実習初日や事前訪問時に、実習指導者に個別支援の対象者の選定方法に関して確認してもよいだろう。

表6-7　実習期間別プログラム（精神科病院）105時間

日程	実習内容	実習のねらい
1日目〜4日目	・利用者、職員と積極的にコミュニケーションを図る ・精神保健福祉法に沿って病院の業務と機能を理解する ・地域社会との関係について理解する ・各部署の機能と役割、他職種の業務について理解する ・見学を通して精神保健福祉士の業務を理解する ・専門職としての法的義務と倫理について理解する	・実習前期では、病棟内の体制および各部署で働く専門職について把握しておく。また病院の機能について学習し、地域社会における役割を理解する
5日目〜9日目	・利用者の権利擁護に対する精神保健福祉士の活動を理解する ・外来受診—入院—退院—退院後といった支援展開を理解する ・院内外におけるチームアプローチについて、会議への参加を通して理解を深める ・訪問への同行などにより、地域生活を送る利用者への支援について理解する ・家族会やピアサロンなどへ参加し、当事者同士が集う目的と効果などについて理解する ・地域の社会資源と病院とのネットワーキングの実際について理解する ・面接やケース記録など支援の実際にかかわる作業の説明を受け、その方法を学ぶ	・実習中期は、利用者・家族との支援関係を体験的に学ぶ期間となる。その際には精神保健福祉士が業務においてどのような倫理的配慮を行い、法的義務を遵守しているのか十分に理解しておく ・この時期から実習指導者と相談のうえ、個別支援のテーマを決め、担当利用者とかかわりながら支援計画作成の準備に入る

第6章　実習の実際

	・面接や記録などの相談援助技術について、ロールプレイなどを通して体験的に理解を深める ・担当利用者と精神保健福祉士としての援助関係の形成を図る ・担当利用者・家族との面接をはじめとして、必要なアセスメント作業を実施する	
10日目～12日目	・アセスメントで得た担当利用者の情報を整理し、支援の見立てを行う ・院内外で参加したさまざまなプログラムの支援効果や意義について整理し、支援計画への活用を検討する ・実際に担当利用者の支援計画を作成し、支援の展開を検討する ・支援計画に基づき、利用者とのかかわりを深める ・実習指導者とともに実習の整理を行う ・実習計画に基づき、実習目標の達成度を整理する ・実習中に明らかになった取り組み課題を整理する	・実習後期は、精神保健福祉援助技術の理解と実践に重きが置かれる。また、実習の達成度を実習指導者と整理し、残された実習課題を明らかにする ・担当利用者の個別支援に関しては、これまで実際の支援過程への参加を通して得た体験の統合を図りながら、支援計画を作成する段階となる
13日目～14日目	・実習の整理で明らかとなった課題に取り組み、実習を深める ・担当利用者の支援計画の評価を行う ・実習全体の振り返りと自己評価を行う ・必要に応じてプログラムを追加し取り組む ・実習指導者より全体的な評価を受ける	・実習を終了するにあたって、必要な課題に取り組み、実習全体を通した評価を実施する

表6-8 実習期間別プログラム（精神科診療所）105時間

日程	実習内容	実習のねらい
1日目～2日目	・利用者やスタッフと積極的にコミュニケーションをとる ・精神保健福祉法に沿って診療所の業務と機能を理解する ・診療所と地域社会との関係について理解する ・見学等を通して精神保健福祉士の業務を理解する	・実習前期は、診療所の役割や機能について学習し、地域社会における役割を理解する
3日目～7日目	・専門職としての法的義務と倫理について理解する ・地域での支援の実際（医師面接陪席、デイケア、アウトリーチ）について理解する ・部署による機能の違いと業務内容について理解する ・担当利用者と精神保健福祉士としての援助関係の形成を図る ・担当利用者・家族との面接をはじめとして、必要なアセスメント作業を実施する	・実習中期は、地域での生活者としての視点でかかわる支援関係を体験的に学ぶ期間となる ・実際に地域で生活する利用者・家族等とのかかわりを始める前に、精神保健福祉士が業務においてどのような倫理的配慮を行い、法的義務を遵守しているか十分に理解しておく ・この時期から実習指導者と相談のうえ、個別支援のテーマを決め、担当利用者とかかわりながら支援計画作成の準備に入る
8日目～12日目	・支援計画に基づき、利用者とのかかわりを深める ・面接や記録等の相談援助技術についてデイケア参加を通して体験的に理解を深める ・診療所内におけるチームアプローチについて、スタッフ会議への参加を通して理解を深める ・地域における会議や集会等に参加し、診療所とのネットワーキングや連携の実際について理解する ・在宅訪問により、地域生活を送る利用者への支援について理解する	・実習後期は、ソーシャルワークの理解や実践に重点を置き、権利擁護やチームアプローチ、ネットワーキング等、支援過程への実際の参加を通して体験的に理解する ・また実習を終了するにあたって、実習全体を通した評価を実施する
13日目～14日目	・実習の整理で明らかとなった課題に取り組み、実習を深める ・担当利用者の支援計画の評価を行う ・実習全体の振り返りと自己評価を行う ・必要に応じてプログラムを追加し取り組む ・実習指導者より全体的な評価を受ける	・実習を終了するにあたって、必要な課題に取り組み、実習全体を通した評価を実施する

第6章 実習の実際

235

障害福祉サービス事業所における実習

学習のポイント

● 障害福祉サービス事業所について理解する
● 障害福祉サービス事業所における実習プログラムなどを参考に具体的な実習のイメージをもつ

1 就労継続支援事業所（B型：非雇用型）

1 就労継続支援事業所における実習の特徴と概要

　障害者の日常生活及び社会生活を総合的に支援するための法律（障害者総合支援法）における就労支援サービスは、自立支援給付の訓練等給付に位置づけられている。就労支援サービスには、就労移行支援と就労継続支援 A 型（雇用型）と就労継続支援 B 型（非雇用型）がある。まず、障害者総合支援法の全体像において、就労支援サービスがどのような位置づけにあるかを理解する必要がある。また、障害者総合支援法におけるそれぞれの就労支援サービスの対象者や内容を理解することはもちろん、サービスを利用する際の申請からサービス利用までの流れも理解しておく必要がある。

　就労継続支援 A 型（以下、A 型）は、「障害により企業で働くことが困難で、雇用契約に基づき、継続的に就業が可能な 65 歳未満（利用開始時）の人に対し生産活動やその他の活動の機会の提供、その他の就職に必要な知識及び能力の向上のために必要な訓練や支援を行う」とされている。具体的な対象者は、

　①就労移行支援事業を利用したが、企業等の雇用に結びつかなかった者
　②特別支援学校を卒業して就職活動を行ったが、企業等の雇用に結びつかなかった者
　③企業等を離職した者等、就労経験のある者で、現に雇用関係の状態にない者

である。障害者本人と雇用契約を結び、原則として最低賃金を保障する雇用型の障害福祉サービスで利用期間に制限はない。

就労継続支援B型（以下、B型）は、就労移行支援やA型と異なり雇用契約を結ばない。「通常の事業所に雇用されることが困難な人に、就労の機会の提供及び生産活動の機会の提供、その他の就労に必要な知識及び能力の向上のために必要な訓練その他の必要な支援を行う事業所」とされ、A型同様に利用期間に制限がない。具体的な対象者は、

①就労経験がある者であって、年齢や体力の面で 一般企業に雇用されることが困難となった者

②50歳に達している者または障害基礎年金1級受給者

③①および②に該当しない者で、就労移行支援事業者等によるアセスメントにより、就労面に係る課題等の把握が行われている者

とされている。双方の利用対象者の違いを簡単に整理すると、A型は、就労訓練を行うことで将来的に就労移行支援事業や一般就労の可能性がある者が利用し、B型は、一般就労は困難かもしれないが、サポートを受けることで何らかの仕事ができる者といえよう。

ほかに、一般就労した障害者の就労に伴う生活面の課題や就労継続を図るための支援を行う就労定着支援がある（2018（平成30）年度創設）。

本節ではB型を中心に解説していくが、実習先となる就労支援事業所は、A型とB型の双方を展開している場合もある。それぞれ対象者が異なることから、その利用要件を整理しておく必要がある。また、B型が所在する地域には、どういった機関があり、日頃からどのように連携をとっているかについても事前に把握しておくことが求められる。

実習において学んでほしいことは、B型における精神保健福祉士の役割や業務理解である。精神保健福祉士は、いずれの機関や事業所においても相談業務を担うが、就労支援サービスにおいては、就労訓練というリハビリテーションも担う立場となる。ほかの機関や事業所に勤務する精神保健福祉士の業務の共通点と相違点や関係機関との連携や家族支援の方法も学んでほしい。実習前に積極的に実習先を訪ね、実習指導者となる精神保健福祉士との対話を重ね、理解していくことが理想である。併せて、実習先の法人全体の理解や法人内におけるB型の位置づけも把握しておいたほうがよい。

さらに、就労訓練を行っている利用者理解を深めてほしい。なぜ、B型を利用しているのか、今後の生活設計をどのように考えているのかなど、疑問をもちながら利用者個々の背景や生活状況、就労意欲等の理解に努めてもらいたい。また、ここで注意が必要なのは「就労する」ことはソーシャルワークの目的そのものではない、ということである。精神

障害者にとって「働く」ことは、自立した生活や自己実現のための手段である。そのため、精神保健福祉士として、就労訓練は、利用者にとって日常生活の刺激や生活意欲、自尊心の向上などにもつながることを意識しておかなければならない。生活意欲が増すことで、自立生活につながり生活の質（quality of life：QOL）そのものも高まる。就労支援施設が、就労訓練の場であるということだけでなく、利用者の自立支援等を目指す生活の場でもあるということを理解しておく必要がある。

　実習全体を通し、精神的な病気や障害のある人が働くことの意味や、それをサポートする精神保健福祉士以外の職員を含めた事業所全体の体制も積極的に学んでほしい。利用者の理解も、実習事前学習の一環として積極的に現場に赴き、現場体験を通して深めるべきであろう。現場体験を通して感じる違和感や疑問点が、実習中のつまずきになることもあることから、自己理解も兼ねて事前に把握しておいたほうがよい。

■2 実習現場の特徴と実習内容

❶作業場面の支援

　B型における就労訓練のプログラムには、農耕や園芸、パンや弁当作り、食品や商品販売、パソコン使用の作業などがあるが、実習生にとって未経験の作業が多いであろう。それぞれの作業の手順や仕事のコツは、利用者が熟知していることが多いため、謙虚に利用者から作業内容について教えてもらうとよい。ただ、作業に集中しすぎて、精神保健福祉士実習の一場面ということを忘れてしまいがちになることも少なくないため、作業は、あくまでもB型における就労訓練の一環であることを念頭に、作業中の利用者同士のコミュニケーションの観察や利用者の作業能力などの状況把握にも努めるよう意識することが求められる。作業中の何気ない会話や態度から、利用者の睡眠や食事状態、病状の変化、家族関係の変化などを読み取り、アセスメントしていくことが精神保健福祉士の役割である。

　農耕や園芸の場合は、屋外での作業が多いため作業服を準備する必要があろう。パンや弁当作りは、衛生面での管理が厳しいために事前に実習生に受けてもらわなければいけない検査があろう。販売作業は、コミュニケーション能力が求められる場面である。実習施設・機関であるB型がどのような作業を行っているか、事前に把握して準備しておくことが必要である。

　就労継続支援事業所での実習中は実習指導者だけでなく、職員も業務

多忙のなか、実習生を指導してくれることをよく理解し、現場の迷惑にならないように自覚することが大切である。職員や利用者への挨拶はもちろんのこと、時間を守り身だしなみにも気を配る。実習中は、慣れない場所ということもあり緊張が高まるが、自らの食事や睡眠などの体調管理にも気を配ってほしい。

忙しくしている実習指導者に話しかけることを躊躇してしまうこともあるが、常に現場で感じた疑問点を大事にし、積極的に実習指導者や職員に質問ができるようにする。そのためにも、手のひらサイズのメモ帳などを準備し気になったことは箇条書きでもよいので書き残すようにするとよい。

❷面接・モニタリング時の支援

就労継続支援事業所の精神保健福祉士は、外部機関である行政機関の生活保護課や障害福祉関連の課、公共職業安定所（ハローワーク）、職業センターなどとの連携を行う。新規利用者にサービス管理責任者とともに事業所の機能やサービス内容、利用者の目標の確認や利用契約などについての説明を行う業務もある。事業所利用における手続きであるが、そのなかで利用者のニーズと事業所のサービスが合致するか、家族構成や家族間の関係性（ジェノグラムの作成）、現在かかわっている関係機関の把握（エコマップの作成）、これまでの生活歴などをアセスメントしていく。利用者を理解することや現在の生活状況を把握することが、以後のサービス提供において重要となる。定期的なモニタリングの場においても、サービス管理責任者や利用者、家族と一緒に現状を確認しながら今後のサービス利用について検討する。

精神保健福祉士として大切なことは、利用者の自己決定権を尊重し、自らの生活へのやりがい、生きがいを感じることができるような支援を展開してくことである。実習生は、手続き上のやり取りに目を向けすぎることなく、精神保健福祉士がどういう視点で何を大事に利用者や家族と接しているのかをみてほしい。モニタリングの場で、利用者と家族の意見が対立することもしばしある。そのようなとき、精神保健福祉士がどのような対応をするのか、利用者と家族の意見が合わない理由は何かなど、その場の雰囲気に動揺するのではなく冷静に客観的に状況をみてほしい。お互いの意見の食い違いが起きることは、双方の考えをすり合わせするという大事な場面である。面接やモニタリングの場面で理解できなかったことは、日々の振り返りで実習指導者に積極的に質問することを勧める。

就労継続支援事業所における実習は、利用者との何気ない会話や家族との面接時、支援に関する資料などから利用者の個人情報を知る場面がいくつもある。当然のことだが、実習中に知り得た情報は、実習終了後も漏洩しないという秘密保持の意識を強くもつ必要がある。利用者とのやり取りのなかで、意図せず急に利用者に怒られたり、家族関係のことで相談されたが上手く対応できなかったり、腑に落ちないことが出てくることもある。そのときは、その感情を抑え込むのでなく、実習指導者や実習指導担当教員に、そのとき感じた気持ちを素直に言葉で伝えることを勧める。誰かに話すことで、そのときの自分の状況や感じたことを客観的に整理し、その感情の意味づけにつながる。この一連の体験が実習をさらに充実させることにつながり、将来現場で働く際の重要なスキルとなる。実習中は、自分でも気づかない緊張を感じているため、自らの体調管理にも意識を向け、どうしても体調が整わない日は、思い切って実習を休むなどの冷静な判断が必要である。

2 相談支援事業所

1 相談支援事業所における実習の特徴と概要

　事前学習として、障害者総合支援法における相談支援事業の位置づけを整理する必要がある。相談支援事業は、地域生活支援事業の市町村実施事業において必須事業となっており、地域活動支援センターや基幹相談支援センターがその業務を担っている。地域活動支援センターは、Ⅰ型、Ⅱ型、Ⅲ型があり、Ⅰ型に精神保健福祉士などの専門職員を配置し相談支援事業を行い、利用者に創作的活動や生産活動、社会との交流促進などの機会を提供する支援機関となっている。

　障害者総合支援法においては、自立支援給付に地域相談支援と計画相談支援があり、相談支援機関として一般相談支援事業者と特定相談支援事業者がある。一般相談支援事業者は、基本相談支援と地域相談支援（地域移行支援と地域定着支援）を行っており、特定相談支援事業者は、サービス等利用計画を作成する計画相談と障害者や保護者からの相談に応じる基本相談支援がある。さらに、一般相談支援事業所に市町村から委託できる基幹相談支援センターもあることから、相談支援を行う機関について、地域住民や利用者にはその仕組みはわかりづらいといえよう。実習生として、事前に相談業務を担っているそれぞれの機関の違いと役割

を理解しておかなければならない。

　また、相談支援事業所は、地域の実情に応じて柔軟な運用や事業の実施が可能なことから、所在する地域の特徴（人口比率や少子高齢化率、過疎化率、都市部か農村部かなど）や医療、福祉、保健機関がどれくらいあるのか、日頃からどのような機関と連携をとっているかなどを把握しておくことが望まれる。これらのことを理解するために、制度上の学習と同時に可能な範囲で積極的に現場体験を行い、現場の実情を理解しておくことを勧める。

　実習で学んでほしいことは、相談支援事業所における精神保健福祉士の役割や業務内容である。病院や就労支援事業所、自立訓練事業所などの精神保健福祉士との役割の違いや共通点を意識して学んでほしい。いずれの機関においても、精神保健福祉士としての基本的な視点は同じであるが、利用者の地域における生活支援など相談支援事業所特有の視点があろう。

　さらに、相談支援事業所を利用している利用者理解を深めてほしい。相談支援事業所における精神保健福祉士の役割の一つは、利用者の地域生活支援である。個々人により、生活背景や抱えている生活課題の状況が異なることを念頭に、相談支援事業所を利用している目的や目標を把握し、本人に合ったサービスを提供していかなければならない。

　利用者が、地域生活を送るなかで何らかのトラブルを起こすこともある。たとえば、アパートで一人暮らしをしている利用者が、ゴミの分別方法やゴミ出しの日程を把握できず、同アパートの住人や近隣住民に迷惑をかけることもある。その際は、本人にゴミ出しのルールを覚えてもらうことはもちろん、家主や不動産の担当者（状況に応じて地域住民の参加もあり）との会議を開き、現状の説明と今後の対応策などを一緒に検討、確認していくこともある。トラブルを苦情対応のみとせず、関係機関や地域住民との話し合いや交流を行うことで、地域で暮らす精神障害者の理解を広げていくことができる。相談支援事業所としての地域でのネットワークづくりや連携方法も学んでほしい。

2 実習現場の特徴と実習内容

❶来所時の支援

　相談支援事業所は、調理活動や利用者のミーティング、地域での清掃活動、軽作業など一定のプログラム活動はあるものの基本的に利用者のペースで進められることが多いことから、職員側の想いや考えが前面に

出すぎると上手くいかないこともある。利用者は、自分の生活スタイルに合わせ、早朝から来所する人や午後から来所する人、就労支援事業所での就労訓練の帰りに立ち寄る人、月に数回しか来所しない人、ほかの利用者とのおしゃべりだけを目的に来る人、のんびり過ごしたい人などとさまざまである。

実習生は、実習計画書を作成して実習に臨むが、計画どおり進まないことがあっても焦ることなく、利用者に合わせた柔軟な対応ができるようになってほしい。ときには、利用者は時間を約束しても来ないこともあろう。そのときは、約束どおりに来なかったことに対し怒りの感情をもつかもしれないが、それよりも「来られなかったのはなぜだろう」とその状況を丁寧に考えることを勧める。もしかしたら、昨晩、睡眠がうまく取れずに朝まで起きていたのかもしれない、出かける前に家族にきついことを言われ落ち込んだのかもしれない、あるいはそもそも時間を約束した職員や実習生と気が合わないのかもしれない。約束どおりに来られなかったというのは、それなりの理由がある。実は、その理由を一緒に掘り下げていくプロセスが、地域での利用者の生活を支援することにつながる。待つ姿勢も求められる。

❷自宅訪問時の支援

相談支援事業所は、利用者の地域生活を支援する役割があり、医療や福祉サービスにつながっていない（中断している）ような利用者等にも働きかけ、地域生活を維持できるよう支える責務もある。そのため、利用者宅を訪問する場合もある。利用者の住まいを訪ねることは、生活状態を把握でき、困っていることを知る機会につながり、家族と同居している場合は、家族との関係性も知る機会となり得る。利用者宅を訪ねることで、利用者の抱えている課題の背景を知ることにつながり、より利用者の立場に立った支援となる。実習生として利用者宅を訪問するという不安もあろうが、利用者も職員や実習生を自分の生活スペースに招き入れるという緊張があろう。実習生は、プライベートで初めて他人の家を訪ねるのと同じように挨拶などの礼儀をわきまえることを留意しておこう。自宅では、相談支援事業所では見られない表情や言葉遣いがあるかもしれない、部屋の様子を見ることで利用者理解に大きくつながる何かがあるかもしれないという意識をもってほしい。

相談支援事業所の利用者は、まさしく地域で一般住民として生活している。実習生も同じ立場の住民であることから、地域で生活している利用者と同じ生活者として、同じ目線でかかわることを意識する必要があ

る。

相談支援事業所の実習中に、いくつもの課題に直面するかもしれないが、その課題は、おおよそ実習生自身の個人的課題であることもある。実習中に直面した課題を素直に受け入れ、自分自身の人間的な成長につなげられる姿勢をもってほしい。

利用者の名前を早く覚えることは、利用者との関係性をより深くすることから、早く名前を覚える工夫もしてほしい。

また、実習中は、利用者とのコミュニケーション場面や他機関との会議、個別支援計画書作成のときなど、利用者の個人情報を知る機会がいくつもある。当然のことだが、実習中に知り得た情報は実習終了後も漏洩しないという秘密保持の意識を強くもたなくてはいけない。利用者の個人情報の漏洩は、利用者の権利侵害につながりかねないことを意識してほしい。

また、相談支援事業所は、多くの利用者にとって大切な場所だということを念頭に置くことである。何らかの理由で生活に不安をもち、他人に知られたくない悩みを抱えて訪れる利用者もいるであろう。職員は、そのような利用者によりよいサービスを提供するために、日夜努力している。職員が、業務多忙のなかにおいて、実習生の指導にあたることに感謝をしながら実習体験をより深い学びにつなげてほしい。

3 実習の展開と実習期間別プログラム

就労継続支援事業所と相談支援事業所に限らず、すべての実習先と同様になるが、実習開始前は実習現場への事前訪問を行い、そのなかで実習計画書の内容や実習中の服装、出勤時間の確認などを行う。自宅から実習先までの移動方法（車や電車、バスなど）や時間の確認も事前に行っておいたほうがよい。実習初日はとても緊張すると思われるが、事前訪問で確認したことを忘れずに実行してほしい（**表6-9**、**表6-10**）。

❶実習初日

実習初日は、実習先の管理者や各部署、職員や利用者への挨拶が多くなる。簡潔な挨拶と相手に聞きやすい声で実習生という立場を説明する必要がある。初対面の挨拶の印象が、実習中にお世話になる関係者との円滑な人間関係の形成にも影響を与えかねない。挨拶の練習を養成校での講義内も含めて、事前にやっておくことを勧める。

実習初日に事業所や法人全体のオリエンテーションを行う実習施設・機関もある。事前学習である程度実習先の機能や役割を調べたと思う

第**6**章 実習の実際

が、これからお世話になる事業所の歴史や理念などを学ぶ時間である。事業所の就業規則や組織の役割も理解する。そのなかで、利用者やその家族とのかかわりの方針などを確認することができる。重要だと思われることや疑問点はメモをとり、その場で質問することを基本とし、時間が十分に取れないときは、あとで確認する。日々の実習指導者との振り返りのなかで、自ら記したメモが頼りになる。

❷実習2日目〜7日目

実習前半は、まだまだ環境に慣れず緊張がとれないであろう。早めに実習先に到着することを意識し、緊張があるなかでも元気よく職員や利用者に挨拶することで、気持ちを落ち着かせることができる。実習指導者は、通常の業務を行いながら実習生を担当するため、常に実習生の近くにいるわけではなく、ほかの職員と行動をともにすることもある。特に実習前半は、実習指導者以外の職員と利用者のプログラムに参加することが多くなる。実習生のイメージとして、現場の精神保健福祉士は、常に相談業務を行っていると思うかもしれないが、特に障害福祉サービス事業所では、他職種との協働において職種を超え相互に利用者支援を行う場面があり、精神保健福祉士は相談業務以外の役割も担うことになる。そのことの現状と必要性を理解しつつ、プログラムに参加することが求められる。

利用者とプログラムを通してかかわるなかで、徐々に緊張がほぐれコミュニケーションがとれるようになってくる。利用者のなかには、積極的に実習生に話しかけてくる人もいるが、なかにはそうでない人もいる。多くの実習生は、実習計画書に「利用者とコミュニケーションを図ることで利用者を理解する」という内容を立てるため、何とか会話を通して利用者とのコミュニケーションを図ろうとする。うまく会話が続かない利用者がいると、自分のコミュニケーション能力に問題があるのではないかと焦りを感じる実習生もいる。その際に冷静になって考えてほしいことは、「コミュニケーションとは会話を通して行うことのみではない」ということである。養成校の講義でバーバル（言語的）コミュニケーションとノンバーバル（非言語的）コミュニケーションについて学んだであろう。コミュニケーションとは、無理に利用者と話すのではなく、利用者のペースに合わせ、肩の力を抜き、リラックスし無言でその場にいるだけでも成り立つこともある。時間と空間を共有することで、利用者理解につながる何かが見つかるだろう。

この時期は、利用者やその家族との面接に同席させてもらえることが

ある。利用者を理解するという意味でも、個々の利用者の事業所を利用する目的やニーズ、家族の気持ちを聞き、自分が精神保健福祉士だったらどういうことができるか想像しながら同席させてもらうようにする。疑問や不明な点があれば、日々の実習の振り返りのなかで、実習指導者に確認する。

実習指導者が日々忙しくしている様子を見て、声をかけづらくなり、疑問点などをその日のうちに確認できないことも出てくるかもしれない。また、実習指導者に直接聞きづらいこともあるかもしれない。そのようなときは、実習指導担当教員や同じように実習中である養成校の仲間にその日の実習終了後や週末にでも連絡を取り相談することを勧める。日々の疑問やストレスを残さないようにすることが、最後まで充実した実習を送るポイントである。実習巡回指導や帰校日で、実習指導担当教員に相談することやほかの実習生との情報交換も疑問点の解消や実習中のストレスを発散する重要な機会となる。ただし、プライバシーの保護、守秘義務には十分留意しなければならない。

実習中盤に入る前に、支援計画書作成の対象者をイメージし、実習指導者と相談しておくことを勧める。

❸実習8日目〜13日目

実習中盤から後半になると、実習環境や職員、利用者とのかかわりに慣れてくる。同時に、実習前半の緊張の疲れが生じやすい時期でもあるため、自らの睡眠時間や食事、体調管理にも留意してほしい。

実習現場に入ると、実習前に必死に立てた実習計画書の内容をすっかり忘れてしまうことがある。常に、自分の実習の目的は何であったのか、ここまでの実習で達成できたことと未達成なことは何かを確認する意味でも、毎朝実習計画書を確認してほしい。実習計画書はあくまでも実習生の希望が入るために、当初立てた実習計画書を途中で変更することは何ら問題ない。現状に合わせて、実習指導者と相談しながら随時実習計画や目標を修正していく。

実習場面では、関係機関との個別支援やネットワーク構築のための会議や利用者宅のアウトリーチ（訪問）も多くなる。関係機関との会議では、事業所の精神保健福祉士がどういう発言をしているのか注意を払う必要がある。事業所の機能や役割、地域の実情に合わせた発言の意味を考えてみる。利用者宅の訪問は、利用者の生活環境や家族と利用者との関係性を知る重要な機会である。家族の想いを聴くことで、利用者の支援において気づかされることがあり、利用者の生活の様子をみることは

利用者理解につながる。

　実習中盤から、支援計画書作成のための利用者との面接の機会が設けられることがある。支援計画書作成のためのアセスメントや面接方法については、養成校の講義で学んだであろうが、実際には緊張が増し、学んだことがうまくできないことが多いであろう。ただし、うまくできなかったことにあまり気落ちする必要はない。実習生の立場で、最初からうまく支援計画書を作成できる者はあまりいないであろう。何が難しかったのか、何ができなかったのかを丁寧に実習指導者や実習指導担当教員と振り返り、実習での学びを次に活かすことが求められる。実習指導者と相談し、実習後半に再度支援計画書作成のために対象者との面接の機会を設けることを勧める。初回でうまくできなかったことを修正し、足りない情報を収集し、対象者の気持ちや想いを聴きながら一緒に今後の支援計画書を作成する。

❹実習最終日

　実習最終日は、疲れもあろうが実習が終了するという安堵感や寂しさもあるかもしれない。すべて予定どおりに実習ができたということはあまりないかもしれないが、そのなかでも多くの学びがあったと思う。実習でお世話になった利用者や各部署の職員への挨拶を丁寧に行ってほしい。ソーシャルワークは、人とのつながりのなかで成立していく。実習生という立場の短期間であったにせよ、この出会いを大切にしてもらいたい。

　最終日には、実習指導者と相談し、可能であれば実習現場でのミニ実習報告会の開催を勧める。できるだけ多くの職員に参加してもらったほうがよい。実習でお世話になった実習指導者や職員に、実習中の学びを報告することで、実習の総まとめをすることもできる。実習生にとって、緊張が高くなる場面であるがぜひ挑戦してほしい。

表6-9　実習期間別プログラム（就労継続支援事業所（B型：非雇用型））105時間

日程	実習内容	実習のねらい
1日目	・オリエンテーション ・施設見学 ・業務内容説明 ・実習の振り返り	・事業所の歴史や運営方針、理念などを学ぶ ・就労継続支援事業所（B型：非雇用型）の機能と役割を理解する ・事業所の規定の遵守と組織の一員としての責任を学ぶ ・実習の目的や内容を確認する
2日目	・朝のミーティングに参加 ・作業体験 ・講義 　（B型の精神保健福祉士の役割理解・精神保健福祉士の職業倫理　など） ・実習の振り返り	・利用者との交流を深め利用者を理解する ・B型における精神保健福祉士の役割を理解する ・精神保健福祉士の職業倫理や法的義務を知る
3日目～ 6日目	・朝のミーティングに参加 ・作業体験 ・個別面接の同席 ・関係機関との会議に参加 ・他機関への訪問や手続き等の同行 ・地域の自治会等の交流会や会議に参加 ・実習の振り返り	・利用者とのコミュニケーション方法について学ぶ ・個別面接を通して、利用者の生活背景や状況を理解し今後の支援する方法を学ぶ ・利用者の権利擁護の場面や方法を学ぶ ・他機関との連携の実際やネットワーク構築について学ぶ ・地域社会とのつながりについて学ぶ
7日目～ 10日目	・朝のミーティングに参加 ・サービス担当者会議に参加 ・支援計画書作成対象者との面接 ・家族面接への同席 ・作業体験 ・実習指導担当教員による実習巡回指導① ・実習の振り返り	・関係機関との連携による支援方法を知る ・支援計画書作成の方法を学ぶ ・家族支援の実際を学ぶ ・実習の進捗状況や困っていること、体調の報告、今後の実習プログラムの調整等をする
11日目～ 13日目	・朝のミーティングに参加 ・支援計画書作成対象者との面接および支援計画書の作成 ・作業体験 ・施設運営や管理についてのレクチャー ・事業所ができるソーシャルアクションの考察 ・実習指導担当教員による実習巡回指導② ・実習の振り返り	・支援計画書作成の方法を学ぶ ・利用者とのコミュニケーションを深め、個々のニーズや生活状況を把握する ・事業所の運営や管理方法について知る ・社会に対するアクションの方法を知る ・実習の進捗状況や困っていること、体調の報告、今後の実習プログラムの調整等をする
14日目	・朝のミーティングに参加 ・事業所内でのミニ実習報告会 ・実習全体の振り返り	・実習中の学びや気づき、個人的な課題などを職員や実習指導者よりアドバイスを受ける ・実習の総括を行う

表6-10　実習期間別プログラム（相談支援事業所）105時間

日程	実習内容	実習のねらい
1日目	・オリエンテーション ・施設見学 ・業務内容説明 ・実習の振り返り	・事業所の歴史や運営方針、理念などを学ぶ ・相談支援事業所の機能と役割を理解する ・事業所の規定の遵守と組織の一員としての責任を学ぶ ・実習の目的や内容を確認する
2日目	・朝のミーティングに参加 ・利用者との交流 ・講義 　（相談支援事業所の精神保健福祉士の役割理解・精神保健福祉士の職業倫理　など） ・実習の振り返り	・利用者との交流を深め利用者を理解する ・相談支援事業所における精神保健福祉士の役割を理解する ・精神保健福祉士の職業倫理や法的義務を知る
3日目〜 6日目	・朝のミーティングに参加 ・活動参加 ・個別面接の同席 ・関係機関との会議に参加 ・他機関への訪問や手続き等の同行 ・地域の自治会等の交流会や会議に参加 ・実習の振り返り	・利用者とのコミュニケーション方法について学ぶ ・個別面接を通して、利用者の生活背景や状況を理解し今後の支援方法を学ぶ ・利用者の権利擁護の場面や方法を学ぶ ・他機関との連携の実際のネットワーク構築について学ぶ ・地域社会とのつながりについて学ぶ
7日目〜 10日目	・朝のミーティングに参加 ・関係機関との個別ケース会議に参加 ・支援計画書作成対象者との面接 ・家族面接への同席 ・活動参加 ・実習指導担当教員による実習巡回指導① ・実習の振り返り	・関係機関との連携による支援方法を知る ・支援計画書作成の方法を学ぶ ・家族支援の実際を学ぶ ・実習の進捗状況や困っていること、体調の報告、今後の実習プログラムの調整等をする
11日目〜 13日目	・朝のミーティングに参加 ・支援計画書作成対象者との面接および支援計画書の作成 ・活動参加 ・施設運営や管理についてのレクチャー ・事業所ができるソーシャルアクションの考察 ・実習指導担当教員による実習巡回指導② ・実習の振り返り	・支援計画書作成の方法を学ぶ ・利用者とのコミュニケーションを深め、個々のニーズや生活状況を把握する ・事業所の運営や管理方法について知る ・社会に対するアクションの方法を知る ・実習の進捗状況や困っていること、体調の報告、今後の実習プログラムの調整等をする
14日目	・朝のミーティングに参加 ・事業所内でのミニ実習報告会 ・実習全体の振り返り	・実習中の学びや気づき、個人的な課題などを職員や実習指導者よりアドバイスを受ける ・実習の総括を行う

第5節 行政機関における実習

学習のポイント

● 行政機関について理解する
● 精神保健福祉センターの法定事務およびそれらの実務や実施方法について理解する
● 保健所の法定事務およびそれらの実務や実施方法について理解する

1 行政機関での実習

1 行政機関における実習の特徴と概要

　行政機関とは、国家行政組織法において定められる省、委員会および庁や他の法律に基づいて設置される内閣府、会計検査院、人事院など国の行政事務を担当する組織をいうが、昨今では、都道府県や市区町村といった地方公共団体の行政事務を担当する組織も含めて使用されているのが一般的といえる。住民の感覚からいえば、国や都道府県および市区町村が設置し運営しているものをすべて行政機関として捉えており、地域保健に関する各種事業を行う施設である市町村保健センターなどもその一つとして位置づけられている印象を受ける。

　本節では、先述した一般的な意味として行政機関を扱うこととする。

　国や地方公共団体が担う行政機関としての役割は、議会で制定された法律などを執行するものであり、具体的には、執行のための企画、体制の整備、整備と運営のための財政、許認可や指定、判定や審査および指導といったものがある。それに加えて、住民に直接サービスを提供する役割もあり、その中心となるのが相談事業である。

　精神保健福祉に関する行政は、第二次世界大戦後、衛生、保健、さらに福祉を加える形で、その組織体制と財政規模を拡大してきた。また、近年は地方分権化が促され、特に相談事業など住民に直接かかわるものは市区町村がその実施主体と位置づけられる傾向となっている。一方で、行財政改革が政治課題として掲げられるようになり、行政全体の効率化が進められてきている。全体に予算が縮小化されるなかで、多様な課題に対応するための工夫が求められている。具体的には、制度やサービスの基本となる相談事業は公共団体からの委託も含めて民間事業者が

実施する体制が進められ、公共団体が直接提供する割合は相対的に小さくなってきている。

　逆に、施策の総合化や実施機関の多様化に伴い、行政機関には全体を取りまとめるコーディネート機能が新たな役割として求められるようになってきている。

2 行政機関における精神保健福祉士の役割

　行政機関の一般的な役割については、先に示したとおりであるが、精神保健福祉に関する諸機関の役割は、それぞれ所管する法令などで定められている。たとえば、精神保健及び精神障害者福祉に関する法律（精神保健福祉法）は、知事や市長、精神保健福祉センター、保健所、都道府県や市町村などについて、その役割を示している。さらに具体的な内容を示す必要のあるものについては、精神保健福祉センター運営要領や保健所及び市町村における精神保健福祉業務運営要領といった厚生労働省からの通知などで示されている。

　行政機関における精神保健福祉士の役割についての基本的な考え方は、まず、所属している機関の法令上の目的を達成するための役割を果たすことにあるが、そこに精神保健福祉士としての価値を実現させる方向性での実践が求められる。それは、精神保健福祉士法に規定されているものの遵守はいうまでもないが、加えて精神科領域で積み重ねてきたソーシャルワーカーとしての価値に根づいた実践が求められることになる。

　具体的には、行政機関が実施する相談事業に携わる場合は、ほかの機関に所属する精神保健福祉士と同様に、その専門性に基づいた、個別で特殊で具体的な支援がその役割となるのはいうまでもない。そのうえで、行政機関そのものに求められる全体性、公正性、客観性あるいは透明性に基づけば、機関が所管する地域全体を視野にした実践が求められる。特に施策の総合化や実施機関の多様化に伴い、行政機関に所属する精神保健福祉士には、多機関・多職種連携を促すコーディネーターとしての役割が求められている。そのためには、所管する地域全体のニーズを把握し、取り組むべき課題を明確にしたうえで、それを達成するための働きかけを常に意識しておく必要がある。

　本節では、精神保健福祉にかかわる主たる行政機関として、精神保健福祉センターと保健所における実習の実際について解説する。

2 精神保健福祉センターでの実習

　精神保健福祉センターの業務は、精神保健福祉法および精神保健福祉センター運営要領で示されているとおり、広範囲にわたるものである。そこでの実習を希望する者にとっては、どの業務についても関心があり、できるだけ多くのことを体験し、自らの学びと実践できる能力を、より多く得ることを求めることが予想される。しかし、多岐にわたる業務をすべて体験するには、実習できる時間と実習生の立場や能力により、自ずと限界がある。たとえば、対応が難しいとされる危機介入事例に実習指導者と同行し、補助的であれ、業務を遂行することや地域で複数の団体が協同で取り組む啓発イベントの企画から調整、実施までの全プロセスにかかわることは困難と予想される。

　以上のことから、実習に臨む者は、取り組みたい業務を事前学習したうえで、あらかじめ実習指導担当教員と優先順位をつけ、精神保健福祉センターの実習指導者と十分に協議をしてから、実習にとりかかるようにしなければならない。

　行政機関である精神保健福祉センターで実習するのであれば、公正、中立、正確が求められる審査や判定といった法定事務や都道府県あるいは指定都市の全域を視野に入れた新たな社会資源づくりとそれらを含むネットワークシステムづくり（ネットワーキング）を目標とするコミュニティワーク（アウトリーチ）などを学び、その力を身につけることが期待される。

1 実習現場の特徴と実習内容

　精神保健福祉センターは、精神保健福祉法第6条により都道府県（指定都市を含む）に設置が義務づけられている機関である。同条第2項では、知識の普及や調査研究、複雑困難な相談および指導、精神医療審査会事務、精神障害者保健福祉手帳や自立支援医療（精神通院）の判定や認定についての専門的事務などを行うこととされている。

　さらに、精神保健福祉センター運営要領により、原則として、以下に示している各部門によって構成するとされている。また、標準的な考え方として、精神科の診療に十分な経験を有する医師、精神保健福祉士、臨床心理技術者、保健師、看護師、作業療法士その他の職員を擁するものとしている。

それぞれの部門とそこでの実習の内容は次のとおりである。

❶総務部門

所属職員の人事および給与、公文書、公印の管理、精神保健福祉セン
ターの予算決算および会計、使用料・手数料の徴収、公有財産の管理な
どを担う部門である。また、都道府県の主管部局および関係諸機関に対
し、専門的立場から、精神保健福祉施策の計画的推進に関する事項等を
政策提言する役割を担う場合もある。

この部門での実習内容は、精神保健福祉センター全体の概要と行政機
関としての役割とその機能を把握することにより、組織の運営や管理に
ついて学ぶことである。

❷地域精神保健福祉部門

地域精神保健福祉活動を推進するため、保健所、市町村および関係諸
機関に対し、専門的立場から、積極的な技術指導および技術援助を実施
する部門である。また、都道府県規模で一般住民に対し精神保健福祉に
関する知識の普及啓発を行うところでもある。加えて、家族会、患者会、
社会復帰事業団体など都道府県単位の組織の育成・支援とともに、保健
所、市町村ならびに地区単位での組織の活動に協力するところでもある。

さらに、これらの活動を通じて、広域のネットワーキングをも担う部
門でもある。

この部門での実習内容は、地域に出かけて行われるコミュニティワー
クの実際を学ぶことである。利用者や関係者との基本的なコミュニケー
ションや円滑な人間関係を形成する方法を学んだり、精神保健福祉士の
ネットワーキングの方法を学んだりする。

❸教育研修部門

保健所、市町村、福祉事務所、社会復帰施設その他の関係諸機関等で
精神保健福祉業務に従事する職員の技術的水準の向上を目的に、専門的
研修等を行う部門である。

この部門での実習内容は、それぞれの段階（初任者、中堅者、熟練者）
や関係する職種ごとで身につけておくべき知識や技術を学ぶことであ
る。また、このことは、精神保健福祉士が多職種と連携するための基礎
を学ぶことであるとともに実習生自身の課題を確認することでもある。

❹調査研究部門

精神保健福祉に関する調査研究をするとともに、必要な統計および資
料を収集整理し、都道府県、保健所、市町村等が行う精神保健福祉活動
が効果的に展開できるよう、資料を提供することを目的とする部門であ

る。

　この部門での実習内容は、精神保健福祉領域における情報の収集やその分析方法を学ぶことから、精神保健福祉士の課題発見能力と社会資源開発のための政策提言能力の形成につながることになる。

❺精神保健福祉相談部門

　心の健康に関することから精神医療や社会復帰などの相談をはじめ、ひきこもり、依存症、思春期、認知症等の特定相談を含め、精神保健福祉全般の相談を実施する。また、保健所、市町村等が実施する相談および指導のうち、複雑または困難なものをも行う部門である。

　この部門での実習内容は、相談支援のプロセス（ニーズの把握や相談支援計画の作成を含む）とその中心となる面接の実際また疾患や症状別あるいは生活課題別の具体的対応での精神保健福祉士の役割を学ぶことと相談支援関係の形成方法を学ぶことである。また、複雑または困難な事例への対応では、チームアプローチが必須となり、そこでの精神保健福祉士の役割も学ぶことである。

　加えて、精神保健福祉士としての職業倫理や法的義務についても考察する。

❻精神医療審査会事務部門

　精神医療審査会の開催事務および審査遂行上必要な調査その他当該審査会の審査に関する事務を行う部門である。

　この部門での実習内容は、精神科病床に入院中の患者の人権を擁護するための制度がどのように運用されているのかを具体的に考察することである。このことは、精神保健福祉士による患者のエンパワメントの一つの方法として身につけることになる。

❼精神障害者保健福祉手帳や自立支援医療（精神通院医療）の判定部門

　精神障害者保健福祉手帳の申請に対する判定業務および障害者総合支援法に基づく自立支援医療（精神通院医療）の支給認定を行う部門である。

　この部門での実習内容は、精神障害者の生活を支援するために重要な制度の申請から判定および発行までのプロセスとそこでの精神保健福祉士の役割について考察することである。

2 実習の展開と実習期間別プログラム

❶実習初期

　精神保健福祉センター業務の法的根拠およびそれを実施する体制（具体的には各部門の役割と機能）を理解する。また、各部門で働く専門職についても理解する。

　この段階で意識しておくべきポイントは以下のとおりである（**表6-11**）。

・各部門の業務と法的根拠

・各業務に従事する多専門職種

・関連諸機関や地域社会（住民）との関係

---

❷実習中期

　精神保健福祉センターの各部門の業務を具体的に把握したうえで、行政職員としての姿勢および精神保健福祉士の専門性に基づく役割を理解する。

　特に各種相談業務では、ニーズの把握、事前評価、支援計画などの進め方や権利擁護をはじめとする倫理的配慮の方法などを理解する。また、相談者との支援関係形成、チームアプローチ、多機関・多職種との連携などの具体的な進め方を理解する。

　集団支援におけるグループワークの展開や地域支援力向上のためのコミュニティワークの展開についても理解する。

　この段階で意識しておくべきポイントは以下のとおりである。

・業務の具体的な進め方と注意点

・精神保健福祉士の専門性に基づく機能と役割

・精神保健福祉士の価値に基づく専門技術の具体的展開方法

・チームアプローチにおける他職種との役割分担

・多機関・多職種との連携方法

---

❸実習後期

　これまでに考察してきた機関内での取り組みを踏まえたうえで、地域支援力を高めるためのコミュニティワークの実際を理解し、その基礎的素養（情報収集によるアセスメント、企画立案、計画の実施等）を身につける。また個別支援や集団支援のための技術なども含めて総合的にソーシャルワークを展開できるよう考察を深める。

　この段階で意識しておくべきポイントは以下のとおりである。

> ・ターゲットとする地域の中心的な社会資源に関する情報の収集
> ・ターゲットとする地域にある問題状況の把握と取り組むべき課題の整理
> ・上記の課題解決の方法と計画を自ら提案できるようになること

❹実習終了期

まず、実習全体を振り返り、疑問点や理解を深めたい事項などを話し合い、未消化の課題がないようにする。

次に事前に設定した実習課題に対する自己評価を行うとともに、実習指導者の総合的な指導を受ける。

最後に実習生、実習指導者、実習指導担当教員で全体のまとめを行い、本実習での成果と今後の課題について確認する。

この段階で確認しておくべきポイントは以下のとおりである。

> ・精神障害、メンタルヘルスの課題のある人々の置かれている現状を具体的に把握できたかどうか
> ・総合的かつ包括的な地域生活支援と関連分野の専門職との連携のあり方およびその具体的内容を実践的に理解できたかどうか
> ・精神保健福祉士として求められる資質、技能、倫理を理解したうえで、自ら現場でソーシャルワークが展開できる力を体得できたかどうか

表6-11 実習期間別プログラム（精神保健福祉センター）105時間

日程	実習内容	実習のねらい
1日目	・実習指導者によるオリエンテーション ・総務部門による組織全体についての解説	・実習課題と予定プログラムの確認 ・施設の利用および文書や資料の取り扱い方について学ぶ ・法制度上の位置づけ、組織や人員体制について学ぶ ・各種データから業務実績を把握し、精神保健福祉センター（以下、センター）の役割と機能について考察する
2日目	・自立支援医療（精神通院医療）判定部門による実習 ・精神障害者保健福祉手帳判定部門による実習	・センターに位置づけられている法定業務について学び、申請から判定および発行までのプロセスとそこでの精神保健福祉士の役割について考察する

3日目	・精神医療審査会事務部門による実習	・精神医療審査会議の見学などを通じて、入院中の精神障害者の人権を守る仕組みについて学ぶ ・また、同審査会の事務局としての役割とそこにおける精神保健福祉士の意義について考察する
4日目	・調査研究部門による実習	・センターが実施する調査や研究について学ぶ。また、調査に同行し、実際の方法を学ぶ ・これらの調査研究がどのような形で貢献できているのかを考察する
5日目	・教育研修部門による実習	・関係機関職員に対する研修制度を把握し、地域の支援力を高めるための方策について学ぶ。また、研修を企画立案し、それを実施するまでのプロセスを学び、そこでの精神保健福祉士の役割について考察する
6日目	・精神保健福祉相談部門による実習1（薬物依存相談）	・医師や心理職員、精神保健福祉士などによる実際の相談場面に同席し、具体的な進め方について学ぶ ・センターが実施する特定相談と保健所等の地域における相談機関との役割分担について考察する
7日目	・精神保健福祉相談部門による実習2（保健所の複雑困難事例相談）	・医師や心理職員、精神保健福祉士などによる実際の相談場面に同席し、具体的な進め方について学ぶ ・センターが実施する特定相談と保健所等の地域における相談機関との役割分担について考察する
8日目	・精神保健福祉相談部門による実習3（薬物依存症者グループミーティング）	・当事者によるグループミーティングを見学し、そこでやりとりされる内容について学ぶ ・そこでの精神保健福祉士などスタッフのかかわり方や全体の進め方について考察する
9日目	・精神保健福祉相談部門による実習4（ひきこもり家族教室）	・家族教室を見学し、そこでやりとりされる内容について学ぶ ・そこでの精神保健福祉士などスタッフのかかわり方や全体の進め方について考察する

10日目	・地域精神保健福祉部門による実習1（保健所が取り組む地域連携事業への支援）	・地域に出かけて行う業務を通じて、コミュニティワークの実際を学び、地域の支援力を高めるための取り組みについて考察する
11日目	・地域精神保健福祉部門による実習2（地域啓発事業の取り組み）	・地域に出かけて行う業務を通じて、コミュニティワークの実際を学び、地域の支援力を高めるための取り組みについて考察する
12日目	・地域精神保健福祉部門による実習3（地域移行支援に関する体制整備への支援）	・地域に出かけて行う業務を通じて、コミュニティワークの実際を学び、地域の支援力を高めるための取り組みについて考察する
13日目	・地域精神保健福祉部門による実習4（医療観察法（心神喪失等の状態で重大な他害行為を行った者の医療及び観察等に関する法律）制度による支援）	・地域に出かけて行う業務を通じて、コミュニティワークの実際を学び、地域の支援力を高めるための取り組みについて考察する
14日目	・まとめ	・全体を振り返り、疑問点、確認点などを整理する ・実習課題に対する達成度を確認し、今後の課題についてまとめる

3 保健所での実習

　保健所の業務は公衆衛生から住民の健康増進まで、いわゆる地域保健業務という広範囲にわたる。また、都道府県が設置する保健所以外の保健所（政令指定都市、中核市や特別区などが設置するもの）では、市町村保健センターが実施する業務まで含めて実施しているところもある。保健所が取り組むべき業務のなかの一つとして、精神保健に関する事項が位置づけられており、具体的には先に示した保健所及び市町村における精神保健福祉業務運営要領でその指針が示されている。しかし、実習で多岐にわたる業務をすべて体験するには、実習できる時間と実習生の立場や能力により、自ずと限界がある。

　精神保健福祉センターでの実習と同様に実習に挑む者は、取り組みたい業務を事前学習したうえで、あらかじめ実習指導担当教員と優先順位をつけ、保健所の実習指導者と十分に協議をしてから、実習にとりかかるようにしなければならない。

行政機関である保健所で実習するのであれば、まず、公正さや厳格さが求められる医療機関等に対する監視や指導といった法定事務などがある。また、医療機関や障害福祉サービス事業所などからその役割が期待されている、医療や福祉などのサービス利用に至っていない人たちに対するアプローチ（アウトリーチ）である。さらに、保健所管内全域を視野に入れた新たな社会資源づくりとそれらを含むネットワーキングを目標とするコミュニティワークなどを学び、その力を身につけることが期待される。

■1 実習現場の特徴と実習内容

保健所は、地域精神保健福祉業務の中心的な行政機関として、精神保健福祉センター、福祉事務所、児童相談所、市町村、医療機関、障害福祉サービス事業所等の諸機関および当事者団体、事業所、教育機関等を含めた地域社会との緊密な連絡協調のもとに、入院中心のケアから地域社会でのケアに福祉の理念を加えつつ、精神障害者の早期治療の促進ならびに精神障害者の社会復帰および自立と社会経済活動への参加の促進を図るとともに、地域住民の精神的健康の保持増進を図るための諸活動を行うものとされている。

以上の諸活動を展開するために、まずその職員については、保健所全職員のチームワークを前提とし、医師（精神科嘱託医を含む）、精神保健福祉士、保健師、看護師、臨床心理技術者、作業療法士等の必要な職員を、管内の人口や面積等を勘案して必要数置くとともに、その職務能力の向上と相互の協力体制の確保に努めることとされている。

なお、精神保健福祉法の規定に基づき、精神保健福祉士といった資格のある職員を精神保健福祉相談員として任命し、積極的にその職務に当たらせることが必要であり、臨床心理技術者や保健師で精神保健福祉の知識経験を有する者を含めたチームアプローチにも配慮した配置が必要であるともしている。

次に精神保健福祉業務を円滑に進めていくうえで各種会議の設置が促されている。

・所内の連絡調整：管内の精神保健福祉事業の推進計画、月別業務計画等の策定のため、所長および精神保健福祉業務関係者により構成される所内精神保健福祉企画会議を開催している。また、相談指導業務等の適正かつ円滑な遂行を図るため精神保健福祉相談指導業務担当者会議または関係者連絡会議を開催している。

・市町村、関係機関、団体との連絡調整：精神保健相談、社会復帰、社会参加、就労援助、精神科救急、啓発普及等において、関係機関等の協力を円滑に行うため管内の市町村、福祉事務所、児童相談所、社会福祉協議会、職業安定所、教育委員会、警察、消防等の関係機関や、病院、診療所、障害福祉サービス事業所、医療団体、家族会等の各種団体、あるいは、産業、報道関係等との連絡調整を図っている。関係機関、市町村・施設・団体の代表者や実施者との地域精神保健福祉連絡協議会や実務担当者連絡会議などを開催している。

ここでの実習内容は、所内会議では、保健所内における精神保健福祉業務の位置づけを把握でき、機関の経営やサービスの管理運営を、また、精神保健福祉士が組織の一員としての役割と責任を自覚していることを学ぶことである。また医師、保健師、臨床心理技術者などとの多職種連携やチームアプローチについても学べる機会となる。

他機関との連絡会議などでは、アウトリーチ、ネットワーキング、ソーシャルアクション、社会資源の活用・調整・開発、地域の課題発見と政策提言に関する考察ができる。

次に、上記の会議以外の保健所における主な業務とそこでの実習内容について述べる。

❶企画調整

住民の精神的健康に関する諸資料の収集、精神障害者の実態（有病率、分布状況、入退院の状況、在宅患者の受療状況、地域における生活状況、福祉ニーズ、就労状況等）および医療機関、障害福祉サービス事業所などの調査を行い、管内の精神保健福祉の実態を把握している。また、これらの資料の活用を図り、精神保健福祉に関する事業の企画、実施、効果の判定を行うとともに、一般的な統計資料についての情報提供を行っている。

ここでの実習内容は、保健所が保有している資料から、同管内における精神保健福祉向上のための課題発見と政策提言に関する考察をすることである。また、ネットワーキング、ソーシャルアクション、社会資源の活用・調整・開発についての方法を身につけることでもある。

❷普及啓発

地域住民に対して、心の健康づくり、精神障害に関する正しい知識の普及、啓発に取り組むとともに、統合失調症、アルコール、薬物、思春期、青年期、認知症等について、その家族や障害者本人に対する教室等を行い、疾患等についての正しい知識や社会資源の活用等について学習

する機会を設けている。

　ここでの実習内容は、精神障害者等の権利擁護の促進、基本的なコミュニケーションや人との付き合い方などを学ぶとともに、コーディネーション、ネゴシエーション、ファシリテーション、プレゼンテーションおよびソーシャルアクションの方法の基礎を身につけることである。

❸研修および組織育成

　市町村、関係機関、施設等の職員に対して、その専門性向上のために研修を行っている。また、患者会、家族会、断酒会等の自助グループや、職親会、ボランティア団体等の諸活動に対して必要な助言や支援等を行っている。

　ここでの実習内容は、それぞれの段階（初任者、中堅者、熟練者）や関係する職種ごとで身につけておくべき知識や技術を学ぶことである。このことは、精神保健福祉士が多職種と連携する方法の基礎を学ぶことであり、実習生自身の課題を確認することにもなる。

❹相談および訪問指導

　医師（精神科嘱託医を含む）、精神保健福祉相談員、保健師、臨床心理技術者その他の者が、心の健康、精神科医療機関の受診、社会復帰、アルコール、思春期、青年期、認知症や家庭内暴力、ひきこもりなど、保健、医療、福祉の広範にわたる問題等に対して相談・訪問指導を実施している。

　ここでの実習内容は、相談支援のプロセス（ニーズの把握や相談支援計画の作成を含む）とその中心となる面接の実際また疾患や症状別あるいは生活課題別の具体的対応での精神保健福祉士の役割を学ぶことと相談支援関係の形成方法を学ぶことである。

　特に、訪問指導においては、アウトリーチやチームアプローチの方法を学ぶとともに、基本的なコミュニケーションや人との付き合い方なども身につけることである。加えて権利擁護や精神保健福祉士としての職業倫理と法的義務を考察することである。

❺社会復帰および自立と社会参加への支援

　精神障害者の社会復帰や自立と社会参加を促進することを目的に、医療機関で行っている精神科デイ・ケアや、障害福祉サービスなどの利用の紹介等を行うとともに、当事者を対象としたグループ活動（保健所デイケア）や地域に必要な各種の社会資源の整備促進のための活動を展開している。

ここでの実習内容は、社会資源の活用・調整・開発、課題発見と政策提言、プレゼンテーション、基本的なコミュニケーションや人との付き合い方、チームアプローチについて身につけることである。

❻入院等関係事務

精神保健福祉法に規定されている、措置入院、医療保護入院、応急入院にかかる申請、通報、届出の受理と進達およびそれにかかわる調査や立ち会いや移送に関する業務を行っている。また、精神科病院に対する指導監督を行うとともに、精神科病院の退院後生活環境相談員をはじめとした職員との連携をもとに、地域援助事業者とともに退院支援にも取り組んでいる。

ここでの実習内容は、主として入院患者の人権擁護、精神保健福祉士としての職業倫理と法的義務、多機関・多職種連携をはじめとするチームアプローチについて考察することである。

❼市町村への協力および連携

市町村が実施する精神障害者に対する障害福祉サービスや相談支援事業が円滑に行えるよう、専門性や広域性が必要な事項について、情報提供や技術的協力を行っている。

ここでの実習内容は、多機関・多職種連携、社会資源の活用・調整・開発、ネットワーキングについて学ぶことである。

2 実習の展開と実習期間別プログラム

❶実習初期

保健所業務の法的根拠およびそれを実施する体制（具体的には各部門の役割と機能）を理解する。また、各部門で働く専門職についても理解する。

この段階で意識しておくべきポイントは以下のとおりである（**表6-12**）。

・各部門の業務と法的根拠
・各業務に従事する多専門職種
・関連諸機関や地域社会（住民）との関係
---

❷実習中期

保健所における精神保健福祉業務の全体像とそれらに従事する専門職について理解する。そのうえでそれぞれの業務を具体的に把握し、行政職員としての姿勢および精神保健福祉士の専門性に基づく役割について

考察する。

　特に訪問も含めた相談では、まず、相談者との支援関係形成、ニーズの把握、事前評価、支援計画などの進め方を理解する。加えて、医療機関や障害福祉サービス事業所などからその役割が期待されている、医療や福祉などのサービス利用に至っていない人たちに対するアプローチ（アウトリーチ）、法定事務としての措置診察などにかかわる際は、権利擁護をはじめとする倫理的配慮の方法などについて考察する。また、個別支援におけるチームアプローチや多機関・多職種との連携などの具体的な進め方を考察する。

　この段階で意識しておくべきポイントは以下のとおりである。

・業務の具体的な進め方と注意点
・精神保健福祉士の専門性に基づく機能と役割
・精神保健福祉士の価値に基づく専門技術の具体的展開方法
・チームアプローチにおける他職種との役割分担

---

❸実習後期

　個別支援に加えて、集団支援におけるグループワークの展開や地域支援力向上のためのコミュニティワークの展開についても理解する。それまでに考察してきた保健所内および保健所単独での取り組みを踏まえたうえで、地域支援力を高めるためのコミュニティワークの実際を理解し、その基礎的素養（情報収集によるアセスメント、企画立案、計画の実施等）を身につける。また個別支援や集団支援のための技術なども含めて総合的にソーシャルワークを展開できるよう考察を深める。

　この段階で意識しておくべきポイントは以下のとおりである。

・管内の社会資源に関する情報の収集
・管内の問題状況の把握と取り組むべき課題の整理
・上記の課題解決の方法と計画を自ら提案できるようになること
・多機関・多職種との連携方法

---

❹実習終了期

　精神保健福祉センターでの実習と同様に、まず、実習全体を振り返り、疑問点や理解を深めたい事項などを話し合い、未消化の課題が無いようにする。

　次に事前に設定した実習課題に対する自己評価を行うとともに、実習指導者の総合的な指導を受ける。

　最後に実習生、実習指導者、実習指導担当教員で全体のまとめを行い、本実習での成果と今後の課題について確認する。

　この段階で確認しておくべきポイントは以下のとおりである。

> ・精神障害、メンタルヘルスの課題のある人々のおかれている現状を具体的に把握できたかどうか
> ・総合的かつ包括的な地域生活支援と関連分野の専門職との連携のあり方およびその具体的内容を実践的に理解できたかどうか
> ・精神保健福祉士として求められる資質、技能、倫理を理解したうえで、自ら現場でソーシャルワークが展開できる力を体得できたかどうか

表6-12　実習期間別プログラム（保健所）105時間

日程	実習内容	実習のねらい
1日目	・オリエンテーション ・保健所業務の概要	・実習課題と予定プログラムの確認 ・施設の利用および文書や資料の取り扱い方について学ぶ ・法律上の位置づけ、組織や人員体制について学ぶ ・各種データから業務実績を把握し、保健所全体の役割と機能について学ぶ
2日目	・保健所における精神保健福祉業務（法関係事務含む）について	・保健所における精神保健福祉業務全般について、法制度上の位置づけと組織や人員体制について学ぶ
3日目	・相談・訪問の進め方と原則	・来所相談や訪問などの進め方や原則などについて学ぶ ・ケース記録の作成、活用、管理について学ぶ
4日目	・相談同席	・医師、保健師、精神保健福祉士などによる来所相談に同席し、持ち込まれる相談内容を理解し、その進め方について学ぶ
5日目	・同行訪問	・医師、保健師、精神保健福祉士などによる訪問に同席し、その進め方について学ぶ
6日目	・企画調整（現状把握１）	・各種調査データから管内における精神保健福祉の実態を把握し、現状と課題について考察する

7日目	・企画調整（現状把握2）	・管内の精神保健福祉に関する社会資源の量的、質的状況について学び、その課題について考察する
8日目	・普及啓発1	・保健所が企画実施する住民向け講演会の準備や進め方について学ぶ
9日目	・普及啓発2	・メンタルヘルスに課題のある者の家族に対する教室の準備や進め方について学ぶ
10日目	・普及啓発3	・管内の市町村事業への協力を通じて、住民に対する普及啓発事業の準備や進め方について学ぶ
11日目	・研修	・管内関係機関職員に対する研修事業の準備や進め方について学ぶ
12日目	・組織育成	・管内の自助グループやボランティア団体への協力や支援について学び、関係諸団体とのかかわり方について考察する
13日目	・関係機関連携	・地域に出かけて行う業務を通じて、コミュニティワークの実際を学び、地域の支援力を高めるための取り組みについて考察する
14日目	・まとめ	・全体を振り返り、疑問点、確認点などを整理する ・実習課題に対する達成度を確認し、今後の課題についてまとめる

巻末資料

1. ソーシャルワーク実習指導ガイドライン　ソーシャルワーク実習指導ガイドライン

※実習中は「実習評価ガイドライン」の教育目標の達成度や実習計画の進捗状況の確認を行い、その後の学習の進捗と総括に向けた指導を中心に行う。

厚労省「ソーシャルワーク実習指導」教育内容		教育目標		実習の展開過程における指導内容の例（実習生への説明・指導、場や機会の設定など）		
ねらい	教育に含むべき事項	達成目標	行動目標	実習前	実習中	実習後
① ソーシャルワーク実習の意義について理解する	① 実習及び実習指導の意義（スーパービジョン含む）	実習及び実習指導の意義と目的を理解することができる	① ソーシャルワーク専門職の養成教育における実習の意義と目的を説明することができる ② 実習を遂行するために実施する実習指導の意義と目的を説明することができる ③ 通知「ソーシャルワーク実習指導」「ソーシャルワーク実習」を読み、各科目のねらいと教育に含むべき事項について考えを述べることができる ④ 講義・演習、実習で学習する知識と技術を相互に関連づけて考え、説明することができる	・実習指導を実施する意義と目的 ・実習の意義と目的 ・実習における倫理 ・実習における自己学習の意義と方法 ・通知「ソーシャルワーク実習指導」「ソーシャルワーク実習」		・実習後のスーパービジョン ・教育目標の達成状況の確認
② 社会福祉士として求められる役割を理解し、価値と倫理に基づく専門職としての姿勢を養う		スーパービジョンの意義と内容を理解する	① スーパービジョンの意義、目的、機能を説明することができる ② 実習におけるスーパービジョン関係と契約について理解し、スーパーバイザーとスーパーバイジーの役割を説明することができる ③ 実習の展開過程（実習前・中・後）に行われるスーパービジョンの内容と方法を説明することができる	・スーパービジョンの意義と目的、契約 ・スーパーバイザーとスーパーバイジーの役割 ・スーパービジョンの方法	・実習指導者によるスーパービジョン ・教員によるスーパービジョンの実施 ・スーパービジョンの3機能に基づく実習状況の確認	
③ ソーシャルワークに係る知識と技術について具体的かつ実践的に理解し、ソーシャルワーク機能を発揮するための基礎的な能力を習得する		実習教育評価の意義と目的、方法を理解する	① 評価の意義、目的、方法を説明することができる ② 実習の展開過程（実習前・中・後）で行う評価の目的と方法を説明することができる ③ 「ソーシャルワーク実習」の教育目標（達成目標と行動目標）を説明することができる ④ 教育目標と実習計画との関係性を説明することができる ⑤ 評価表の構成や使用方法等について説明することができる	・評価の意義、目的、方法の知識 ・「ソーシャルワーク実習教育評価」 ・評価表の構成、書き方	・達成目標および行動目標の進捗状況の確認 ・中間評価 ・評価とスーパービジョン	・総括的評価
④ 実習を振り返り、実習で得た具体的な体験や援助活動を、専門的援助技術として概念化し理論化し体系立てる		実習の構造を理解する	① 実習契約関係、実習のステークホルダーについて説明することができる ② 実習の展開過程（実習前・中・後）について説明することができる	・実習契約関係 ・実習のステークホルダー ・実習の展開過程と構造 ・実習の展開過程で行う準備	・契約の履行状況の確認	
		実習におけるリスクマネジメントを理解し、実践することができる	① 実習生の権利と義務を説明することができる ② 個人情報保護とプライバシーの権利、守秘義務について説明することができる ③ 健康管理、感染症予防対策の必要性と方法を説明することができる	・実習生の権利と義務 ・個人情報保護とプライバシーの権利、守秘義務 ・健康管理、感染症予防対策	・想定されるリスクやトラブルの発生状況や対応状況の確認	

266

ねらい	達成目標	行動目標	教育に含むべき事項
……ていくことができる総合的な能力を涵養する	② 多様な施設や事業所における現場体験や見学実習 現場体験や見学実習を通じてクライエントや社会の問題を把握することができる	……とができる ④ 実習中に想定されるトラブルの内容と対処方法や手順を整理し、説明することができる ⑤ インシデント（ヒヤリハット）とアクシデントについて説明することができる ⑥ 情報を適切に活用・管理することができる	・実習中断の理由と対応 ・インシデント（ヒヤリハット）とアクシデント ・情報リテラシー（SNS、日誌、移動中の会話等）
		① 見学先施設のクライエントや職員等に自分から働きかけ、関係を形成する ② 地域の様々な分野や領域での現場体験や見学実習を実施し、視野を広げることができる ③ 地域の様々な分野や領域での現場体験や見学実習を実施し、生活問題や社会問題の実情を把握することができる	・現場体験学習及び見学実習のプログラム ・クライエントと関わる機会の設定 ・現場体験学習及び見学実習をレポートにまとめる
	地域の社会資源の種類や機能について把握することができる	① 地域の社会資源の種類や役割等を把握し、特徴を説明することができる ② 実習施設と関係している社会資源の種類や役割等を説明することができる ③ 体験または見学先施設が対象としている人や地域の問題を調査し、記録にまとめることができる	・社会資源 ・地域アセスメント
	見学先施設等のソーシャルワーク機能を発見することができる	見学先施設等のソーシャルワーク機能を観察し、記録にまとめることができる	・ソーシャルワークの機能
	自己の体験と考察を言語化することができる	① 体験や見学で感じたことや考えたことを言語化し、同級生や教員とディスカッションができる ② 自己の言動を記録することができる	・要約、構造化、レポート、プレゼンテーション、ディスカッション等
	③ 実際に実習を行う実習分野（利用者含む）と施設・機関、地域社会等に関する基本的な理解 実習施設・機関の法的根拠や種別を調べ、整理することができる	① 実習先に関する情報を収集し、整理することができる ② 実習施設・機関の職員構成について、設置基準等について説明できる ③ 実習する分野やサービスの利用者、住民等の状況を説明できる ④ 実習分野の施設・機関等の設置に関する法的根拠を確認し、目的や事業内容等を整理することができる	・実習指定施設、実習施設の設置や事業等の根拠となる法制度 ・実習分野・施設の利用者の状況に関する資料
	地域アセスメントを実施し、地域の課題や問題解決に向けた目標を設定することができる	① 地域アセスメントの意義や方法、活用可能なツールについて説明することができる ② 地域住民の生活の状況と地域及び地域を取り巻く環境との関係を説明することができる ③ 収集した情報を統合してSWOT分析を行い、地域特性や地域の強み（ストレングス）、地域の顕在的・潜在的な課題を明確にすることができる	・地域アセスメント ・SWOT分析 ・プランニング
	④ 実習先で関	実習先の内部の職種の…… ① 各職種の職務や機能、役割を説明することができる	・実習施設の運営管理や職員

教育に含むべき事項	達成目標	教育内容・留意点	
わる他の職種や専門職や業務に関する基本的な理解	機能と役割を説明することができる ② チームにおける社会福祉士の役割・機能を説明することができる ③ 具体的な問題解決の事例を踏まえて連携や協働の必要性を説明することができる	・体制、サービス・事業内容、支援体制等の情報 ・施設の地域特性や社会資源	
実習先で必要とされる外部の職種と役割を把握することができる	実習先が関係する外部の職種の機能と役割を説明することができる ① 各職種の職務や機能、役割を説明することができる ② チームにおける社会福祉士の役割・機能を説明することができる ③ 具体的な問題解決の事例を踏まえて連携や協働の必要性を説明することができる	・実習施設の運営管理や職員体制、サービス、事業内容、支援体制等の情報 ・実習機関・施設の地域特性や社会資源	
⑤ 実習先で必要とされるソーシャルワークの価値・規範及び倫理、知識及び技術に関する理解	ソーシャルワークの価値規範と倫理の観点から実習先の事業等を考察することができる ① ソーシャルワークの価値規範と倫理の観点から実習先の事業等を考察することができる ② クライエントや地域住民、関係者等との関わり場面や、倫理判断に基づく行為を発見・抽出することができる	・国際定義、社会福祉士倫理綱領・行動規範、ソーシャルワークの原理・原則など現場で使用している各種ツール・様式	
	実習先で必要とされるソーシャルワークの知識と技術を整理し、説明することができる ① 具体的な場面や事例を想定し、知識の目的、方法、留意点について説明することができる ② 具体的な場面や事例を想定し、技術の目的、方法、留意点について説明することができる	・ソーシャルワークの知識 ・ソーシャルワークの技術 ・事例	
⑥ 実習における個人のプライバシー保護と守秘義務等の理解	個人のプライバシー保護と守秘義務の実施状況を把握することができる ① 個人のプライバシー保護と守秘義務を目的とした取り組みを把握し、説明することができる ② 個人情報の取り扱いを個人情報保護法等に即して説明することができる ③ 実習生及び責任について説明することができる	・個人情報保護法、関係法規（福祉事業者個人情報保護ガイドライン、実習先のプライバシーポリシー等） ・社会福祉士及び介護福祉士法、社会福祉士倫理綱領の守秘義務	
⑦ 実習記録への記録内容及び記録方法に関する理解	実習前に実施する見学や実習や体験学習の成果を記録することができる ① 一般的な記録の目的、留意点を説明することができる ② 記録の方法を理解し、実際に書くことができる ③ 体験学習や見学実習等の経験で考えた記録を記載することができる	・一般的な記録の目的、留意点 ・記録の方法	・実習記録ノートの確認
	実習記録の意義と記録方法に関する理解 ① 実習記録の意義と目的について説明することができる ② 実習記録の書き方と留意点を説明することができる ③ 実習先で使用している記録様式を確認し、記載すべき内容について説明することができる ④ 養成校所定の「実習記録ノート（実習日誌）」に記録することができる ⑤ 実習記録ノートの取り扱いや留意点を説明することができる	・実習記録ノートの構成・内容 ・記入方法 ・実習記録ノートの取り扱い、留意事項	
⑧ 実習生、実習担当教員、実習先の実習	実習計画の意義と作成方法を理解し、作成する ① 「ソーシャルワーク実習」の教育のねらいと含むべき事項、計画立案の前提となる教育目標について説明することができる	・通知「ソーシャルワーク実習」の確認「ソーシャルワーク実習教	

教育に含むべき事項	達成目標	行動目標	評価ガイドライン
指導者との三者協議を踏まえた実習計画の作成及び実習後の評価	実習計画の進捗状況や目標達成度についてモニタリングすることができる	② 実習予定の施設・機関の事前学習を踏まえ、実習の達成目標と行動目標に即した実習計画を立案することができる、実習の達成目標を踏まえ、実習計画を立案することができる。スーパービジョンを踏まえて担当教員に説明することができる ③ 立案した実習計画書を担当教員に修正することができる ④ 立案した実習計画書を実習指導者に説明することができる ⑤ 実習指導者が立案した実習プログラムとすり合わせの作業を行い、実習施設・機関の実態を踏まえた内容とすることができる ⑥ 三者協議において実習計画を説明し、修正方法も含めて合意形成を図ることができる	・育評価ガイドライン」「評価計画(評価表)と計画の関係性の確認 ・実習施設・機関の目的、進め方の事前学習 ・三者協議の目的、進め方の説明 ・実習内容の合意(事前訪問から計画内容の合意、見直しまで) ・モニタリング
	実習計画の進捗状況について目標達成度を総括的に評価できる	実習計画の進捗状況と計画の履行状況を確認し、実習指導者とのスーパービジョンを踏まえて続行や修正の判断を行うことができる ① 総括的な評価として実習計画の実施状況、目標達成度を振り返り、自己評価(評価表)することができる ② 自己評価(評価表)と実習指導者による評価表の内容を照らし合わせ、共通点や相違点について確認し、教員からのスーパービジョンを受け達成度や課題を確認することができる ③ 実習報告書(レポート)の作成に活用する ④ 実習報告会に向けて準備に活用する	・実習実施状況のモニタリングの方法 ・総括的評価 ・実習計画の実施状況、目標達成度の確認 ・自己評価(評価表に記入)
⑨ 巡回指導	巡回指導の目的と方法を説明することができる	① 通知に規定された「巡回指導」の目的を確認し、実習中に行われるスーパービジョンの内容を説明することができる ② 巡回指導時におけるスーパーバイジーとしての役割を理解し、説明することができる ③ 巡回指導における「実習計画書」や「実習記録ノート」の活用方法について説明することができる ④ 心身の健康状態を把握しスーパーバイザーに説明することができる ⑤ 必要に応じて巡回指導の実施を担当教員に求めることができる	・実習におけるスーパービジョンの構造、契約や活用 ・実習計画書の確認 ・実習記録ノートの活用
	実習計画の進捗状況や目標達成度についてモニタリングすることができる(再掲)	① 実習の進捗状況と計画の履行状況を確認し、実習指導者とのスーパービジョンを踏まえて続行や修正の判断を行うことができる ② 実習記録の執筆・提出状況を振り返り、担当教員に説明することができる ③ 達成目標と行動目標の達成状況を分析し、継続・修正に向けて計画を見直すことができる	・実習実施状況のモニタリングの方法 ・実習実施状況のモニタリング ・達成目標と行動目標の達成状況の分析

巻末資料

⑩ 実習体験や実習記録を踏まえた課題の整理と実習総括レポートの作成	実習の成果と課題を整理し、言語化することができる	① 達成目標と行動目標について達成度（達成できたこと、課題等）を個人で確認する作業を行い、課題を整理することができる ② 集団指導（グループ学習）において、自己の実習の成果をグループメンバーに説明することができる ③ 実習全体を総合的に評価することができる	・実習の成果とは何か ・成果の整理の方法 ・総括的評価の目的と方法	・総括的評価 ・達成目標と行動目標 ・実習後スーパービジョン
	実習総括レポートを作成する	① 実習体験や実習記録を踏まえ、実習総括レポート（実習報告書）を作成することができる	・総括レポートの書き方	・実習総括レポートの意義と作成方法 ・実習総括レポート
⑪ 実習の評価及び全体総括会		① 自己評価と他者評価を総括的に評価することができる ② 全体総括会（実習報告会）で発表内容を個人又は集団で作成することができる	・達成目標と行動目標の確認 ・目標の達成度の確認 ・評価表と評価基準の確認 ・実習	・達成目標と行動目標の確認	・実習総括の意義、目的 ・実習生同士の相互評価の機会 ・総括会のフィードバック

2. ソーシャルワーク実習教育内容・実習評価ガイドライン

ソーシャルワーク実習教育内容・実習評価ガイドライン

・本実習教育内容・実習評価ガイドラインにおいては、科目「ソーシャルワーク実習」の通知に規定されている「教育に含むべき事項①〜⑩」に対応し「教育目標」を設定している。教育目標は、「達成目標」と「行動目標」で構成される。

・「達成目標」は、実習生が実習を終えた時点において「どのような行動ができるようになっているか」を示したものであり、実習の結果としての状態を表している。達成目標の習得の深度や段階は、実習施設の種別や法人の理念等に基づき、実習担当教員と実習指導者との間で調整して設定する。

・「行動目標」は、達成目標を細分化し、「説明できる」「図示できる」「作成できる」「実施できる」など、より具体的かつ観察可能な観察可能な行動を示している。

・ソーシャルワーク実習では、実習施設の種別を問わず、ミクロ・メゾ・マクロの全てのレベルにおいて支援（介入）の対象が存在しているため、実際に活用する際は、それぞれのレベルで想定される対象を念頭に置いた行動目標を設定する。本ガイドラインでは、ミクロ「メゾ」マクロ」を以下の通り定義する。

　ミクロレベル：直接援助の対象である個人と家族への介入。
　メゾレベル：家族ほど親密ではないが、グループや学校・職場、近隣など有意義な対人関係があるレベルで、クライエントに直接、影響するシステムの変容をめざす介入。
　マクロレベル：対面での直接サービス提供ではなく、社会問題に対応するための社会計画や地域組織化。

・なお、教育に含むべき事項①〜⑩の項目配列は実習過程の順序を示したものではないため、実習施設・機関および実習生の状況に合わせ、各項目を関連付けて目標を達成するための実習計画を立案する。

| 厚労省通知「ソーシャルワーク実習」 | | ソーシャルワーク実習の教育目標 | |
ねらい	教育に含むべき事項	達成目標	行動目標
① ソーシャルワークの実践に必要な各科目の知識と技術を統合し、社会福祉士としての価値と倫理に基づく支援を行うための実践能力を養う	① 利用者やその関係者（家族・親族、友人等）、施設・事業者・機関・団体、住民やボランティア等との基本的なコミュニケーションや円滑な人間関係の形成	(1) クライエント等と人間関係を形成するための基本的なコミュニケーションをとることができる	① クライエント、クライエントの家族、グループ、地域住民、職員等、様々な人たちとのあらゆる出会いの場面において、その人や状況に合わせて挨拶や自己紹介、声掛けを行うことができる ② クライエント、クライエントの家族、グループ、地域住民、職員等、その人や状況に合わせて言語コミュニケーションと非言語コミュニケーションを使い分けることができる ③ ミーティングや会議において発言を求められた際に具体的に説明することができる ④ カンファレンスで利用者の状況を具体的に説明することができる ⑤ 地域住民をはじめ、広い範囲に発信するための広報やウェブサイトの原稿を作成することができる
② 支援を必要とする人や地域の状況を理解し、その生活上の課題（ニーズ）について把握する	② 利用者やその関係者（家族・親族、友人等）との援助関係の形成	(2) クライエント等との援助関係を形成することができる	① クライエント等との信頼関係（ラポール）を構築する際の留意点や方法を説明することができる ② クライエント等に対して実習生としての立場や役割を理解できることを説明することができる ③ クライエント等と対話の場面において傾聴の姿勢（視線を合わせる、身体言語や声の質）を相手に示し、コミュニケーションをとることができる
③ 生活上の課題（ニーズ）	③ 利用者や地域の状況を理解し、その生活上の課題（ニーズ）の把握、支援計画の作成と実施及び評価	(3) クライエント、グループ、地域住民等のアセスメントを実施し、ニーズを明確にすることができる	① 実習指導者や職員がクライエント等との問題解決に向けた信頼関係を構築する場面を観察し、重要な点を説明することができる ② 現在または過去のクライエント等の各種記録を参考に、収集すべき情報を説明することができる ③ バイオ・サイコ・ソーシャルの側面からクライエント等の客観的・主観的情報を系統的に収集することができる ④ クライエント等のエコマップを作成し、クライエント等を取り巻く環境（クライエントシステム）や関係性を把握し、説明することができる ⑤ クライエントのアセスメントを統合してアセスメントし、本人の家族や利用しているサービス事業者からニーズを強みの視点から理解・説明する ⑥ 収集した情報を明らかにすることができる ⑦ 収集した情報を指定の様式や用紙に記録することができる

巻末資料

教育に含むべき事項	想定される教育内容の例	
	に対応するため、支援を必要とする人の内的資源やフォーマル・インフォーマルな社会資源を活用した支援計画の作成、実施及びその評価を行う	（4）地域アセスメントを実施し、地域の課題や問題解決に向けた目標を設定することができる	① 地域アセスメントの意義や方法、活用可能なツールについて説明することができる ② 地域住民の生活課題の状況と地域及び地域を取り巻く環境との関係を説明することができる ③ 収集した情報を統合してSWOT分析を行い、地域特性や地域の強み（ストレングス）、地域の顕在的・潜在的な課題を明確にすることができる ④ 地域課題について多角的に判断し、取組むべき優先順位を地域住民と共に検討することができる
		（5）各種計画の様式を使用して計画を作成・策定及び実施し、その評価を行う	① 実習で関係するミクロ・メゾ・マクロレベルにおける計画を作成することができる ② アセスメントの結果を踏まえて支援目標と支援計画を作成し（状況に応じてクライエント等と一緒に）説明することができる ③ 自ら作成した支援計画・支援計画の一部または全部を実施することができる
④ 施設・機関等が地域社会の中で果たす役割を実践的に理解する	利用者やその関係者（家族・親族、友人等）への権利擁護活動とその評価	（6）各種計画の実施をモニタリングおよび評価することができる	① 現在または過去のケース記録等を参考に、モニタリングおよび評価の方法について説明することができる ② 特定のクライエントやグループ、地域を対象としたモニタリング及び評価を行うことができる ③ 各種計画の実施をモニタリングし、機関施設・機関等の計画実施のモニタリング及び評価の結果を適切に報告することができる
		（7）クライエントおよび多様な人々の権利擁護ならびにエンパワメントを含む実践を行い、評価する	① クライエントおよび多様な人々を理解し、尊厳や諸価値観、信条、生活習慣等を尊重した言動をとることができる ② クライエントおよび多様な人々の持つ「強み・力（ストレングス）」「課題」を把握することができる ③ クライエントおよび多様な人々を対象にした実習指導者や職員が行っている権利擁護活動を理解し、その権利擁護活動を説明することができる ④ 実習指導者や職員および実習施設・機関等のエンパワメントの視点に基づく実践を確認し、行うことができる ⑤ 実習施設・機関等が実施している権利擁護の取組み（法制度・事業等）を説明することができる
	多職種連携及びチームアプローチの実践的理解	（8）実習施設・機関等の各職種の機能と役割を説明することができる	① 実習施設・機関等の各機能について把握し、それぞれの職務および機能と役割を説明することができる ② チームに於ける各社会福祉士の役割・機能を説明することができる ③ 具体的な問題解決の事例に踏まえて連携や協働の必要性を説明することができる
⑤ 総合的かつ包括的な支援における多職種・多機関、地域住民等との連携のあり方及びその具体的内容を実践的に理解する		（9）実習施設・機関等と関係する社会資源の機能と役割を説明することができる	① 関係するための社会資源をマッピングした上で、それらの役割や機能等について説明することができる ② 関係する専門職等の役割・業務内容等について説明することができる ③ 地域住民、関係者、関係機関、ケースカンファレンス等に同席し、出席している各会議について説明することができる ④ 実習施設・機関等が関係する各種の機能を説明することができる ⑤ 包括的な支援体制における社会福祉士の役割を説明することができる
		（10）地域住民、関係者、関係機関等と連携・協働することができる	① 協働するための必要なコミュニケーションを取りながら地域住民、関係者、関係機関等との信頼関係を築くことができる ② 活動目的や必要な情報を地域住民、関係者、関係機関等と共有することができる ③ 地域住民、関係者、関係機関等との役割の違いなどを認識し、連携・協働した活動を実施するための必要な調整を行うことができる ④ 実習施設、関係者、関係機関、関係する地域住民、役割を地域住民に説明することができる ⑤ 包括的な支援体制における社会福祉士の役割を説明することができる
		（11）各種会議を企画・運営することができる	① カンファレンスや地域ケア会議等に同席し、職種ごとの特徴やアセスメントの視点の違いを説明することができる ② 多職種によるチームアプローチとして、目標設定や役割分担の合意形成等の留意点について説明することができる ③ 職種会議、委員会、事例検討会、委員会、会議の種類や目的について説明することができる ④ 他機関との合同会議、住民参加の会議など組織内外で開催される会議を企画し、運営を実習指導者と共に実施することができる ⑤ 参加・同席した会議の記録を適切に作成し、必要に応じて参加者及び欠席者に説明・共有することができる ⑥ 実習施設・機関等に必要な会議の進行（ファシリテーター）を担当することができる

⑥ 当該実習先が地域社会の中で果たす役割の理解及び地域社会への具体的な働きかけ	(12) 地域社会における実習施設・機関等の役割を説明することができる	① 実習施設・機関等が地域を対象として具体的に取り組んでいる事業や活動の理念や目的を明らかにし、説明することができる ② 事業報告書、月次報告書、実績報告書、調査報告書等を閲覧し、課題等を発見し、説明することができる ③ クライエントや地域の問題解決に向けた実習施設の問題解決の役割について検討することができる
	(13) 地域住民や団体、施設、機関等に働きかける	① 地域住民に働きかける方法（地域組織化・当事者組織化・ボランティア組織化や事業企画実施等）を実践することができる ② 関係機関や住民組織等に対して、問題解決に向けた連携・協働の必要性を説明し、関係構築を実施することができる ③ 情報発信の具体的な取組みと方法を実践することができる
⑦ 地域における分野横断的・業種横断的な関係形成と社会資源の活用・調整・開発に関する理解	(14) 地域における分野横断的・業種横断的な社会資源について説明し、問題解決への活用や新たな開発を検討することができる	① 地域住民や当事者活動と関係のある社会資源をマッピングし、実習施設・機関等を取り巻く社会資源の状況を説明することができる ② 実習施設・機関等の事業やサービスを中心として、分野横断的・業種横断的な社会資源が関係を形成するための方法について説明することができる ③ 地域の問題解決に向けて分野横断的・業種横断的な社会資源が力を発揮するための方法について説明することができる ④ 地域の問題解決に向けて社会資源の調整方法について説明することができる ⑤ 地域の問題解決のために必要な社会資源を創出・開発するための方法を説明することができる
⑧ 施設・事業者・機関・団体等の経営やサービスの管理運営の実際（チームマネジメントや人材管理の理解を含む）	(15) 実習施設・機関等の経営理念、経営戦略や戦略方法を分析に基づいて説明することができる	① 実習施設・機関等の経営理念、経営戦略について説明できる、説明することができる ② 実習施設・機関等の理事会や評議員会など、意思を決定する機関等を自ら質問して説明することができる ③ 各種委員会の役割や意思決定や合意形成の過程を適切に説明することができる
	(16) 実習施設・機関等の法的根拠、財政、運営方法を説明することができる	① 実習施設・機関等が設置されている法的根拠について説明できる、説明することができる ② 実習施設・機関等における運営方法を決定する決算及び事業報告書に関して質問できる ③ 事前学習で調べた組織図、事業報告書の不明点等を適切に指摘することができる
⑨ 社会福祉士としての職業倫理と組織の一員としての役割と責任の理解	(17) 実習施設・機関等における社会福祉士の倫理に基づいた実践及びジレンマの解決を適切に行うことができる	① 実習指導者業務を観察し、クライエントや地域住民、関係者等との関わり場面、問題解決過程、チームアプローチ場面等を振り返り、倫理的な判断に基づく行為を発見・抽出することができる ② ①により抽出した倫理的判断に基づく場面で実践したジレンマが生じた場面について、その解決のプロセスを説明することができる ③ 自分自身のジレンマが生じた場面で倫理的ジレンマの価値、解決するソーシャルワークの価値・倫理に基づいて振り返り、説明することができる ④ 多職種によるカンファレンス等において、クライエントや地域住民、関係者との問題解決に向けて社会福祉士の専門性や立場から発言する ⑤ 個人情報保護のための取組みについて説明することができる
⑩ ソーシャルワーク実践に求められる以下の技術の実践的理解 ・アウトリーチ ・ネットワーキング	(18) 実習施設・機関等の規則等について説明することができる	① 実習施設・機関等が組織運営をするために必要な規則や関わり等が体系的に整備されていることを理解し、説明することができる ② 実習施設・機関等の規則等のうち、職員が遵守すべき事項と労働条件が規定されている就業規則等を理解し、説明することができる ③ 実習施設・機関等の規則等のうち、事務分掌や職務権限を規定する規則等を理解し、説明することができる ④ 実習施設・機関等の規則等のうち、文書の保管や廃棄、記録の開示等を規定する規則等を理解し、説明することができる
	(19) 以下の技術について目的、方法、留意点について説明することができる ・アウトリーチ ・ネットワーキング	① 具体的な事例を踏まえて、各技術の目的、方法、留意点について説明することができる ② 各技術を実施することができる （アウトリーチ） （4)−(3)への取り組みを踏まえて、実習施設・機関等が地域で潜在化している、当事者自身が声を上げられない状態にあるなどの理由で潜在化している問題や困難に気づき、解決に向けて当事者の居場所に出かけていくことができる （ネットワーキング）

資料巻末

・コーディネーショ ン ・ネゴシエーション ・ファシリテーショ ン ・プレゼンテーショ ン ・ソーシャルアク ション	・コーディネーション	（コーディネーション） (8)-③・(9)・(10)-①②③・(11)・(13)-②・(14)-①②③への取り組みを踏まえて、実習施設・機関等の立場からミクロ・メゾ・マクロレベルの問題解決に必要な職種・機関・機関に説明することができる
	・ネゴシエーション	（ネゴシエーション） (10)-③・(11)・(14)-④への取り組みを踏まえて、問題解決に必要な資源を把握し、その資源を円滑に活用できるよう調整することができる
	・ファシリテーション	（ファシリエーション） (4)-③・(10)-③・(11)-②への取り組みを踏まえて、必要な情報を集めて交渉の戦略を検討し、問題解決に必要な変化や合意形成に向けてその戦略を実施することができる
	・プレゼンテーション	（ファシリテーション） (10)-①②・(11)-②⑥・(13)への取り組みを踏まえて、カンファレンスや地域の会議、ネットワーク会議等における意思決定のプロセスが円滑になるよう働きかけることができる
	・ソーシャルアク ション	（プレゼンテーション） (1)-④・(2)-②・(3)-④・(10)-④・(11)-⑤の取り組みを踏まえて、適切に説明する内容をまとめ、場に応じた方法でその内容を発表することができる
		（ソーシャルアクション） (1)-⑤・(7)・(13)・(14)-⑤の取り組みを踏まえて、人々がより良く生きることを阻害している法律・制度等の存在に気づくことができるとともに、それを変えるための戦略を検討し、実施することができる

3．モデル実習計画書
※記入欄の幅や列は最小設定している

ソーシャルワーク実習　実習計画書

学生氏名：
所属施設・学校名：
実習施設・機関名：
実習施設・機関住所：
実習施設・機関連絡先（電話番号）：
実習施設・機関連絡先（E メール）：
実習指導者名：
実習指導者所属部署：
実習期間： 　　　　年　　　月　　　日（　）～　　　　年　　　月　　　日（　）
当該施設・機関での予定実習時間数（当該施設・機関での実習終了時の総実習時間数）： 　　　　　　時間（　　　　　時間）

署名

実習生
教員
実習指導者

<u>セクション1</u>
＜実習の概要＞（実習施設・機関の種別や対象について）
実習施設・機関名：

実習施設・機関の社会的使命：

実習施設・機関が提供しているサービス：

実習施設・機関がかかわりの対象とする人々：

＜実習生の実習内容の概要＞
実習中に実習生（あなた）が担当する主な内容（例：インテーク面接、アセスメントの実施、グループの運営、地域住民の会議の開催、クライエントに関係する法改正の確認、など）

実習先で自分が取り組めると思う内容（例：プログラム評価の実施と報告、助成金や補助金の申請書作成、会議の開催、プログラム開発、など）

クライエント個人や家族、グループ、コミュニティと直接かかわりを持つ方法

＜スーパービジョンの実施＞
毎週の定期的なスーパービジョンの日程

実習指導者：	養成校教員：

スーパービジョンに向けた実習生の準備内容

実習指導者：	養成校教員：

セクション2

　厚生労働省の通知では、ソーシャルワーク実習のねらいと教育に含むべき事項が明記されています。

　ソーシャルワーク実習のねらいは、「①ソーシャルワークの実践に必要な各科目の知識と技術を統合し、社会福祉士としての価値と倫理に基づく支援を行うための実践能力を養う。②支援を必要とする人や地域の状況を理解し、その生活上の課題（ニーズ）について把握する。③生活上の課題（ニーズ）に対応するため、支援を必要とする人の内的資源やフォーマル・インフォーマルな社会資源を活用した支援計画の作成、実施及びその評価を行う。④施設・機関等が地域社会の中で果たす役割を実践的に理解する。⑤総合的かつ包括的な支援における多職種・多機関、地域住民等との連携のあり方及びその具体的内容を実践的に理解する。」の5項目です。

　ソーシャルワーク実習の教育に含むべき事項は、10項目が挙げられています。ソーシャルワーク実習を履修する学生は、教育に含むべき事項10項目の説明を十分に理解し、それらすべての項目の評価において求められる基準を満たす必要があります。

　ソーシャルワーク実習のねらい①は、実習全体のあり方を示していると解釈することができ、「実践能力を養う」と明記されていることに留意する必要があります。そこで、ソーシャルワーク実習教育内容・実習評価ガイドラインでは、教育に含むべき事項10項目を根拠に、それぞれの項目についてコンピテンシーの考え方に基づいた実習達成目標を提示しています。

　実習の終了時点においてすべての項目について基準を満たしていることを説明するために、教育に含むべき事項10項目に関する実習での達成目標すべてについて、それぞれに対応する実習内容を計画・評価する必要があります。

　各項目について、実習施設・機関の指導方法・評価方法と実施担当者の氏名を記入してください。

＜記入上の留意点＞
・ソーシャルワーク実習教育内容・実習評価ガイドラインの実習内容（例）を参考にして、すべての項目に関して実習の具体的な実施内容を計画してください。
・実際に実践するための計画なので、実習の具体的な実施計画として、実習生の行動レベルで記述してください。
・本ガイドラインにおいて「実践的理解」とは、実習において実践に取り組んだ経験をもって当該技能を理解し、社会福祉士（ソーシャルワーカー）の初任者として実践できるレベルになることを指します。
・実習先が2ヵ所以上に分かれる場合は、それぞれの実習先について本計画書を作成し、それらを合わせて教育に含むべき事項10項目すべてが計画されるよう留意してください。
・1つの達成目標に対して、2つ以上の実施内容を計画してください。項目10は、1つの達成目標に対して、1つ以上の実施内容を計画してください。
・1つの実習内容が複数の達成目標に関係することもあります。同じ実習内容を複数回記入する場合には、2回目の記入以降、文末に「（再掲）」と書き込んでください。
・本実習計画を作成する際には、これまで学んできた様々な講義やそれらのテキストから、科目横断的にこれまでの学びを確認してください。

＜実習の具体的な実施計画＞

項目1：利用者やその関係者（家族・親族、友人等）、施設・事業者・機関・団体、住民やボランティア等との基本的なコミュニケーションや円滑な人間関係の形成

　ミクロ・メゾ・マクロレベルに渡って、クライエント（以下、利用者を含む）及びその関係者（家族・親族、友人等）、施設・事業者・機関・団体、住民やボランティア等と基本的なコミュニケーションと円滑な人間関係を形成できる力を養うことを表しています。円滑な人間関係を形成できる力とは、基本的なコミュニケーションに加えて、クライエントとの対等な関係の形成に向けた専門的なコミュニケーションの力を指します。ミクロレベルでは、上記の対象への適切な声掛けができることの他、適切に応答技法を活用できること、メゾ・マクロレベルでは、部署内でのミーティングで必要な説明ができること、カンファレンスでクライエントの状況を適切に説明できること、広報やウェブサイトの原稿の作成などを含む様々なツールを活用して、地域住民をはじめ広い範囲に適切に情報を届けることなどを指します。

達成目標（1）：クライエント等と人間関係を形成するための基本的なコミュニケーションをとることができる。

評価の実施方法（予定）：

□直接指導による評価（担当者：　　　　　　　　）　□同僚やクライエントからのフィードバック
□本人の作成した書類の確認（担当者：　　　　　　）　□スーパービジョンでのディスカッション
□その他＿＿＿＿＿＿＿＿＿＿＿＿＿＿＿

項目2：利用者やその関係者（家族・親族、友人等）との援助関係の形成

　援助関係の形成とは、クライエントやその関係者（家族・親族、友人、様々な組織・団体、地域等）との信頼関係の構築を表しています。ミクロ・メゾ・マクロの各レベルでの直接のコミュニケーションを通して、クライエントやその関係者と理解し合い、問題解決に向けて協働できる関係づくりをする力、また、ソーシャルワーク専門職として境界線（バウンダリー）を設定する力を養うことです。具体的には、クライエントやその関係者が、問題解決に必要な自分に関する情報を安心して公開できる関係を築くことや、実習生からの説明や情報の提示、提案などについて、理解しようとする姿勢を示す関係を築くことです。

達成目標（2）：クライエント等との援助関係を形成することができる。

評価の実施方法（予定）：

□直接指導による評価（担当者：　　　　　　　　）　□同僚やクライエントからのフィードバック
□本人の作成した書類の確認（担当者：　　　　　　）　□スーパービジョンでのディスカッション
□その他＿＿＿＿＿＿＿＿＿＿＿＿＿＿＿

項目3：利用者や地域の状況を理解し、その生活上の課題（ニーズ）の把握、支援計画の作成と実施及び評価

　クライエントや地域の状況の理解とは、ミクロ・メゾ・マクロのすべてのレベルの状況に関する情報を収集し、ミクロ・メゾ・マクロレベルで何が起きているかをアセスメントすることを指します。具体的には、ソーシャルワークの価値規範・倫理に基づいて、システム理論やエコロジカルモデル、BPSモデルを活用し、今、ここで、何が起きているか、ミクロ・メゾ・マクロシステムの何が関係していて、過去や未来の何が関係しているか、アセスメントをもとに説明できる力を養うことです。

　加えて、アセスメントに基づいて、その生活上の課題（ニーズ）及び変化に向けて働きかける対象を把握すること（問題解決に向けたターゲットの設定）、理論・モデル、アプローチに基づいた支援計画の作成、実施及び評価を行う力を養うことが説明されています。具体的には、実習先で活用されているミクロ・メゾ・マクロレベルにわたるすべての計画様式（個別支援計画、事業計画、各種行政計画等）を使用して計画を作成し、その一部または全部を実施し、事前事後の比較によってターゲットの変化と問題状況を評価することを指します。

達成目標（3）：クライエント、グループ、地域住民等のアセスメントを実施し、ニーズを明確にすることができる。

達成目標（４）：地域アセスメントを実施し、地域の課題や問題解決に向けた目標を設定することができる。

達成目標（５）：各種計画の様式を使用して計画を作成・策定及び実施することができる。

達成目標（６）：各種計画の実施をモニタリングおよび評価することができる。

評価の実施方法（予定）：

□直接指導による評価（担当者：　　　　　　　　）　□同僚やクライエントからのフィードバック
□本人の作成した書類の確認（担当者：　　　　　　）　□スーパービジョンでのディスカッション
□その他 ＿＿＿＿＿＿＿＿＿＿＿＿＿＿＿＿＿

項目４：利用者やその関係者（家族・親族、友人等）への権利擁護活動とその評価

　権利擁護活動は、ソーシャルワーカー（社会福祉士）としての活動そのものです。

　クライエントやその関係者（家族・親族、友人等）として、クライエント及び多様な人々が存在します。ソーシャルワーカー（社会福祉士）は、実践においてクライエント及び多様な人々を理解し、尊重した言動をとることができることが求められます。ソーシャルワーカー（社会福祉士）は、自らが多様な人々の権利を尊重するだけではなく、クライエント及び多様な人々の立場に立って、彼らの権利が侵害されている状況に気づき、擁護し、エンパワメントと解放を促す専門職です。

　権利擁護活動とは、誰もが人としての尊厳や価値観、信条、生活習慣等が尊重され、その人らしく生きることができるように働きかけることを指します。例えば、権利を侵害されている人の言葉にならないつらさや苦しさを理解し、その理解をもとにその人の状況を他者に伝え、変えていくミクロレベルでの働きかけ、そのつらさや苦しさに直面している人々に対する権利侵害の状況を社会に訴え、社会の変化を促していくマクロレベルでの働きかけを含む実践です。

達成目標（７）：クライエントおよび多様な人々の権利擁護ならびにエンパワメントを含む実践を行い、評価することができる。

評価の実施方法（予定）：

□直接指導による評価（担当者：　　　　　　　　）　□同僚やクライエントからのフィードバック
□本人の作成した書類の確認（担当者：　　　　　　）　□スーパービジョンでのディスカッション
□その他 ＿＿＿＿＿＿＿＿＿＿＿＿＿＿＿＿＿

項目５：多職種連携及びチームアプローチの実践的理解

　記入上の留意点にもあるように、本ガイドラインにおいて「実践的理解」とは、実習において実践に取り組んだ経験をもって当該技能を説明するなど表現ができ、ソーシャルワーカー（社会福祉士）の初任者として実践できるレベルになることを指します。

　多職種連携及びチームアプローチとは、問題解決に向けて、クライエントとその関係者（家族・親族、友人、様々な組織・団体、地域等）も含む、それぞれの専門性を持つ人や組織・団体が、それぞれが持ちうる力を発揮できるよう働きかけるとともに、そこで発揮された力が問題解決に向けて相乗的に高め合える関係をつくることを指します。

　それぞれの専門性を持つ人や組織・団体が集まる場をコーディネートすること、実際の集まる場ではファシリテーターを担当し、参加している多様な人たちが発言できる環境をつくること、多職種間や多機関（組織・団体）間で互いに理解し合えるように働きかけ、ミクロ・メゾ・マクロレベルにおける変化に向けた計画作成・実施への役割分担、協働に向けた信頼関係の構築を指します。

達成目標（8）：実習施設・機関等の各職種の機能と役割を説明することができる。

達成目標（9）：実習施設・機関等と関係する社会資源の機能と役割を説明することができる。

達成目標（10）：地域住民、関係者、関係機関等と連携・協働することができる。

達成目標（11）：各種会議を企画・運営することができる。

評価の実施方法（予定）：

□直接指導による評価（担当者：　　　　　　　　） □同僚やクライエントからのフィードバック
□本人の作成した書類の確認（担当者：　　　　　） □スーパービジョンでのディスカッション
□その他 _____

項目6：当該実習先が地域社会の中で果たす役割の理解及び具体的な地域社会への働きかけ

　実習先は、施設・機関として、必ず何らかの地域社会の中に位置しています。施設・機関がサービスを提供している対象かどうかや、実際にサービスを利用している人かどうかなどにかかわらず、地域社会の中でどのような役割を果たしているかを理解します。

　はじめに、施設・機関の持つ機能を理解する（セクション1）こと、そして、地域社会の中で何が起きているかを理解する必要があります（項目3）。次に、その施設・機関が持つ機能と地域社会の中で起きていることの関係性から、実習施設・機関が、地域の中で果たしている役割を理解する力を養います。具体的には、施設・機関が地域社会の中で果たす役割を地域住民に適切に説明できること、加えて、施設・機関が地域社会において実施している活動に参加することなどを通して、実際に地域社会に働きかける力を養います。

達成目標（12）：地域社会における実習施設・機関等の役割を説明することができる。

達成目標（13）：地域住民や団体、施設、機関等に働きかける。

評価の実施方法（予定）：

□直接指導による評価（担当者：　　　　　　　　） □同僚やクライエントからのフィードバック
□本人の作成した書類の確認（担当者：　　　　　） □スーパービジョンでのディスカッション
□その他 _____

項目7：地域における分野横断的・業種横断的な関係形成と社会資源の活用・調整・開発に関する理解

　地域には、多様な分野での問題解決を目的にしている組織・団体の他、社会福祉に限らず、商工業や環境、観光、交通、物流など、業種横断的な組織・団体、企業などがあります。ソーシャルワークでは、ミクロ・メゾ・マクロレベルにわたるこれらすべてが社会の問題解決に関係する存在であり、社会資源として捉えます。そこで、ソーシャルワーカーとして、これらが社会の問題解決に向けて協働できる横断的な関係を形成することを目指して、分野横断的・業種横断的な対話の場をコーディネートし設定する力を養います。また、これら社会資源が社会の問題解決に向けて力を相乗的に発揮し合うための場づくりや組織・団体、企業間を調整する力、問題解決のために必要な社会資源が一定の範囲にない場合に、範囲内にある組織・団体、企業間で新しい仕組みをつくる力、範囲外にある社会資源を問題解決に活用できるよう働きかける力、一定の範囲内外に問題解決に必要な社会資源をつくり出す力を養います。

巻末資料

社会資源には、サービス提供にかかわる法律・制度も含まれます。「必要な社会資源を作り出す力」は政策的なアプローチによる問題解決に向けた法律・制度の新規・修正提案をする力、その提案の実現に向け働きかける力を養うことを含みます。

　ミクロ・メゾ・マクロレベルにわたる社会の問題解決に関係する社会資源として、テクノロジーの活用は現代社会において必要不可欠です。ソーシャルワーカーとして、テクノロジーを活用する技術を養います。

達成目標（14）：地域における分野横断的・業種横断的な社会資源について説明し、問題解決への活用や新たな開発を検討することができる。

評価の実施方法（予定）：

□直接指導による評価（担当者：　　　　　　　）　□同僚やクライエントからのフィードバック
□本人の作成した書類の確認（担当者：　　　　　　　）　□スーパービジョンでのディスカッション
□その他 _____

項目8：施設・事業者・機関・団体等の経営やサービスの管理運営の実際（チームマネジメントや人材管理の理解を含む）

　施設・事業者・機関・団体等において、実習先が提供しているサービスの品質管理やリスク管理、チームのスタッフが力を発揮するためのマネジメントやリーダーシップのあり方、人材確保のあり方の実際について理解します。具体的には、実習先ではどのようなチームマネジメントの理論や方法が活用されているのかを具体的に理解することや、予算編成の方法や財務諸表を理解すること、事業実施に必要な財源をどのように確保するのかを理解すること、リスク管理のために何をしているのかを理解すること、求人のプロセスを理解することなどを含みます。

　上記についての理解と情報を踏まえて、実習先についてのSWOT分析などを行い、メゾレベルでアセスメントをする力を養います。

達成目標（15）：実習施設・機関等の経営理念や戦略を分析に基づいて説明することができる。

達成目標（16）：実習施設・機関等の法的根拠、財政、運営方法等を説明することができる。

評価の実施方法（予定）：

□直接指導による評価（担当者：　　　　　　　）　□同僚やクライエントからのフィードバック
□本人の作成した書類の確認（担当者：　　　　　　　）　□スーパービジョンでのディスカッション
□その他 _____

項目9：社会福祉士としての職業倫理と組織の一員としての役割と責任の理解

　はじめに、実習先で対応している多様な問題はどのように見えるのか、その問題に対してどのような意見を持ち得るのか、ミクロ・メゾ・マクロレベルにおけるソーシャルワークのプロセス（関係形成、情報収集、アセスメント、ターゲットの設定、計画、実施、評価、終結など）においてどのような判断をするのか、ソーシャルワーカー（社会福祉士）の倫理綱領に基づいて検討する力を養います。また、その際に倫理的ジレンマが必ず発生するので、その倫理的ジレンマを一定の枠組み・モデルに基づいて、解決を検討する力を養います。

　同時に、それぞれの組織には、ソーシャルワークを専門とするスタッフだけではなく、様々な考え方を持った専門職が集まっていることが多く、実習先の組織には組織独自のミッション（社会的使命）やルール（決まり）、価値・倫理があるので、これらを理解した上で、ソーシャルワーカー（社会福祉士）の倫理綱領との関係を理解し、ジレンマが発生する場合は解決を検討する力を養います。実際の実習場面を通じて、これらの判断や検討を実施し、ソーシャルワーカー（社会福祉士）として、組織の一員としての役割と責任を理解します。

達成目標（17）：実習施設・機関等における社会福祉士の倫理に基づいた実践及びジレンマの解決を適切に行うことができる。

（記入欄）

達成目標（18）：実習施設・機関等の規則等について説明することができる。

（記入欄）

評価の実施方法（予定）：

□直接指導による評価（担当者：　　　　　　　　　）　□同僚やクライエントからのフィードバック
□本人の作成した書類の確認（担当者：　　　　　　　）　□スーパービジョンでのディスカッション
□その他 _____

項目10：ソーシャルワーク実践に求められる以下の技術の実践的理解

　記入上の留意点にもあるように、本ガイドラインにおいて「実践的理解」とは、実習において実践に取り組んだ経験をもって当該技能を理解し、社会福祉士（ソーシャルワーカー）の初任者として実践できるレベルになることを指します。

　ソーシャルワーク実践に求められる技術として、7つの技術（アウトリーチ、ネットワーキング、コーディネーション、ネゴシエーション、ファシリテーション、プレゼンテーション、ソーシャルアクション）が挙げられており、それぞれの技術についてテキストや演習を通して学んだ上で、実習の中で実践に取り組むことを通して、実践できる力を養います。

達成目標（19）-1：アウトリーチの実践的理解

（記入欄）

達成目標（19）-2：ネットワーキングの実践的理解

（記入欄）

達成目標（19）-3：コーディネーションの実践的理解

（記入欄）

達成目標（19）-4：ネゴシエーションの実践的理解

（記入欄）

達成目標（19）-5：ファシリテーションの実践的理解

（記入欄）

達成目標（19）-6：プレゼンテーションの実践的理解

（記入欄）

達成目標（19）-7：ソーシャルアクションの実践的理解

（記入欄）

評価の実施方法（予定）：

□直接指導による評価（担当者：　　　　　　　　　）　□同僚やクライエントからのフィードバック
□本人の作成した書類の確認（担当者：　　　　　　　）　□スーパービジョンでのディスカッション
□その他 _____

巻末資料

４．モデル評価表

《記入上の留意点の記入例》

1. 本評価表は、①厚生労働省通知「ソーシャルワーク実習」の教育内容、ならびに②日本ソーシャルワーク教育学校連盟「ソーシャルワーク実習教育内容・実習評価ガイドライン」の教育目標に対応しています。
2. 評価の際は、「ソーシャルワーク実習教育内容・実習評価ガイドライン」の「行動目標」を参考にしてください。行動目標には、実習生が習得すべき又は達成すべき具体的な言動を記載しています。
3. 達成度評価は、100％完全習得のみを目的とするものではなく、達成までの連続体をなすとする考え方です。行動目標に対して、実習生がどれくらい・どこまでできているのかを評価してください。
4. 評価尺度はＡ～Ｄの４段階です。評価尺度を参考に「評価」欄に記入してください。実習指導上、該当しない項目や体験していない項目がある場合はNAを選択してください。その理由を所見欄にご記入ください。
5. 評価項目ごとに所見欄（コメント記入欄）を設けています。評価尺度では十分に評価できない場合や実習生の状況を説明する必要がある場合は記入してください。（所見欄の記入は必須ではありません）
6. 総合評価は、実習全体を通した総合評価を、Ａ～Ｄの中から選択してください。
7. 実習生に対する総評（高く評価できる点や今後の学習課題となる点など）を具体的に記入してください。
8. 評価表は事後指導の資料として実習生本人に開示します。

《評価尺度と評価基準》

Ａ：教育目標を達成し、さらにそれを上回る成果を収めた（おおむね行動目標の90％以上達成した場合）
Ｂ：教育目標をほとんど達成した（おおむね行動目標の80％程度達成した場合）
Ｃ：教育目標をある程度達成した（おおむね行動目標の60％程度達成した場合）
Ｄ：教育目標をあまり達成できなかった（おおむね行動目標の59％以下達成した場合）
NA：該当しない・体験していない

《評価記入欄》※所見記入欄の大きさは適宜修正して使用

	評価
１．クライエント等と人間関係を形成するための基本的なコミュニケーションをとることができる	
所見	
２．クライエント等との援助関係を形成することができる	評価
所見	
３．クライエント、グループ、地域住民等のアセスメントを実施し、ニーズを明確にすることができる	評価
所見	
４．地域アセスメントを実施し、地域の課題や問題解決に向けた目標を設定することができる	評価
所見	
５．各種計画の様式を使用して計画を作成・策定及び実施することができる	評価
所見	
６．各種計画の実施をモニタリング及び評価することができる	評価
所見	
７．クライエントおよび多様な人々の権利擁護ならびにエンパワメントを含む実践を行い、評価することができる	評価
所見	
８．実習施設・機関等の各職種の機能と役割を説明することができる	評価
所見	
９．実習施設・機関等と関係する社会資源の機能と役割を説明することができる	評価
所見	

10. 地域住民、関係者、関係機関等と連携・協働することができる	評価
所見	

11. 各種会議を企画・運営することができる	評価
所見	

12. 地域社会における実習施設・機関等の役割を説明することができる	評価
所見	

13. 地域住民や団体、施設、機関等に働きかける	評価
所見	

14. 地域における分野横断的・業種横断的な社会資源について説明し、問題解決への活用や新たな開発を検討することができる	評価
所見	

15. 実習施設・機関等の経営理念や戦略を分析に基づいて説明することができる	評価
所見	

16. 実習施設・機関等の法的根拠、財政、運営方法等を説明することができる	評価
所見	

17. 実習施設・機関等における社会福祉士の倫理に基づいた実践及びジレンマの解決を適切に行うことができる	評価
所見	

18. 実習施設・機関等の規則等について説明することができる	評価
所見	

19. 以下の技術について目的、方法、留意点について説明することができる	評価
・アウトリーチ	
・ネットワーキング	
・コーディネーション	
・ネゴシエーション	
・ファシリテーション	
・プレゼンテーション	
・ソーシャルアクション	
所見	

総合評価（いずれかを○で囲んでください）　A ・ B ・ C ・ D

「実習生に対する総評」

索引

A〜Z

PDCA サイクル……………………146

あ〜お

アウトリーチ……………………211
アカウンタビリティ……………213
一般的スーパービジョン関係……133
一般病院……………………………86
医療機関……………………………82
医療保障…………………………205
エンパワメント…………………207

か〜こ

介護保険制度……………………207
確認的評価………………………170
管理的機能…………………………21
教育的機能…………………………21
教育評価……………………………25
共感………………………………210
行政機関……………………91, 249
共同生活援助………………………90
クライエント……………………202
クライエント・システム…………43
グループホーム……………………90
経済的支援………………………206
形成的評価………………………170
傾聴………………………………210
見学学習……………………………59
現場体験学習………………………59
現場体験学習等……………………59
権利擁護…………………………202
国連原則…………………………214
個別指導……………………………30
コンプライアンス………………213

さ〜そ

ジェネラリスト・ソーシャルワーク
………………………………208
自己学習……………………………61
事後学習…………………………176
自己評価……………………32, 171
支持的機能…………………………22
事前打ち合わせ…………………126
…の内容…………………………128
事前訪問…………………………126

…の内容…………………………128
実習期間別プログラム（就労継続支援
事業所（B型：非雇用型））…247
…（精神科診療所）……………235
…（精神科病院）………………233
…（精神保健福祉センター）…255
…（相談支援事業所）…………248
…（保健所）……………………263
実習教育評価………………………24
実習記録……………………………64
…の例………………………………70
実習計画……………………120, 143
実習計画書の活用………………143
実習計画書の例…………………124
実習施設・機関システム…………42
実習スーパービジョン…………132
実習スーパービジョン関係……133
実習成果の報告…………………182
実習生システム……………………42
実習総括レポート………………188
…の例……………………………190
実習日誌……………………………64
実習ノート…………………………64
実習の構造…………………………37
実習報告会………………………191
実習報告書………………………188
…の例……………………………190
社会環境システム…………………44
社会資源…………………………105
社会福祉士・精神保健福祉士養成施設
等……………………………………45
社会福祉士養成施設及び介護福祉士養
成施設の設置及び運営に係る指針…45
就労継続支援事業所（B型：非雇用型）
………………………………236
就労支援事業所……………………88
障害者ケアマネジメント………211
障害者総合支援法………………206
障害福祉サービス事業所…………87
情報収集……………………………58
情報リテラシー……………………51
職業倫理…………………………213
診断的評価………………………170
スーパービジョン…………………20
ストレングス……………………207
精神科医療機関……………………83
精神科診療所………………87, 231
精神科病院…………………84, 219
精神障害者保健福祉手帳………204

精神保健医療福祉の動向…………75
精神保健福祉士の国家資格化……73
精神保健福祉士の倫理綱領……214
精神保健福祉士養成施設等の設置及び
運営に係る指針…………………45
精神保健福祉センター……93, 251
総括的評価………………………170
相談支援事業所……………90, 240
相談面接技法……………………210
ソーシャルワーク実習教育内容・実習
評価ガイドライン………35, 271
ソーシャルワーク実習計画書……121
ソーシャルワーク実習指導ガイドライ
ン…………………………35, 266
ソーシャルワーク実習指導・実習のた
めの教育ガイドライン…………122

た〜と

退院後生活環境相談員…………203
達成度評価…………………………29
地域活動支援センター……………91
地域機関……………………………82
中間評価の活用…………………146
当事者活動………………………208
当事者組織………………………208
当事者の理解………………………76
トラブル…………………………160

な〜の

悩み………………………………152
入院形態…………………………202
年金制度…………………………206

は〜ほ

評価…………………………………24
評価基準……………………………31
評定…………………………………31
法的責務…………………………216
保健所………………………91, 257

ま〜も

マナー……………………………211
マルチパーソンクライエントシステム
…………………………………………8
問題………………………………160

や～よ

養成校システム 43

ら～ろ

リカバリー 207
リスク 45
リスク管理 54
リスクコミュニケーション 54
リスク評価 54
リスクマネジメント 45
倫理基準 214
倫理原則 214
倫理的ジレンマ 22
レジリエンス 207

最新 精神保健福祉士養成講座

| 編集

一般社団法人 日本ソーシャルワーク教育学校連盟 (略称：ソ教連)

| 統括編集委員 (五十音順)

中谷 陽明 (なかたに・ようめい)
ソ教連常務理事、桜美林大学大学院教授

松本 すみ子 (まつもと・すみこ)
ソ教連常務理事、東京国際大学人間社会学部教授

「ソーシャルワーク実習指導 ソーシャルワーク実習 ［精神専門］」編集委員・執筆者

| 編集委員 (五十音順)

中村 和彦 (なかむら・かずひこ)
北星学園大学社会福祉学部教授

中村 卓治 (なかむら・たくじ)
広島文教大学人間科学部教授

松本 すみ子 (まつもと・すみこ)
東京国際大学人間社会学部教授

| 執筆者および執筆分担 (五十音順)

伊藤 新一郎 (いとう・しんいちろう)······第3章第2節・第3節
北星学園大学社会福祉学部教授

植田 嘉好子 (うえだ・かよこ)······第5章第3節
川崎医療福祉大学医療福祉学部准教授

倉持 香苗 (くらもち・かなえ)······第3章第1節
日本社会事業大学社会福祉学部准教授

潮谷 恵美 (しおたに・えみ)······第2章第2節
十文字学園女子大学教育人文学部教授

鈴木 孝典 (すずき・たかのり)······第1章第5節
高知県立大学社会福祉学部准教授

添田 正揮 (そえた・まさき)······第1章第1節～第3節、第4章第2節、第5章第1節
日本福祉大学社会福祉学部准教授

茶屋道 拓哉 (ちゃやみち・たくや)······第6章第1節・第2節
鹿児島国際大学福祉社会学部准教授

辻井 誠人 （つじい・まこと）──────────────────── 第 6 章第 5 節
桃山学院大学社会学部教授

永井 順子 （ながい・じゅんこ）──────────────── 第 2 章第 4 節
北星学園大学社会福祉学部教授

中村 和彦 （なかむら・かずひこ）──────────────── 第 4 章第 3 節
北星学園大学社会福祉学部教授

中村 卓治 （なかむら・たくじ）────────── 第 4 章第 4 節、第 6 章第 3 節
広島文教大学人間科学部教授

名城 健二 （なしろ・けんじ）──────────────── 第 6 章第 4 節
沖縄大学人文学部教授

畑 亮輔 （はた・りょうすけ）──────────────── 第 5 章第 2 節
北星学園大学社会福祉学部准教授

藤原 正子 （ふじわら・まさこ）──────────────── 第 2 章第 3 節
福島学院大学福祉学部教授

松本 すみ子 （まつもと・すみこ）──────────────────── 序章
東京国際大学人間社会学部教授

山本 博之 （やまもと・ひろゆき）──────────────── 第 4 章第 1 節
田園調布学園大学人間福祉学部教授

與那嶺 司 （よなみね・つかさ）──────────────── 第 2 章第 1 節
神戸女学院大学文学部教授

渡辺 裕一 （わたなべ・ゆういち）──────────────── 第 1 章第 4 節
武蔵野大学人間科学部教授

最新 精神保健福祉士養成講座

8　ソーシャルワーク実習指導
　　ソーシャルワーク実習　［精神専門］

| 2021年2月1日 | 初 版 発 行 |
| 2024年2月1日 | 初版第2刷発行 |

編　集　　一般社団法人日本ソーシャルワーク教育学校連盟
発行者　　荘村明彦
発行所　　中央法規出版株式会社
　　　　　〒110-0016　東京都台東区台東3-29-1　中央法規ビル
　　　　　TEL 03（6387）3196
　　　　　https://www.chuohoki.co.jp/

印刷・製本　株式会社太洋社
本文デザイン　株式会社デジカル
装　　幀　株式会社デジカル
装　　画　酒井ヒロミツ

定価はカバーに表示してあります。落丁本・乱丁本はお取替えいたします。
ISBN978-4-8058-8259-7

本書のコピー、スキャン、デジタル化等の無断複製は、著作権法上での例外を除き禁じられています。また、本書を代行業者等の第三者に依頼してコピー、スキャン、デジタル化することは、たとえ個人や家庭内での利用であっても著作権法違反です。
本書の内容に関するご質問については、下記URLから「お問い合わせフォーム」にご入力いただきますようお願いいたします。
https://www.chuohoki.co.jp/contact/